ZÉRO FAUTE

DU MÊME AUTEUR

L'Espace, Terres des hommes, Tchou, 1969.

La lune est à vendre, Denoël, 1969.

En danger de progrès, Denoël, 1970 ; coll. « Médiations », 1975.

Le Bonheur en plus, Denoël, 1973 ; coll. « Médiations », 1975.

La France et ses mensonges, Denoël, 1977 ; coll. « Médiations », 1978.

Scénarios du futur
   Histoire de l'an 2000, Denoël, 1978.
   Le Monde de l'an 2000, Denoël, 1979.

Le Système E.P.M., Grasset, 1980.

Toujours plus !, Grasset, 1982 ; Le Livre de poche, 1984.

Tous ensemble : pour en finir avec la syndicratie, Seuil, 1985 ; coll. « Points Actuels », 1987.

Le Pari de la responsabilité, Payot, 1989.

La Grande Manip, Seuil, 1990 ; coll. « Points Actuels », 1992.

Tant et plus : comment se gaspille votre argent, Grasset/Seuil, 1992 ; Le Livre de poche, 1993.

Le Bonheur d'apprendre : et comment on l'assassine, Seuil, 1996 ; coll. « Points », 1997.

Le Compte à rebours, Fayard, 1998 ; Le Livre de poche, 1999.

L'Imposture informatique, avec Bruno Lussato, Fayard, 2000 ; Le Livre de poche, 2001.

La Dernière Liberté, Fayard, 2001 ; Le Livre de poche, 2003.

Ne dites pas à Dieu ce qu'il doit faire, Seuil, 2004 ; coll. « Points Sciences », 2006.

Une vie en plus, avec Dominique Simonnet, Joël de Rosnay et Jean-Louis Servan-Schreiber, Seuil, 2005.

Plus encore !, Fayard/Plon, 2006 ; Le Livre de poche, 2007.

Le Divorce français, Fayard, 2007 ; J'ai lu, 2008.

François de Closets

Zéro faute
L'orthographe, une passion française

MILLE ET UNE NUITS

© Éditions Mille et une nuits,
département de la Librairie Arthème Fayard, septembre 2009.
ISBN 978-2-75-550-136-0

REMERCIEMENTS

En abordant cette enquête, je n'avais que des interrogations. Les réponses que je propose sont nées de mes rencontres avec les meilleurs connaisseurs de la langue française. Elles s'appuient sur leurs travaux et leur compétence. Je veux donc remercier de leurs conseils, de leurs encouragements, de leurs critiques, de la relecture vigilante de ces pages : Bernard Cerquiglini, Pierre Encrevé, Michel Masson, Claude Hagège, Jean Hébrard, Jean-Pierre Jaffré, Alain Rey, Alain Bentolila, et bien d'autres linguistes qui m'ont guidé dans cette entreprise.

Ma gratitude s'adresse aussi à ceux qui ont pris part à ce travail. Mon éditrice Sophie de Closets, sans laquelle je n'aurais jamais osé me lancer dans cette aventure ; Régis de Closets, qui a défriché pour moi les nouvelles techniques de l'écriture ; Sandrine Palussière, pour son experte direction éditoriale ; Claude Durand, pour sa relecture précieuse autant qu'exigeante du texte, et Olivier Nora, dont l'expérience et l'enthousiasme étaient indispensables pour mener à bien ce projet téméraire.

Ce générique de talents est aussi celui de l'amitié. Soyez-en tous remerciés.

LE FRANÇAIS D'HIER ET DE DEMAIN

Tous les peuples ont une langue ; les Français, comme les Chinois, en ont deux : une langue orale et une écrite. Quand l'écriture est alphabétique et non pas idéographique, la langue est plus ou moins la même, qu'on la parle ou qu'on l'écrive. Pourtant, le petit Français entreprend à l'école l'apprentissage d'une seconde langue. Il met des années à l'écrire correctement − une performance que les écoliers italiens ou espagnols accomplissent en quelques mois. Pour cela, il doit s'appliquer à traduire, et non pas transcrire, le premier langage dans le second, et découvre le morceau de bravoure de notre école publique : la dictée.

Ce bilinguisme s'explique par l'extrême difficulté de notre écriture, illustrée par les fameuses dictées des « Dicos d'or ». En France, nul ne peut prétendre à l'infaillibilité scripturale. La raison en est connue : notre orthographe fut conçue par des érudits au XVe siècle, époque où elle était uniquement pratiquée, et encore, avec une grande liberté, par un petit groupe de gens instruits. Au hasard de l'histoire, elle est devenue l'écriture de tout un peuple sans avoir été adaptée à ce nouveau destin. Une orthographe élitiste à vocation populaire,

9

voilà le grand défi du français. Pour le relever, notre pays l'a placée au centre de son enseignement et de sa culture, en a fait le ciment de l'identité nationale. Sans doute fallait-il instaurer cette religion laïque pour que des millions de Français écrivent comme les milliers de scribes de la Renaissance – sans faute.

Le système a bien fonctionné pendant deux siècles. En dépit de ce fardeau orthographique, les Français pouvaient accéder à tous les savoirs du monde moderne. Dès lors, à quoi bon s'imposer les incommodités d'une simplification ?

Aujourd'hui, ce modèle est entré dans une crise irréversible qui dépasse largement les querelles pédagogiques. Les jeunes générations ne parviennent plus à apprendre l'orthographe, et la dégradation ne fera que s'aggraver à l'avenir. Les Français s'en éloigneront à mesure que les correcteurs automatiques posséderont le savoir qui leur fait défaut. Le scripteur verra ses erreurs rectifiées sitôt qu'il les fera. Le « zéro faute » sera mis à la charge de la machine. Une assistance technique qui, selon l'usage qui en sera fait, permettra aux Français de mieux connaître leur langue ou, au contraire, de la méconnaître tout à fait.

Comme des millions de Français, j'ai souffert de l'orthographe tout au long de ma vie. Je lui ai consacré un temps et une attention démesurés pour des résultats médiocres. Le dictionnaire fut ma bouée de secours. Mais je ne me réjouis pas de le voir remplacé par une machine qui ferait tout le travail à notre place. Je ne puis admettre que nos enfants utilisent sans la connaître notre magnifique langue.

Ce sera pourtant le prix à payer pour près de deux siècles d'immobilisme orthographique. Le XIXe siècle a figé à l'égal d'une langue morte une langue qui aurait dû évoluer vers plus de simplicité pour assumer son destin populaire. Le temps perdu ne se rattrape pas, et, faute d'avoir été modernisé, le français sera, pour le meilleur ou pour le pire, soutenu par des prothèses correctrices.

La grande mutation de notre langue se déroule sous nos yeux dans l'incompréhension générale. Les nouvelles technologies, qui font de l'écriture le moyen de communication privilégié du XXIe siècle, condamnent le statut traditionnel de l'orthographe dans notre culture. La dictée n'est plus la même à l'heure du SMS. Mais, entre l'intégrisme des uns et le laxisme des autres, la fossilisation de l'écrit et le dérapage de l'oral, les Français risquent de manquer la chance d'un renouveau linguistique. Amoureux du français, je souhaite qu'il ne soit pas seulement un merveilleux monument historique, mais une langue vivante, une langue d'avenir.

I

L'INTERROGATIF PERDU

J'ai toujours tenu pour acquis que le bon français, même truffé d'anglicismes, même massacré par les jeunes générations, sauvegarderait son intégrité grâce à la vigilance de ses protecteurs. Ni le gouvernement, ni l'Académie, ni l'usage ne sauraient admettre une remise en cause de notre langue maternelle. J'ai entretenu cette rassurante illusion jusqu'au jour où une consœur et amie québécoise, Denise Bombardier, me ramena à la réalité.

Nous regardions ensemble une émission à la télévision lorsque je l'entendis maugréer : « Maudits Français ! Vous ne savez même plus poser une question. » Reprochait-elle au débat son manque de pugnacité ? Préférait-elle un questionnement plus direct, « à l'américaine » ? Rien de tout cela. Le journaliste venait de demander, je m'en souviens encore : « *Et vous le ferez quand ?* » C'était la troisième fois qu'il utilisait le mode affirmatif ponctué d'un point d'interrogation pour formuler une question. Elle me le fit remarquer, je ne m'en étais pas aperçu. Je ne fus pas long à constater cette évidence : les Français ne connaissent plus le mode interrogatif.

Dans les semaines qui suivirent, mon esprit en éveil se mit à traquer les points d'interrogation. Je les guettais à la radio, à la télévision, dans les livres, les sous-titres des films et, bien sûr, dans les conversations. Sitôt qu'une question s'annonçait, je notais fiévreusement la formulation choisie. La récolte fut édifiante. Passe encore pour : « *On déjeune bientôt ?* », « *Ce sera long ?* », « *Vous êtes prêts ?* », à ce point familiers qu'ils ont cessé d'être choquants même pour les grammairiens. Mais comment ne pas être agressé par les « *On part quand ?* », « *Il a fait comment ?* », « *Vous dites quoi ?* », « *Ça coûte combien ?* » qui s'imposent désormais à l'écrit comme à l'oral.

Maintenant que je vous ai mis la puce à l'oreille, vous allez de même traquer la forme interrogative et devrez constater qu'il s'agit d'une tournure démodée, d'une espèce en voie de disparition. Elle ne détonne pas dans un texte écrit de bonne tenue, mais elle sonne comme une préciosité dans la conversation. Si vous dites « *On se revoit quand ?* », vous affichez un parler moderne, dynamique, décidé ; si vous préférez « *Et quand pourrons-nous nous revoir ?* », vous vous réclamez d'une langue ancienne, recherchée, élégante ou précieuse, selon l'interlocuteur.

La progression de l'affirmatif-interrogatif est si rapide, l'opposition, si faible, que la nouvelle forme aura bientôt chassé l'ancienne. L'inversion sujet-verbe sera réservée à une élite cultivée, les grammaires la qualifieront de « parler recherché », voire d'archaïsme, et verront un « parler accepté par l'usage » dans la nouvelle forme.

Doit-on considérer cette mort de l'interrogatif comme une évolution naturelle, une modernisation du français, en quelque sorte ? Certainement pas. Elle ne fait pas seulement tomber en désuétude une tournure classique, elle entraîne la création d'une forme nouvelle, disgracieuse. Elle ajoute l'enlaidissement à l'appauvrissement. Or nous ne sommes pas là dans une dépendance, un pavillon de chasse que l'on occupe à l'occasion, un point de détail à propos duquel les grammairiens discutent à perte de vue.

Voyez la controverse sur « *Au temps pour moi* ». Faut-il conserver cette graphie aberrante par référence aux soldats qui manquaient un temps dans le maniement du fusil et devaient en revenir au premier temps ? Ne vaut-il pas mieux reconnaître la forme fautive mais tellement plus logique du « *autant pour moi !* », c'est-à-dire « *C'est autant que je prends sur moi, j'assume mon erreur* » ? D'autant que je me vois mal écrire : « *Je vais toujours le prendre, ce sera au temps pour moi !* » Nous entretenons ainsi des centaines de querelles linguistiques de peu de conséquences. Que l'« *autant* » populaire l'emporte ou pas sur l'« *au temps* » adjudantesque, la langue ne s'en trouvera pas bouleversée. Cette expression n'est pas d'usage courant, le service militaire a fait long feu. Les Français n'ont pas le goût de la contrition, et, lorsqu'ils s'y résignent, préfèrent l'affreux « *Je m'excuse* » au subtil « *Au temps pour moi* ». Par ailleurs, les deux variantes ne se distinguent qu'à l'écrit et pas à l'oral. On peut donc s'en remettre « au temps » autant qu'on voudra, cela n'a pas grande importance.

Telle est la question

À l'inverse, notre esprit slalome en permanence d'un point d'interrogation au suivant. La question est constitutive de la pensée, de la réflexion, de toute discussion. La grammaire doit distinguer un mode interrogatif du mode affirmatif et du mode négatif. Comment m'exprimer sans distinguer : « *C'est vrai* », « *Ce n'est pas vrai* », « *Est-ce vrai ?* » ? Il ne s'agit pas là d'une déviance ponctuelle, mais bien structurelle. Décider que l'on n'utilise plus l'inversion du sujet, que les marques de l'interrogatif se placent en fin et non plus en tête de phrase, que la forme interrogative ne tient plus qu'à l'intonation ou à la ponctuation, c'est véritablement altérer le fonctionnement même de notre syntaxe.

Je note que cette nouvelle forme ne gêne en rien la compréhension, fonction première de la parole. De fait, on n'observe pas qu'à la radio les invités fassent répéter trois fois la question lorsqu'elle est formulée à l'affirmatif. À l'évidence, ils se passent fort bien de la forme interrogative. Sans doute… mais la remarque vaut pour toutes les formes fautives. Une tournure ne s'impose jamais qu'à condition d'être compréhensible. Si vous avez le malheur de dire « *Je m'en rappelle* » ou « *Je me le souviens* » plutôt que « *Je me le rappelle* » ou « *Je m'en souviens* », chacun comprendra que des souvenirs sont présents à votre mémoire. Si l'erreur grammaticale rend la compréhension difficile, elle ne peut prospérer. Posons en principe que l'usage ne retient aucune déformation grammaticale ou orthographique qui oblitère le sens. Faut-il en déduire que toutes les formes se valent ? Non, on ne change pas de syntaxe comme de chemise, et la bonne compréhension, c'est-à-dire celle qui s'appuie sur un code commun et sur la nuance, n'est jamais qu'une condition indispensable – une parmi beaucoup d'autres.

Le français possède sa logique propre, sa cohérence, son « génie », diront ses adorateurs. Seuls sont acceptables les changements qui respectent cette nature forte. Lorsque cette exigence n'est pas satisfaite, la langue n'évolue pas, elle se dénature. L'usage peut toujours imposer une formule à la mode, heureuse ou malheureuse, voire fautive ; il ne peut fabriquer des monstres grammaticaux. Les puristes se désoleront que l'on puisse prendre *en compte* quand il faudrait prendre *en considération*, ils déploreront que *par contre* l'emporte sur *en revanche*, mais cela ne touche pas à l'essentiel. Avec le nouvel interrogatif, au contraire, c'est une pièce maîtresse qui est changée. Pour quel résultat ?

Je ne regrette pas le « *est-ce que* » qui pose la question avec la pesanteur d'un président d'assises et je choisis pour demander la salière : « *Pourriez-vous me passer le sel ?* » plutôt que : « *Est-ce que vous pourriez me passer le sel ?* ».

Malheureusement, cette forme canonique n'est pas abandonnée au profit de la simple inversion du verbe et du sujet. Elle doit céder la place à des horreurs. Les « *T'es où ?* », « *Tu sais quoi ?* », « *On sait comment ?* » entraînant dans leur sillage les « *C'est quoi que vous dites ?* », « *C'est qui qui l'a fait ?* », etc. Or il ne s'agit pas d'inventions langagières, de formes nouvelles ou d'argot, mais d'une expression dégénérée qui impose un parler lourd, simpliste et sans saveur. Ainsi, une langue qui joue avec les mots pour faire vibrer l'infinie diversité des sens, qui de la grammaire fait un solfège et de chaque phrase une composition, peut se réduire à des assemblages de préfabriqués aussi gracieux que des alignements de parpaings.

Un langage de communication

Au fil des siècles, le mode interrogatif a été normalisé, et ses règles sont indissociables de la syntaxe, c'est-à-dire de l'ordre grammatical qui régit notre langue. Lorsque l'on dit « *C'est quoi ?* » plutôt que « *Qu'est-ce que c'est ?* », on bascule d'une langue sophistiquée et nuancée dans un parler simpliste qui a pour seul souci la communication : on opte pour la forme forte « quoi » plutôt que pour la faible « que », manière d'insistance à l'adresse d'un idiot. Au reste, cette forme est la première qui vient à l'esprit. Le petit enfant qui apprend à parler désigne du doigt et lance « *C'est quoi ?* ». Il dira de même « *Je veux pas* », « *méchant le monsieur* », etc. À ce stade, il ne cherche pas à constituer une langue, il utilise les mots qu'il connaît pour s'exprimer, et les assemble dans un ordre tout d'abord erratique. « Enfant » ne vient-il pas du latin *in-fans* qui signifie précisément « dépourvu de langage » ? Se replier sur un « parler infantile » est une tentation permanente, puisque les formulations sont faciles, directes et concises. À quoi bon faire compliqué quand on peut faire simple ?

Évolutionniste plutôt que fixiste, je m'accommoderais du nouvel interrogatif s'il correspondait à une heureuse invention linguistique, s'il enrichissait nos outils de questionnement.

Par malheur, ce changement traduit simplement le désir de réduire la langue à sa seule fonction de communication. Cela consomme moins de bande passante – je dirais : de bande pensante. La nouvelle forme l'a emporté sur l'ancienne en raison de cette « performance communicative supérieure » – ou supposée telle. Au passage, nous abandonnons la logique d'une langue littéraire pour adopter celle d'un langage de communication.

Les mathématiciens et les ingénieurs ont élaboré des dizaines de langages depuis les débuts de l'informatique. Ils ont réussi des prouesses et ils ont bien fait. Le français peut-il suivre la même logique ? Doit-il chercher en permanence les formes grammaticales les plus simples d'usage, les plus économes de mots ? C'est toute la question. Elle n'est pas triviale, on en conviendra. Tirant le fil de cette tournure fautive, je me retrouve avec une grosse pelote qui enserre tout le devenir de notre langue : évolution respectueuse ou régression barbare ?

La question ne sera pas posée

La presse pas plus que les instances officielles ou officieuses chargées de la défense du français ne se sont mobilisées pour défendre l'interrogatif. Voilà bien ma surprise. Comment une langue à ce point surveillée, encadrée, étudiée, discutée, peut-elle dériver dans

19

l'indifférence générale, celle des usagers comme des censeurs, des gens de lettres comme des gens de savoir, des rigoristes comme des fumistes, des beaux parleurs comme des bons auteurs ?

Je ne prétends pas avoir dépouillé toute la littérature linguistique. Mon Dieu ! Elle est trop abondante. Dans les librairies, les ouvrages sur le bon français, sur les fautes usuelles, sur la dégénérescence de la langue (rares sont les livres vantant son enrichissement et sa bonne santé), occupent des rayons entiers. Je n'ai pas tout lu, mais l'affaire est assez importante pour qu'elle surgisse de n'importe quel échantillon aléatoire. Je suis donc parti à la recherche de l'interrogatif dans mes bibliothèques réelles ou virtuelles, et je suis revenu bredouille. Je n'ai vu nulle part déployer la banderole pour la défense de l'orthodoxie interrogative.

Le parler portable

L'agent de contamination qui propulsa les mots interrogatifs de la tête à la fin de la phrase a été identifié. Le français s'est conformé aux normes du téléphone portable, puis à celles des SMS. Ces messages électroniques imposent un langage plus dense, plus rapide, plus direct, un langage de communication, pour tout dire. Cette dérive de l'interrogatif ne pouvait échapper au lexicographe Alain Rey, qui se veut d'abord un « observateur » de la langue, et ses remarques vont tout à fait dans ce sens : « *Tu viens quand ?* semblait plus incorrect (d'après les jugements exprimés) avant 1950 qu'après et, en 2000 et quelque, *t'es où ?* est devenu la parole magique au téléphone portable… (Je crois n'avoir jamais entendu, à Paris *Où es-tu ?*, dans ce mode de communication) [1]. » De fait, son acceptation est à ce point générale qu'elle ne choque ni n'étonne.

Sur TV 5 Monde, Bernard Cerquiglini, l'un des meilleurs historiens de la langue française, s'est imposé comme l'arbitre du grammaticalement correct. Il répond aux questions des téléspectateurs dans des chroniques courtes et percutantes. Trois cents d'entre elles ont été réunies dans un ouvrage intitulé *Merci professeur !* [2]. En moins de trente lignes, tout un chacun peut comprendre pourquoi les scénaristes écrivent des *scénarios* et non des *scenarii,* pourquoi les *prémices* d'un beau printemps ne peuvent se confondre avec les *prémisses* d'une démonstration. Mais aucun téléspectateur n'a interrogé le professeur sur la déformation du questionnement.

À la recherche de l'interrogatif perdu, j'ai fait quelques incursions sur la Toile. Aucune allusion sur les sites ouvertement dédiés à la défense de la langue française. Ils ont tant à faire ! Et sur les blogs ? Les Français adorent discuter de leur langue. Et d'abord pour se chamailler. Il se trouve toujours un blogueur prof pour corriger les messages des autres… qui répliquent sur un

---

1. Alain Rey, Frédéric Duval et Gilles Siouffi, *Mille Ans de langue française. Histoire d'une passion,* Paris, Perrin, 2007.

2. Bernard Cerquiglini, *Merci professeur ! Chroniques savoureuses sur la langue française,* Paris, Bayard, 2008.

ton pincé. Tout ce petit monde se réconcilie en épin-
glant les journalistes – qui, reconnaissons-le, s'offrent
aux flèches avec la complaisance d'un saint Sébastien. Je
ne doutais pas que la gent correctrice aurait en tout
premier lieu relevé les rafales d'interro-affirmations qui
émaillent désormais nos interviews. Pas du tout ! Ce
jury est surtout sensible à l'orthographe. Il épingle les
fautes avec la vigilance du radar automatique surveillant
les vitesses. Je n'ai trouvé le protestataire attendu qu'au
terme d'une longue navigation sur le site de France Info.
Un auditeur en colère dénonçait la nouvelle mode
du questionnement sans forme interrogative. Ouf ! je
n'étais pas seul !

La question n'en est pas une

Parmi les traités savants et récents, je prendrai *La
Langue française. Passions et polémiques,* de deux linguistes, Marie-Anne Paveau et Laurence Rosier [1]. Une
étude approfondie sur l'état présent du français, les
oppositions entre puristes et linguistes, les dérives des
blogs et des SMS, la politique de la francophonie, la
querelle de l'orthographe. Six pages sont consacrées au
participe passé, sept au subjonctif. Aucune à l'interrogatif.

---

1. Marie-Anne Paveau et Laurence Rosier, *La Langue française. Passions et polémiques,* Paris, Vuibert, 2008.

Voici, à l'opposé, un ouvrage « pour les nuls »[1] dont on peut penser qu'ils utilisent l'interrogatif à tort et à travers. Le professeur et pédagogue Jean-Joseph Julaud balaie en trois cents pages tous les pièges du français, toutes les expressions fautives. De la forme interrogative, il n'est pas question. Plus troublant : on ne trouve pas la moindre entrée pour le mode interrogatif dans certains ouvrages de grammaire comme *Pièges de la grammaire française* de Jakuta Alikavazovic et Béatrice Gross[2]. Voilà peut-être une autre clé de l'énigme : l'interrogatif ne serait pas une question grammaticale.

Tous ces auteurs consacrent des chapitres entiers au subjonctif, au participe passé, à la conjugaison des verbes, à la concordance des temps, tous les ponts aux ânes de la science grammaticale. Autant il faut de science et de subtilité pour maîtriser ces différentes formes verbales, autant le mode interrogatif irait de soi. Vous placez un mot interrogatif en début de phrase et vous inversez le sujet avec le verbe ; si nécessaire, vous redoublez le sujet par un pronom. Il n'y a rien de plus à dire, rien qui mérite le savoir d'un grammairien. Et qu'en dit le *Grevisse*[3], la bible des grammairiens ? Certes, la question est traitée dans l'édition savante, mais dans l'édition grand public, *Le Français correct*, quatre cents pages grand format tout de même, les

---

1. Jean-Joseph Julaud, *Le Français correct pour les nuls,* Paris, First Éditions, 2008.

2. Jakuta Alikavazovic et Béatrice Gross, *Pièges de la grammaire française,* Paris, Studyrama, 2005.

3. Maurice Grevisse, *Le Bon Usage* (1936) et *Le Français correct,* Bruxelles, Éditions Duculot, 1998.

trente pages d'entrées qui terminent l'ouvrage ne comprennent pas le mot « interrogatif ». A-t-on jamais consulté son *Grevisse* pour pareille peccadille ?

L'interrogation n'est pourtant pas la forme simplissime que l'on voudrait croire. On peut le découvrir dans la grammaire Larousse, petit volume de cent soixante-quinze pages [1]. La question est abordée sur une page et demie, et décortiquée en huit points. Preuve qu'elle mérite d'être enseignée à l'égal des autres modes. Et, miracle, « *Vous allez où ?* », « *Tu fais quoi ?* », sont cités comme des « formes familières qui s'écartent de l'usage courant ». Une appréciation indulgente qui remonte à 1982 et qui, sans doute, deviendrait aujourd'hui « formes familières qui sont passées dans l'usage courant ».

J'en étais là de mes surprises quand je suis tombé sur *La Grammaire en s'amusant* de Patrick Rambaud [2]. Voilà, pour le coup, un maître de la langue française. Avec un égal bonheur, il prend la plume de Saint-Simon, de Victor Hugo, de Proust ou du général de Gaulle, dans la meilleure tradition du pastiche. Bref, il joue du français en virtuose et devrait siéger sous la Coupole, n'étaient son allergie au décorum et son goût de la convivialité, qui l'ont conduit à l'académie Goncourt. Le temps d'un livre, il s'est métamorphosé en professeur de grammaire à l'intention des jeunes

---

1. *Larousse de la grammaire. Difficultés, usages, 4 000 exemples*, Paris, Larousse, 1983.

2. Patrick Rambaud, *La Grammaire en s'amusant*, Paris, Grasset, 2007.

enfants rétifs à la conjugaison. Il raconte en ouverture la naissance du projet. Se trouvant aux côtés d'Erik Orsenna devant un public de jeunes rebutés par l'aridité de la grammaire, l'écrivain fit à son auditoire une promesse : « Nous allons vous écrire une grammaire lisible ! C'est juré. » Il ne savait trop comment tenir sa promesse, mais il se trouvait pressé par un public en attente : « J'ai bavardé avec des lectrices et des lecteurs, des libraires, quelques proviseurs, des instits, des profs de français, des lycéens, des parents. Ils me poussaient : "*Vous vous y mettez quand ?*"... » La phrase, sous la plume d'un tel styliste, m'a tout d'abord choqué. Bien à tort. L'écrivain fait parler des personnages de notre temps dans la langue de notre temps. Il doit se conformer à l'usage, faute de quoi le propos perdrait toute authenticité. Peu importe que le vocabulaire soit familier, que les tournures soient incorrectes, c'est ainsi qu'on s'exprime aujourd'hui. Impossible d'écrire un roman sans utiliser l'affirmatif-interrogatif dans les dialogues. Ce que prouve la suite de l'ouvrage.

Patrick Rambaud entreprend donc un dialogue enchanté avec son « loustic », un gamin qui massacre le français à chaque phrase et ne veut rien entendre de la grammaire. Avec une infinie patience, il l'entraîne dans une découverte ludique et raisonnée de la syntaxe. Et comment ne pas comprendre avec Patrick Rambaud comme professeur ?

Le catéchumène est sans cesse incité à poser des questions qu'il formule comme on imagine : « *Je fais quoi alors ?* », « *Y viennent faire quoi les singes ?* », « *C'est quoi le tréma ?* » Où serait la vraisemblance s'il s'interrogeait avec des « *Et que ferais-je alors ?* », « *Que viennent donc faire les singes ?* », « *Qu'est-ce que le tréma ?* »

À travers ses étonnements et ses interrogations, le jeune garçon découvre la grande machinerie de la langue : les verbes, les adjectifs, les adverbes prennent leur place. Mais, à la fin de l'exercice, il n'aura toujours pas appris à poser une question. À quoi bon apprendre une forme interrogative que les enfants ne connaîtront plus à l'âge adulte ?

L'usure de l'usage

L'usage a donc tranché. Il n'a pas supprimé l'interro-gatif – comment pourrait-on s'en passer ? –, il l'a rem-placé par une formulation grossière. Il n'en va pas toujours de même. La disparition peut n'être pas compensée, ou bien s'accommoder d'une simple substi-tution. En ce cas, elle est beaucoup moins visible.

C'est ainsi que l'imparfait du subjonctif est tombé en désuétude en ne laissant qu'un très vague souvenir, celui d'une afféterie hors d'usage. Impossible de dire : « *J'eusse préféré que vous vous en allassiez* » sans prolonger sa phrase du sourire qui accompagne le bon mot. À coup sûr, cette manière de s'exprimer ne fait plus partie du français contemporain. Kamikaze des lettres, Jean Dutourd avait annoncé en 1977 qu'il se ferait « hacher menu » pour l'imparfait du subjonctif. Une fanfaron-nade dont il eût été charitable que nous nous indignas-sions, tant cette fin lui était inévitable. Pour ma part, je n'en porte pas le deuil et je ne crois pas que ma langue s'en trouve gravement amputée. « *J'aurais préféré que vous partiez* » me convient tout à fait. L'évolution peut laisser tomber des branches mortes, on n'en fera pas une histoire.

Curieusement, le subjonctif s'impose là où les puristes ne voudraient pas le voir, en liaison avec « *après que* ». Piège classique du français, le raisonnement grammatical impose d'utiliser le subjonctif avec « *avant que* » et l'indicatif avec « *après que* ». C'est fort logique, mais un peu compliqué. Pour aller au plus simple, des locuteurs peu scrupuleux utilisent le subjonctif dans les deux cas. Ils diront « *Nos amis sont partis après qu'il ait plu* », et non « *après qu'il a plu* ». Nous voilà donc avec un subjonctif qui disparaît à l'imparfait et fait de la résistance au présent.

En revanche, le triste sort du passé simple m'afflige. Pris en tenaille entre l'imparfait de l'indicatif et le passé composé, il semble voué à une irréversible régression. Il s'utilise encore dans la langue écrite, mais bien des récits se font désormais au présent de narration. Le passé simple ne se glisse plus du tout dans la conversation. Nous employons « *Je croyais l'avoir convaincu* », « *Il tenait un discours assommant* » plutôt que « *Je crus l'avoir convaincu* » et « *Il tint un discours assommant* » qui paraissent désuets à l'oral. Quant à user du passé simple au pluriel, nous tomberions dans la parodie du Grand Siècle. Imaginez dire : « *Nous battîmes les Brésiliens en finale de la Coupe du monde* », « *Vous protestâtes contre cette brimade* » ou « *Ils rompirent leurs contrats* »...

Sans doute peut-on se faire comprendre en réduisant le passé de l'indicatif à deux temps, passé composé et imparfait, avec, en appoint, le plus-que-parfait. La disposition du passé simple apporte pourtant plus qu'une nuance, une véritable précision dans la maîtrise de la temporalité. Le passé simple date, il situe dans un instant, dans une circonstance, plutôt que nous renvoyer à un antérieur indéfini. Il faudra donc s'en passer, accepter cet appauvrissement du français. Espérons que le futur antérieur ne finira pas dans la fosse commune, après l'imparfait du subjonctif et le passé simple.

Dans la série des temps menacés, il faut aussi compter le futur, victime collatérale de la nouvelle interrogation. Plutôt que « *Viendras-tu demain ?* », il suffit de « *Tu viens demain ?* », et les journaux préfèrent titrer « *Demain, le sélectionneur joue sa tête* » plutôt que « *Demain le sélectionneur jouera sa tête* ».

Ainsi le français abandonne-t-il les subtilités de la conjugaison, qui font sa richesse, pour se replier sur le présent et le passé. Cet appauvrissement temporel n'est guère ressenti. Au fil des ans et des générations, les conjugaisons se réduisent. Quelques formes grammaticales basiques, toujours les mêmes, doivent suffire à dire l'essentiel.

Peu à peu, le français se trouve ainsi usé par l'usage. La parole rabote impitoyablement toutes les subtilités, les complications, les ornements dont notre langue est riche... à l'excès sans doute. Car c'est le langage parlé qui, pour le meilleur et plus fréquemment pour le pire, change notre façon de nous exprimer. Raymond Queneau, que cite Alain Rey [1], annonçait déjà cette dissociation de l'écrit et de l'oral : « Il ne faut pas croire

---

1. Alain Rey, *L'Amour du français,* Paris, Denoël, 2007.

que le français parlé et le français écrit sont deux variantes : ce sont deux langues différentes, presque aussi différentes que le français et le latin. » Il est probable qu'à terme tout le monde finira par écrire comme il parle.

Comment ne pas être agressé par le « *pour pas que…* » ? Parler « populaire » d'hier, il se retrouve aujourd'hui dans la bouche des experts, des écrivains, des journalistes, des ministres et, à l'égal des « *T'es où ?* » chez les jeunes, va irrésistiblement passer de l'oral à l'écrit. Il faudra désormais se retrouver dans un entre-soi très contrôlé *pour pas que* le nouveau parler nous soit imposé. Il en va de même pour des expressions utilisées à contresens. On ne cesse de mettre « *à jour* » ce qui est mis « *au jour* », confusion liée à la polysémie du mot « jour » qui, d'un côté, désigne la date, et, de l'autre, la lumière. On « *met à jour* » des comptes, on met « *au jour* » des vestiges archéologiques. Qui s'en soucie ? De même peut-on « *rentrer* » sans être sorti, « *apporter* » ce qu'on devrait « *amener* », « *arrêter* » plutôt que « *cesser* », « *avoir convenu* » plutôt qu'« *être convenu* », etc. Ces quelques barbarismes choquent l'ignorant que je suis et cachent la forêt des incorrections que les spécialistes ramassent à la pelle.

Défense du français

Comme la plupart de mes compatriotes, j'ai toujours entendu dire, et je l'ai cru bien pieusement, que le français était menacé. Une fois de plus, l'anglais, l'ennemi héréditaire, mène l'assaut. L'offensive est double : à l'extérieur et à l'intérieur. Partout dans le monde, notre langue recule face à cet espéranto des Temps modernes. En France même, nous nous laissons gagner par des termes anglais et aimons les adopter. Plutôt que d'enrichir leur capital en apprenant l'anglais, les Français l'appauvrissent en prenant ici un mot, là une tournure, jusqu'à parler ce franglais qu'Étiemble dénonçait dès 1964 et que Claude Hagège fustige sous le sobriquet de « franricain ». Sombre perspective pour une nation qui communie dans le culte de la plus belle langue du monde.

Le français n'est pas une langue morte, et, comme tout être vivant, il lui faut changer pour préserver son intégrité. Mais l'évolution exclut la stérile perpétuation de l'inerte et l'anarchique prolifération du cancer. C'est un équilibre dynamique entre l'invention et la sélection.

Préserver le français, c'est tout à la fois dénoncer des altérations qui le dénaturent, maintenir des trésors en péril, encourager d'heureuses innovations. C'est applaudir l'œuvre de salut public à laquelle se consacre Bernard Pivot pour sauver des mots et des expressions si riches de saveur et qui tombent en désuétude, c'est lutter contre les barbarismes grammaticaux, les emprunts étrangers abusifs, les clichés à la mode, mais c'est aussi écouter les linguistes et les historiens qui s'efforcent d'adapter notre langue à son temps.

Aujourd'hui, nous réussissons à marier le laxisme d'un usage qui dénature la syntaxe et l'intégrisme d'une dictature orthographique qui fait de la graphie un sarcophage pour langue défunte. Ainsi le recruteur lisant la lettre de motivation, en écriture manuscrite pour l'ana-lyse graphologique, va-t-il entourer d'un coup de crayon rageur le bon *profile* dont se targue le candidat, avant de l'accueillir par une attaque résolument dynamique : « *Pour pas qu'on perde de temps, je vous poserai tout de suite la question essentielle : pour vous, ce job, c'est quoi ?* »

II

LA LOGOCRATIE FRANÇAISE

Les Français se désintéresseraient-ils de leur langue maternelle ? Quand une idée est à ce point reçue, mieux vaut l'examiner deux fois avant de signer l'accusé de réception. Il en va des querelles linguistiques comme des sacrilèges, elles ne prouvent jamais que la piété des fidèles. Dans une France illettrée, les fautes, des plus graves aux plus anodines, passeraient inaperçues. Fort heureusement, nous n'en sommes pas là.

Le français est au cœur de notre société, maltraité par les uns, étouffé par les autres, et, au total, bien vivant malgré les excès de négligence ou de vénération. Qu'on se le dise, notre langue n'est pas un idiome comme les autres, c'est une merveille du monde. Les Français lui vouent un véritable culte, un attachement orgueilleux et patriotique. Cette passion n'est pas le moindre sujet d'étonnement des Anglo-Saxons dans la liste de nos singularités nationales.

Pour Fernand Braudel, la langue a constitué la base de l'identité nationale française. Bernard Cerquiglini y voit une « religion d'État ». Une opinion assez générale que résume le linguiste Pierre Encrevé : « Le français, chargé de symboliser l'unité nationale après la suppression du trône et la fin du monopole catholique de

33

l'autel, a pris assez vite la figure d'une sorte de religion d'État en France. Au cours des XIXe et XXe siècles, on a lié ici la nation française au français et, réciproquement, le français à la nation française et à elle seule [1]. »

La langue de sa condition

Cette passion des Français pour leur langue ne les empêche nullement de la maltraiter tous les jours. Ne serait-ce que par nos emprunts compulsifs à la langue anglaise. Le bas prix devient *low cost*, le sentiment le *feeling* ; s'il faut créer un mot nouveau, on préférera *mail* à courriel ; on ne soutient plus son équipe de foot favorite, on la *supporte*, etc. Les Québécois, Suisses ou Belges qui défendent pied à pied leur identité linguistique comprennent mal ce mélange d'arrogance et de laisser-aller.

Contradiction typiquement française. Notre sentiment de supériorité n'entraîne pas un devoir de préservation, une obligation de respect, mais, au contraire, génère un droit de maltraitance. À l'image de ces maris jaloux qui dédaignent leurs épouses, nous nous approprions notre langue en nous targuant de sa gloire comme d'un droit acquis. Et nous en parlons d'autant plus que nous la parlons plus mal. En vérité, ce ne sont pas toujours les mêmes Français qui manifestent cette passion et cette négligence. Tandis qu'une élite cultivée

---

1. Pierre Encrevé et Michel Braudeau, *Conversations sur la langue française*, Paris, Gallimard, 2007.

entretient avec ferveur cet héritage, la majorité de la population n'est guère gênée de le voir dépérir. Il n'est pas commode de vivre dans une demeure historique. Le français n'est peut-être pas la plus belle langue du monde – ce qui ne veut rien dire –, mais c'est assurément l'une des plus difficiles. Pour ma part, j'éprouve toujours une admiration stupéfaite pour ces étrangers qui parlent, et surtout écrivent, mieux que moi une langue qu'ils ont apprise à l'âge adulte.

Mais l'initiation précoce ne suffit pas. Pour éviter les pièges de notre épuisante langue maternelle, la vigilance ne doit jamais se relâcher car la complexité des règles grammaticales ne se satisfait pas du seul apprentissage scolaire. Il faut entretenir sa vie durant ce capital de départ, et même développer un véritable système immunitaire pour ne pas se laisser contaminer par les incorrections. Je n'oublie pas que, par manque de rigueur, j'ai failli perdre mon interrogatif. Le français ? Un effort de chaque instant. Bien des Français préfèrent s'en dispenser et ajoutent au privilège de le posséder celui de le maltraiter. Pourtant, qu'il parle bien ou mal, qu'il affectionne sa langue ou qu'il n'en ait cure, le Français est, en tout état de cause, soumis à l'ordre langagier : il vit en logocratie.

Dans toute société, la langue est un instrument de pouvoir autant qu'un outil de communication, un marqueur social autant qu'un identifiant national. Cette fonction est très pesante en France.

Reportons-nous au Grand Siècle. Molière a superbement mis en scène dans ses *Femmes savantes* les différents niveaux de langage qui, à cette époque, distinguent les classes sociales. Martine, la servante, se trouve congédiée pour avoir usé :

> … d'un mot sauvage et bas
> Qu'en termes décisifs condamne Vaugelas [1].

Dans la scène qui suit, Martine perd son emploi en raison d'« une insuffisante maîtrise de la langue française », comme on dirait en jargon du XXIᵉ siècle.

> *Martine :* Mon Dieu ! je n'avons pas étugué comme
> vous,
> Et je parlons tout droit comme on parle cheux nous. […]
> *Bélise :* Ton esprit, je l'avoue, est bien matériel.
> *Je* n'est qu'un singulier, *avons* est pluriel.
> Veux-tu toute ta vie offenser la grammaire ?
> *Martine :* Qui parle d'offenser grand-mère ni grand-
> père ?
> *Belise : Grammaire* est prise à contre-sens par toi,
> Et je t'ai dit déjà d'où vient ce mot.
> *Martine :* Ma foi !
> Qu'il vienne de Chaillot, d'Auteuil ou de Pontoise,
> Cela ne me fait rien.

Trois siècles et demi plus tard, cette scène peut aisément se transposer dans le monde contemporain. Éternité de Molière ! Au reste, il suffit d'entendre à la radio

---

1. Célèbre grammairien du XVIIᵉ siècle, Claude Vaugelas a déterminé, dans ses *Remarques sur la langue française* (1647), les normes du parler correct. Il se fonde sur le bon usage, « la façon de parler de la plus saine partie de la Cour ». Son français est essentiellement aristocratique, très éloigné du parler populaire.

un énarque et un jeune de banlieue pour situer chacun dans l'échelle sociale. Aujourd'hui autant qu'hier, tenir son rang, c'est d'abord parler et écrire comme les gens de sa condition.

La sanction de l'écrit

L'intérêt porté à une langue, la politique mise en œuvre, ne sont pas les mêmes selon la vision qu'on peut en avoir. S'agit-il en priorité de créer un instrument de communication qui unifie la société ? S'agit-il de faire d'un langage littéraire la norme qui entretienne les clivages en dépit de l'alphabétisation ?

Le débat n'est pas nouveau, il dure depuis trois siècles. Il oppose les puristes, soucieux de préserver en l'état un savoir qui les distingue, à des progressistes qui voudraient étendre le bien écrire à l'ensemble de la population. Les uns et les autres se réclament du même idéal, à cette différence près que les premiers prétendent amener le peuple au français, et les seconds, amener le français au peuple. Positions de guerre transformées en guerre de position depuis que les règles grammaticales et orthographiques ont valeur de lois républicaines. Le français est ce qu'il est, aux Français de s'y adapter ! La défense de la langue est essentiellement juridictionnelle, elle vise à maintenir sa pureté en traquant sans relâche les fautes.

Cet ordre linguistique s'impose plus aisément à l'écrit qu'à l'oral. Le parler est un animal sauvage qui gambade dans tous les sens et dont on finit par admettre les incartades comme autant de « tournures familières ». Péché véniel. En outre, la parole dissimule la faute comme l'accroc au pantalon, tandis que l'écrit l'affiche comme la tache sur le revers.

Les mots s'envolent d'un côté et s'incrustent de l'autre. On peut douter de ce qu'on a entendu, pas de ce qu'on a sous les yeux. Ainsi face aux pièges du français, le locuteur s'en sort mieux que le scripteur. C'est tout naturellement sur l'écrit que s'est focalisé ce classement qui situe chacun en fonction de sa maîtrise de la langue. Tous les Français connaissent la règle : « Montre-moi comment tu écris et je te donnerai ta place dans la société. »

Quand le français devient l'orthographe

Si cette appréciation portait sur la qualité du style et de l'exposé, sur la connaissance du vocabulaire et de la syntaxe, ce système d'évaluation n'aurait rien de condamnable. La maîtrise de la langue, pour autant qu'elle ne soit pas le seul critère retenu, me semble plus probante que la situation familiale, le niveau de richesse ou la maîtrise des codes sociaux. Hélas ! ce système a été perverti au cours du XIXe siècle par une vision très particulière, très française, de la langue écrite. Celle-ci a été réduite à une seule discipline : l'orthographe.

Que l'on écrive bien ou mal, que l'on écrive des sottises ou des choses intelligentes, rien de tout cela n'est essentiel. Le jugement porte en toute priorité sur la graphie. Il ne peut qu'être défavorable si elle se révèle fautive. On condamne sur la forme avant d'évaluer le fond.

La France est passée de la logocratie à la graphocratie. Ce faisant, elle a transféré la valeur discriminante du fond à la forme et instauré l'ordre orthographique, qui comprend deux volets : d'une part, l'école pour enseigner l'écriture correcte, d'autre part, la censure sociale pour punir toute forme d'incorrection. Les défenseurs du français sont obnubilés par l'orthographe, devenue la ligne de démarcation entre le licite et l'illicite. C'est la seule de nos institutions qui ne soit jamais contestée, jamais ridiculisée.

Les terres interdites du français

Je confesse n'avoir aucun titre, aucune habilitation pour m'engager dans les inépuisables querelles qui entretiennent le culte de la langue française. Je n'ai pas fréquenté l'École normale supérieure, je n'ai pas décroché une agrégation, je n'ai pas suivi d'études supérieures de lettres, de grammaire ou de linguistique, je n'ai produit aucun chef-d'œuvre littéraire, je n'occupe aucune chaire prestigieuse et ne porte pas l'habit vert. Je ne suis qu'un utilisateur du français, un parmi plus d'une centaine de millions, et n'ai pas plus de légitimité que mes lecteurs pour m'interroger sur l'histoire et l'avenir de notre langue. Ne pouvant me compter au nombre des « parfaits » qui n'offensent jamais le français, encore moins parmi les savants qui en connaissent les secrets, je me suis longtemps interdit toute incursion sur ces terres sacrées.

Entretenu dans cette piété linguistique qui mêle docilité et culpabilité, je n'aurais pu sans blasphème critiquer ni le dogme ni la liturgie. Le français, mon outil de travail lorsque j'écrivais, devenait une langue sacrée lorsque je lisais les grands auteurs. L'orthographe m'écrasait de sa redoutable infaillibilité et je révérais chaque graphie canonique comme ces images pieuses qui s'offrent à la dévotion et se dérobent à l'examen. J'étais un fidèle du culte linguistique. En cela, je me confondais avec la majorité des Français.

Cette piété fut ébranlée par la grande querelle que provoqua en 1990 la réforme de l'orthographe. Le mot lui-même me surprit. Je tenais notre langue écrite pour immuable et n'imaginais pas qu'on y puisse rien changer. Mais le hourvari qu'il déclencha me stupéfia. Je découvrais qu'en ce domaine les oppositions pouvaient être aussi vives que sur la laïcité, l'avortement ou l'euthanasie.

L'usage et la science

En tant que citoyen d'abord et journaliste ensuite, je tentai de me faire une opinion et découvris deux camps qui n'avaient ni la même assise sociologique, ni la même légitimité, ni, surtout, la même démarche intellectuelle.

D'un côté se trouvaient des « gens de lettres » qui avaient un accès direct et permanent aux médias, de l'autre, des chercheurs, linguistes, grammairiens, lexico-graphes, historiens, personnages ignorés de la presse comme du public. Les premiers étaient les grands prêtres de l'ordre graphocratique, ils défendaient un culte qui rencontrait un très large écho et même un assentiment dans la population ; les seconds s'appuyaient sur un savoir accumulé au fil des ans, sur des recherches historiques et des observations socio-pédagogiques. Bref, ils ne défendaient pas des présupposés, mais s'en tenaient aux faits, lesquels n'intéressaient en rien le spectacle médiatique.

En règle générale, les médias donnent la parole aux experts certifiés par la communauté savante. S'adresserait-on à un guérisseur pour une question médicale, à un mécanicien pour parler d'astrophysique, à un épicier pour traiter de la finance internationale ? Pour la langue, il en va tout différemment. Ceux qui tranchent, souvent de façon péremptoire, sur de tels sujets ne sont pas les véritables savants, et leurs jugements contredisent bien souvent l'opinion de ces derniers.

Cela tient à la confusion entre littérature et langue. La première tient en France une place si éminente qu'elle absorbe la seconde. Qui mieux qu'un grand écrivain peut dire le souhaitable et l'indésirable pour le français ? Il est entendu qu'un art consommé de l'écriture, voire un talent littéraire autoproclamé, suppose ou confère une connaissance générale des questions linguistiques et permet d'exercer une sorte de magistère. Ainsi s'est-il formé cette catégorie fourre-tout : les « gens de lettres », dont l'avis paraît inattaquable tandis que celui des érudits est tenu pour négligeable.

Les deux vérités

Nous sommes bien face à deux vérités, deux légitimités, comme le constate Bernard Cerquiglini : « La question de l'autorité en matière d'orthographe oppose deux professionnalismes. Celui des grammairiens et linguistes de la langue [...] ; ceux-là, quelle que soit leur obédience citoyenne, sont dans leur ensemble favorables à la résolution de difficultés historiques. Celui des écrivains et gens de lettres, familiers de l'écriture, amoureux de la langue et de sa graphie [...], ceux-ci, parfois très épris de progrès social par ailleurs, s'opposent dans leur ensemble à tout changement apporté à une graphie qui résume et illustre l'amour de la langue ; lequel se confond, en France, avec le sentiment national [1]. »

Entre les uns et les autres, la suspicion est permanente et les tensions sont toujours vives. Figure emblématique de ces gens de lettres, Philippe de Saint Robert pose en principe que « l'orthographe est une discipline qui ne relève en rien de la linguistique et [qu']un linguiste n'a pas de compétence particulière en ce domaine [2] ». Le français appartient à ceux qui l'écrivent. Pas à ceux qui l'étudient.

---

1. Bernard Cerquiglini, *La Genèse de l'orthographe française*, Paris, Honoré Champion, « Unichamp-Essentiel », 2004.
2. Philippe de Saint Robert, *Jules Ferry assassiné par les siens*, disponible sur le site de l'ASSELAF (Association pour la sauvegarde et l'expansion de la langue française), à l'adresse suivante : http://asselaf.neuf.fr/2/jules.pdf.

Aux intégristes de l'orthographe, la communauté scientifique oppose sa compétence, mais elle ne franchit pas le barrage des médias. « Contrairement à ce qui se passe dans de nombreux pays étrangers, nos plus grands linguistes ou grammairiens ont toujours été très peu écoutés, se désolait une équipe de linguistique à Grenoble qui a enquêté sur les fautes d'orthographe. Aujourd'hui encore, les idées des spécialistes de l'orthographe française sont bien souvent cantonnées dans des revues – tout à fait estimables – mais qui ont beaucoup de difficultés à toucher le grand public. Pendant ce temps, les présentateurs vedettes, les journalistes occupent le devant de la scène, ont leur mot à dire sur tout, avec la certitude et, dans le meilleur des cas, la naïveté que seule l'ignorance peut donner [1]. »

Cette mise en cause de ma profession me concerne au premier chef. N'aurais-je pas agi de même en cette circonstance alors que je n'avais encore aucune connaissance du sujet ? Sans doute m'aurait-il semblé aussi naturel qu'à mes confrères de faire appel à quelque écrivain célèbre plutôt qu'à d'obscurs linguistes pour parler d'orthographe. J'eusse été à bonne école puisque l'Académie française, pourtant chargée de la langue, n'a élu aucun linguiste grammairien depuis un siècle !

---

1. Agnès Millet, Vincent Lucci et Jacqueline Billiez, *Orthographe mon amour !*, Grenoble, Presses universitaires de Grenoble, 1990.

Le français comme champ d'investigation

Devenu rétif à la logocratie, j'ai entrepris d'en soumettre les dogmes à la contre-expertise des scientifiques, au tribunal des faits. Ce sont leurs travaux qui m'éclaireront dans cette exploration.

Je suis bien conscient que la parole du non-spécialiste est, par nature, douteuse. Je chercherai donc, comme je l'ai toujours fait, la caution des experts. Avec pour seul aiguillon ma curiosité, pour seule ressource mon travail et pour seule limite la conscience de mon ignorance. C'est ainsi que, sans être un scientifique, j'ai pu me lancer dans la biographie d'Albert Einstein en 2004. L'orthographe ne doit pas être plus compliquée que la relativité !

Une telle assistance technique permet ce genre d'investigation, mais la découverte seule en justifie la publication. Le mot lui-même est ambivalent. Tantôt il désigne un savoir qui était totalement ignoré, tantôt il met en lumière un savoir qui était peu connu ou délibérément occulté. Quand on n'est pas soi-même chercheur, on ne prétend pas défier l'inconnu, mais, plus modestement, explorer le méconnu, disons la face ignorée de notre orthographe.

Le français ne doit pas être un saint des saints interdit aux fidèles, il est accessible à nos interrogations à travers la parole de chercheurs tout disposés à partager leur savoir. J'ai fait de ma langue un champ d'investigation. Et je suis allé de surprise en surprise.

J'ai vu s'effondrer une à une, au cours de cette enquête, la plupart de mes certitudes. L'orthographe n'est pas cet immuable chef-d'œuvre donné aux Français comme les Tables de la Loi au peuple hébreu. Elle est le produit d'une histoire passionnante, riche de conflits et de contradictions. Mais, surtout, elle arrive, sans qu'on y prenne garde, au tournant décisif où son destin va basculer. Notre langue écrite subit en ce moment même une profonde mutation. Après avoir été figée au cours des XIXe et XXe siècles, elle entre, au XXIe siècle, dans une ère nouvelle : celle de l'écriture électronique. C'est ainsi qu'écriront les prochaines générations. Et cela marquera la fin du culte orthographique. La fin de la faute, qui en fut la marque emblématique.

III

LA DICTATURE DE L'ORTHOGRAPHE

> *C'est ma faute*
> *C'est ma faute*
> *C'est ma très grande faute d'orthographe*
> *Voilà comment j'écris*
>
> Giraffe [1].

Merci, monsieur Prévert ! À quarante années de distance, je n'ai pas oublié. Il avait suffi de cette coulpe battue devant une girafe à deux *f* pour tourner en dérision non pas l'orthographe, mais la grapholâtrie qui me terrorisait. L'épigramme moqueuse en disait davantage qu'un traité de linguistique. Elle me vengeait de ces incorrections qui revenaient comme des guêpes sur la confiture et me stigmatisaient comme la condamnation sur le casier judiciaire. La culpabilité se dissipait, mais la honte subsistait. L'indulgence de Prévert ne pouvait rien contre l'intransigeance des censeurs, et, pour être reconnues vénielles, ces fautes n'en restaient pas moins infamantes.

---

1. Jacques Prévert, « Mea culpa », *Histoires*, Paris, Gallimard, « Folio », 1972.

Puisque nous allons en parler longuement, arrêtons-nous un instant sur le mot « orthographe ». Comment expliquer que nos puristes aient fait de ce terme monstrueux leur emblème ? En bon français, on devrait parler d'orthographie, mot du genre féminin. Sur le modèle de calligraphie, biographie, dactylographie, photographie, radiographie, etc. Si vous en doutez, essayez donc le verbe. Dites-vous orthographer ou orthographier ? Le mot orthographe, à la ressemblance de calligraphe, biographe, dactylographe, photographe, radiographe, devrait désigner la personne qui écrit sans faute et être du genre masculin. Il devrait exister une orthographie, science de l'écriture, pratiquée par un orthographe. La faute de construction est évidente. Mais, étant consacrée par l'usage, elle n'est relevée par aucun de nos grands orthographieurs. Ainsi va l'écriture du français, qui se targue de logique, mais révère les formes les plus aberrantes dès lors qu'elles ont été reconnues comme graphies canoniques. La fable commence donc par sa moralité : qu'elle ait tort ou raison, l'orthographe a toujours le dernier mot.

« Il y a en France deux sortes de ridicules qui tuent : n'être pas habillé à la dernière mode et faire des fautes d'orthographe », disait Nina Catach. Il n'est pas besoin d'être, comme elle, une éminente linguiste pour le savoir. Tout Français connaît l'impératif orthographique.

J'ai toujours pris le plus grand soin d'éviter les fautes (pouvais-je faire autrement ?), mais aussi de cacher cette faiblesse. Le bien écrire ne suffit pas : il faut encore n'y trouver aucune difficulté. On perd son crédit à ne produire de texte impeccable qu'après des recherches dans le dictionnaire, voire une relecture avec un correcteur automatique. L'orthographe doit être aussi facile, aussi naturelle que la parole.

Je me suis conformé à cet ordre langagier, disons que je me suis « dépatouillé » comme j'ai pu, mais, l'âge venu, j'ai perdu ma pudeur comme ma candeur. Je n'ai plus à cacher d'avoir toujours lutté contre une dysortho-graphie chronique, ni à tenir pour avérées des évidences que j'avais admises sans plus d'examen. D'où vient que la même langue écrite paraisse aux uns si facile et aux autres si difficile, que les premiers n'y voient qu'une pro-menade dans un jardin à la française, et les seconds, une équipée dans une jungle traîtresse ? J'appartenais sans le moindre doute à cette catégorie des réprouvés, et, chaque fois que j'attaquais une phrase, je redoutais la lettre, l'accent ou le trait d'union qui me prendraient en défaut. Appréhension d'autant plus surprenante que, dans le même temps, je m'engageais, avec une témérité proche de l'inconscience, dans des disciplines scienti-fiques auxquelles je n'entendais rien. Je trouvais simple ce qui passe pour compliqué et compliqué ce qui passe pour simple : l'accent circonflexe m'impressionnait plus que la mécanique quantique. Allez comprendre ! Et pourquoi fallait-il que le savoir orthographique l'empor-tât sur tous les autres ? Cette intransigeance pour l'écrit, en opposition à l'indulgence pour l'oral, avait de quoi surprendre. Je n'y prêtais guère attention, car la honte est plus efficace que la sottise pour étouffer toute curiosité.

Cette histoire, j'en conviens, ne concerne que moi, et je ne l'évoque ici qu'en raison de son extrême banalité. Je pourrais recomposer mon parcours orthographique en confessant des centaines de Français. Mais à quoi bon chercher cet échantillon représentatif qui se trouve présent dans mes souvenirs ? Je partirai donc de mon propre itinéraire pour comprendre ce statut particulier de l'orthographe dans la langue française.

« *Ma parole, vous le faites exprès !* »

J'ai toujours marié le goût de l'écriture avec la détestation de mon écriture. Mes lettres sont trop grosses, d'une graphie incertaine, mal agencées. J'enviais ces condisciples qui, d'une main sûre, sans effort apparent, écrivaient aussi bien que les professeurs. Comparées aux leurs, mes copies n'étaient que des brouillons. Sitôt mes études terminées, j'ai troqué mon stylo pour l'une de ces bruyantes machines sur lesquelles les policiers tapent d'un seul doigt les dépositions des suspects dans les films noirs des années cinquante.

Mon écriture était abominable, mais ce n'était rien encore. Je découvris très vite que les fautes tombaient de ma main comme les feuilles mortes des arbres. Pour moi, c'était toujours l'automne. J'en ressentais moins le ridicule dont parle Nina Catach qu'une coupable vergogne.

À la maison, ma mère ne faisait pas de fautes. On lui donnait une phrase, n'importe laquelle, elle l'écrivait. C'était comme ça. Les mots sortaient de sa plume sans un accroc : mots composés, mots savants, mots tarabiscotés, et même, mots ignorés la seconde d'avant, aucun ne pouvait la prendre en défaut. Quant aux fautes grammaticales, elles lui arrachaient les yeux à l'égal d'un blasphème.

Ma mère n'avait pas acquis cette maîtrise de l'écrit au terme de longues études universitaires, elle semblait l'avoir toujours possédée. C'est pourquoi elle voyait dans l'orthographe une sorte de patrimoine héréditaire dont elle ne percevait ni les bizarreries ni les difficultés. Comme toutes les personnes qui ont l'« orthographe naturelle », elle lui trouvait une cohérence logique qui faisait de tout contrevenant un âne bâté. Dans les autres disciplines, elle témoignait d'indulgence et de compréhension, mais l'impatience sur fond d'indignation l'emportait lorsqu'il s'agissait de ne mettre qu'un *p* à *apercevoir*, de distinguer dans *martyre* le supplice qui prend un *e* du supplicié qui n'en prend pas, ou de retirer le chapeau de trop à *cime* pour le faire tomber dans l'*abîme*. Il n'était plus nécessaire d'apprendre pour savoir et de comprendre pour connaître. Cela devait tomber sous le sens.

À un demi-siècle de distance, le souvenir force le trait, pousse à la caricature. Sans doute arrivait-il à maman d'hésiter, de se tromper. Peu importe. L'image qu'elle me donnait était celle d'un savoir inné, d'une secrète prédestination. Je ne fus pas long à découvrir qu'elle n'était pas la seule de son espèce, mais que, pour mon malheur, je n'appartenais pas à la race des élus.

Étant catalogué « intelligent mais irrégulier », je voyais mes défaillances orthographiques mises au compte de cette « nonchalance », de cette « fantaisie » que mes professeurs dénonçaient à longueur de bulletins et qui, en langage domestique, s'appelait « paresse ». Je faisais des fautes d'orthographe parce que j'étais fainéant. Pour tout dire, « je m'en fichais ». Et pourtant… Dieu, que j'aurais voulu trouver dans mon stylo la sûreté graphique de ma mère ou de mes professeurs ! J'aurais donné n'importe quoi – de fait, je n'avais rien à donner – pour échapper à cette cueillette d'erreurs et d'horreurs dans mes copies. À chaque réprimande, je me promettais, le temps d'une résolution, de ne plus jamais fauter d'un redoublement de consonne ou d'un accord de participe. Peine perdue. Je rechutais à la composition suivante. Mes graphocrates de maîtres me prêtèrent même un esprit d'insubordination : « Ma parole, vous le faites exprès ! » Ils ne pouvaient concevoir qu'un élève, à l'évidence doué pour les études, soit un cancre dans cette seule discipline, à plus forte raison ne pouvaient-ils imaginer mon désir de bien faire et cette impuissance à me corriger qui m'empoisonnait l'existence ! J'étais pourtant un fidèle du culte, un fidèle qui se prosternait devant les Règles orthographiques, doublé d'un pécheur qui battait sa coulpe.

Par bonheur, l'Éducation nationale connaît aussi la parole, celle qui fait miraculeusement disparaître les pièges des lettres pour ne laisser apparaître que le bonheur des mots. Sur ce point, j'étais plus assuré et m'en sortais mieux que les autres. J'affrontais donc les compétitions scolaires comme ces patineurs qui perdent aux figures imposées les points qu'ils vont regagner aux figures libres. À l'écrit, les cartons jaunes orthographiques me plaçaient au bord de l'élimination ; à l'oral, je rattrapais mon retard, et, au total, j'ai réussi mes examens et poursuivi mes études supérieures sans jamais connaître d'échec. Mon itinéraire prouverait donc que les difficultés en cette matière n'empêchent nullement un élève doué de faire des études.

Sans doute, n'était-ce un incident de parcours dont les conséquences auraient pu se révéler désastreuses. J'avais commencé mes études dans l'enseignement privé, et ma famille, assez désargentée, souhaita me les faire poursuivre dans l'enseignement public. Je fus donc soumis à un examen probatoire afin de valider mon entrée en troisième. Le résultat fut catastrophique. Le lycée ne pouvait m'admettre qu'en me faisant redoubler ma quatrième et, qui moins est, dans la filière « technique », celle des laissés-pour-compte. Mes parents refusèrent et s'imposèrent les sacrifices indispensables pour que je puisse poursuivre ma scolarité sans redoublement. Je n'ai rejoint le lycée public qu'en classe de philo, après la première partie du baccalauréat.

Que s'était-il passé ? L'examen probatoire n'ayant comporté que des épreuves écrites, je n'ai pas besoin d'interroger mes examinateurs pour connaître les raisons de cette dévaluation. J'avais été sacqué en raison d'une orthographe défectueuse. Quel aurait été mon avenir si j'avais dû me soumettre à ce verdict ? Cet échec m'aurait vraisemblablement fait perdre pied. Nul parmi les nuls, je n'aurais décroché au mieux qu'un bac de miséricorde (à l'époque, le baccalauréat n'était pas encore un certificat d'études secondaires). Aurais-je bénéficié de la bourse à taux plein sans laquelle je n'aurais pu poursuivre à la fac ? Sans doute pas. Je n'aurais jamais achevé mon doctorat, jamais réussi Sciences Po, et je me serais réfugié dans un poste d'employé. Au pliage des cartons plutôt qu'aux écritures. Un jeune délinquant orthographique ne pouvait certainement pas prétendre à la vie que j'ai menée. Un instant, j'imagine la tête scandalisée de mes correcteurs découvrant que je rêvais d'écrire des livres !

Cette histoire n'a rien que de fort banal, des millions de Français ont connu, chacun à leur manière, de telles difficultés, mais ils répugnent le plus souvent à les évoquer. Un péché de jeunesse que l'on veut oublier. Rien de tel avec les mathématiques : chacun peut reconnaître sans nulle gêne en avoir souffert tout au long de sa scolarité. Pour ces deux disciplines, la différence entre le bon élève et le cancre tient moins au travail qu'à un certain « don » bien difficile à définir. En dépit de tous leurs efforts, certains buteront toujours sur les dictées et d'autres sur les problèmes. Mais on se débarrasse des mathématiques, quand l'orthographe vous suit tout au long de votre vie. Résultat : les faiblesses orthographiques sont dévalorisantes, la nullité mathématique ne saurait l'être.

Mes affaires se sont quelque peu arrangées par la suite car les fautes d'orthographe ressemblent à ces caries qui rongent les dents des jeunes gens, mais épargnent celles des personnes plus âgées. Peu à peu, j'ai recensé et corrigé mes erreurs les plus fréquentes, j'ai acquis le réflexe de consulter le dictionnaire à la moindre hésitation ; bref, j'ai appris, l'âge venant, à soigner mon orthographe. Les fautes n'ont pas disparu, mais elles se sont faites suffisamment rares pour que je me fonde dans la moyenne nationale de tous ceux qui écrivent sans grandes difficultés, mais se ridiculiseraient en prétendant faire moins de dix fautes à une dictée de concours. Une orthographe médiocre obtenue au prix d'une attention constante.

Je n'oublie jamais ma nature hétérographe et je sais que, si je me laisse emporter par ma pensée et que mon texte n'est pas relu, il peut lui arriver de comporter d'impardonnables pataquès. Rien à craindre si je me concentre ; dans le cas contraire, le pire a toutes ses chances. Il me souvient d'une fête du livre où je dédicaçais mes ouvrages tout en devisant avec les lecteurs qui se pressaient devant moi. Je noircissais les pages de garde au fil de la plume, sans même regarder ce que j'écrivais, et, soudain, mon stylo me lâche. Je m'arrête en plein milieu du mot « fidèle », je poursuis mes discussions avec les uns et les autres tout en cherchant un outil de rechange. Je reprends la dédicace sans prêter la moindre attention au mot resté en rade. Je tends le livre à mon lecteur, dédicacé d'un « fidel souvenir ». L'acheteur s'en va et, soudain, je vois comme si je l'avais sous les yeux le *e* et l'accent grave restés dans le stylo. Je veux le rappeler. Trop tard, il a déjà disparu dans la foule avec cette curiosité orthographique sous le bras : un « fidel » à la Castro. Ce genre d'incident guette toujours ceux qui n'ont pas l'orthographe « naturelle ».

Les très nombreuses victimes (ou coupables ?) de l'insécurité graphique se reconnaîtront, je pense, dans cette relation chaotique d'un Français avec sa langue écrite. Mais beaucoup auront payé un tribut plus lourd à la dictature de l'orthographe. Combien n'auront pas

eu, comme moi, la chance de prouver qu'une telle faiblesse ne fait pas automatiquement de vous un incapable, un inculte ou un arriéré mental ? Combien de
demandeurs d'emploi ne tremblent-ils pas au moment
de rédiger leur lettre de motivation ? Combien sont-ils
à la refaire indéfiniment en consultant, fébriles, les dictionnaires, pour ne pas laisser la faute qui les éliminera
plus sûrement qu'une mauvaise référence professionnelle ? Combien se sont vu, sur ce seul critère, refuser
un emploi ou une promotion ?

Pourtant, je suis arrivé à un âge avancé de ma vie
sans remettre en cause cette évidence orthographique qui
s'imposait comme un ordre nécessaire, logique, immuable
et légitime auquel je devais une stricte observance. Je ne
doutais pas que l'on perdait la face pour un accent de travers, j'étais un bon Français.

Les postulats orthographiques

Les décennies ont passé, accumulant toute une vie
derrière moi. Superbe liberté de l'âge, je n'ai plus rien
à démontrer, plus rien qui puisse m'atteindre ! Je peux
raconter ici ce que pour rien au monde je n'aurais avoué
il y a trente ou quarante ans. Au reste, mes proches
n'ont pas manqué de me mettre en garde contre une
telle confession. Je faisais observer que cela ne pouvait
plus rien changer, chacun ayant eu le temps de se faire
un jugement sur ma personne. « Justement, me répon-
dit-on, les gens pourraient être très déçus et te voir
autrement ! » Ainsi la tare orthographique ne serait-elle

pas seulement anticipatrice, mais également rétrospec-
tive !

Le statut de l'orthographe dans la société française est
fondé sur un principe absolu mais implicite : le scripteur
est le garant de la personne. Tel il écrit, telle elle est. La
note de dictée, c'est le QI à la française. Une valeur
suprême contre laquelle il n'est pas de preuve contraire.
La faute sur le papier doit s'inscrire comme un tatouage
sur le visage du fautif. Elle ne s'efface pas.

Nulle ambiguïté : je ne revendique pas, comme Jules
Vallès, la « liberté de l'orthographe », j'y vois même une
ineptie et un danger. Une écriture ne va pas sans règles,
et des règles ne vont pas sans respect. Le « n'importe
comment » scriptural en style SMS amélioré me fait
horreur ; les fautes, et les miennes en particulier, me
semblent détestables.

L'accord, voire l'unanimisme, se réalise sur ce point
aussi facilement que sur la délinquance. Les incorrections sont condamnées dans l'écriture comme dans la
vie, et tout le monde en souhaite la disparition. Inutile
de discuter sur la fin, voyons les moyens. Et, pour
commencer, interrogeons-nous sur cette orthographe à
la française, une institution que l'on ne retrouve nulle
part ailleurs : fondatrice et dominatrice, sanctuarisée et
fossilisée, difficile et distrayante, attractive ou répulsive,
vénérable et redoutable, normative et déroutante, valorisante ou dévalorisante, menaçante ou protectrice...
Est-il assuré qu'elle soit parfaite depuis les principes
dont elle se réclame jusqu'aux dernières conséquences
qui en découlent ?

Pour plus de clarté, je partirai des trois postulats qui fondent la graphocratie française :

— le postulat d'*essence* : l'orthographe traduit l'essence même de la langue. Elle n'en est pas l'habillage, autant dire l'accessoire, mais la nature profonde. On ne saurait donc y toucher sans altérer l'esprit du français ;

— le postulat de *cohérence* : l'orthographe forme un ensemble logique, un système linguistique dont chaque partie, jusqu'au moindre détail, participe à la cohérence globale, et dans lequel on chemine par l'intelligence et la réflexion. Un art et une science, pour tout dire ;

— le postulat de *perfection* : s'agissant d'une langue, la perfection en soi n'a aucun sens, il ne s'agit donc ici que d'une perfection relative. Est parfait ce qui n'est plus perfectible et se présente comme une œuvre achevée que tout changement ultérieur ne pourrait qu'altérer. Tel serait donc notre langue écrite, admirable jusque dans ses imperfections qui se fondent dans un ensemble d'une parfaite harmonie.

Ces trois postulats imposent un conservatisme absolu. La France, ayant institué son orthographe comme indépassable chef-d'œuvre, une *Joconde* linguistique, ne peut que la vénérer. Qui donc songerait à prendre le pinceau pour retoucher le portrait de Léonard ? L'ordre orthographique consiste donc à protéger cette merveille en traquant tous les contrevenants et, plus que tout, en neutralisant les réformateurs. Ah ! la réforme ! C'est le mal absolu, la menace suprême. Les tenants du culte peuvent encore confesser et absoudre les fautifs, mais, pour les hérétiques qui prétendent toucher au dogme, ils n'ont qu'indignation et condamnation. Damnation, pour tout dire.

Tel est le bloc doctrinal sur lequel vit notre société, la vérité officielle qui cimente l'institution orthographique. Mais peut-on tenir pour avérés ces postulats qui figent le statu quo ?

L'orthographe, c'est le français

La graphie s'est donc imposée comme principe fondateur et cause structurante de la langue. Guy Bayet, alors président de la Société des agrégés, proclamait que « l'orthographe est la colonne vertébrale de la langue française ». Conséquence nécessaire : elle ne saurait être ni violée ni modifiée. Voilà pourquoi la soustraction ou l'addition intempestive d'une consonne peut devenir une faute mortelle, tandis que l'altération de la forme interrogative, l'abandon du subjonctif et l'oubli du passé simple ne sont que péchés véniels. La valeur fondatrice de l'orthographe, dans ses grands principes comme dans ses multiples exceptions, impose la stricte observance, la rigidité minérale des normes actuelles. Tout écart est perçu comme une offense à notre langue, toute modification, comme une agression.

Que l'orthographe soit le socle de toute langue écrite, nul ne le conteste. Elle pose le choix fondamental : idéographique ou phonétique. Selon le paradigme choisi, les signes représentent des idées ou des sons, tout le reste en découle. En pratique, les écritures idéographiques se

combinent le plus souvent avec des notations phonogra-
phiques, et les écritures alphabétiques se dégagent de la
seule fonction sonographique pour entrer dans une
logique idéographique. La sténographie seule est parfaitement phonétique, c'est pourquoi elle constitue une
notation et pas une langue.

En dépit de ces imbrications, les idéogrammes et les
alphabets constituent les deux principes générateurs de
l'écriture. L'équivalent, pour une langue, du choix d'un système politique – entre théocratie, dictature, monarchie,
démocratie, etc. – pour une société, si l'on ose la comparaison. Le français, nous le verrons, tient de l'un et de l'autre
système, phonétique à ses origines, grammatical et idéographique par la suite. Il se trouve dans une situation hybride.
Revenir là-dessus pour adopter une écriture qui soit ignore
la prononciation, soit ne sert qu'à la représenter, ce serait
assurément remettre en cause notre langue chérie.

L'orthographe a une fonction grammaticale. La construction de la phrase élémentaire, dans l'ordre sujet-verbe-
complément, la conjugaison des verbes, les marques de genre
et de nombre sur les mots variables, etc., forment en quelque
sorte la Constitution de la langue française. Là encore, il ne
s'agit pas de l'accessoire, mais de l'essentiel.

Les fautes qui violent ces règles sacramentelles fleurissent malheureusement dans les établissements scolaires,
où les enseignants doivent apprendre à leurs élèves une
langue prétendument maternelle et, en réalité, étrangère.
On ne voit pas que des professeurs souhaitent normaliser
cet anarchisme orthographique, et pas davantage que des
linguistes veuillent réduire notre grammaire au n'importe

quoi syntaxique. Inutile, donc, de déployer les banderoles, battre les estrades ou écrire des missives fulminantes au *Figaro* pour défendre notre socle orthographique : il est incontestable et incontesté. Une telle révolution n'est ni souhaitable ni possible.

Le diable orthographique

Faut-il reconnaître cette même valeur « constitutionnelle » à l'entassement de singularités, de bizarreries, d'anomalies qui constituent l'ordinaire de notre orthographe ? Le *s* du pluriel est une règle intangible, nul n'en disconvient, mais ce même statut doit-il couvrir l'exception des *hiboux, choux, genoux, cailloux, bijoux, joujoux, poux...* ? Et le trait d'union dans les mots composés, dans les nombres ? Comment trouver le « génie de la langue française » dans les applications qui en étaient faites jusqu'à la réforme de 1990 ? Pourquoi dispenser mille et cent de se « traitd'unioniser » ? Pourquoi écrire *mille sept cent quatre-vingt-dix-neuf* et non pas *mille-sept-cent-quatre-vingt-dix-neuf* [1] ? Poursuivons : pourquoi un *faux témoignage* et un *faux-fuyant*, un *faux bond* et un *faux-jeton*, un *essuie-pieds* et un *chausse-pied*, un *portemanteau* et un *porte-parapluies* ? Si j'écris *un coupe-cigare*, un *coupe-ongle* ou un *coupe-légume* en faisant remarquer qu'on ne

---

1. Un certain nombre des anomalies ici signalées ont été corrigées dans les rectifications de 1990. Les formes nouvelles entrent très progressivement dans l'usage et passent de « fautives » à « correctes » selon le lecteur. Mais, comme nous le verrons, elles furent l'objet des plus véhémentes protestations.

coupe jamais qu'un objet à la fois, les puristes me compteront une faute, car il faut s'en tenir à la forme canonique et stupide de *coupe-cigares*, de *coupe-ongles*, de *coupe-légumes*, mais, on ne sait pourquoi, de *coupe-circuit*, de *coupe-gorge* ou de *coupe-jarret*. Et quel drame ce serait pour notre langue nationale d'appareiller d'un trait d'union le *face à face* tout comme un *face-à-main*. Écrire sans faute, c'est se mettre en tête les milliers de cas particuliers qui ne découlent d'aucune règle grammaticale. Notre langue, magnifique dans son ordonnancement général, se démultiplie en des milliers de règles, puis de détails toujours particuliers, souvent déroutants, parfois aberrants. C'est alors que l'orthographe française devient diabolique. D'où la question récurrente depuis deux siècles : serait-ce un toilettage revigorant ou une chirurgie mutilante que de mettre un peu d'ordre dans ce fatras ? Clarifier une langue célébrée pour sa grande clarté manifeste-t-il un manque de considération ou, au contraire, une marque de respect ?

Or, la sacralisation protège les détails graphiques au même titre que le socle linguistique. Pour reprendre notre analogie politique, la moindre circulaire municipale a la valeur d'un article de la Constitution. Nos puristes ne veulent pas en démordre : l'orthographe forme un tout, depuis le principe alphabétique jusqu'au redoublement de consonne. Les erreurs mêmes, comme le *ph* de *nénufar*[1], se trouvent sanctifiées. La langue

---

1. *Nénuphar*, venant du sanskrit, entre dans la langue française au XIIIe siècle *via* l'arabe *ninufar* comme *nénufar*. Et c'est par erreur et ignorance de l'étymologie que l'Académie française, en 1935, l'affuble du « ph » grec. L'erreur était si manifeste que, lorsque la question avait commencé à se poser,

écrite ne se défend que dans l'immobilisme, toute concession peut lui être fatale.

Puristes et réformateurs peuvent se renvoyer les arguments pendant des heures dans une conversation d'après-dîner. Une passe d'armes aussi ennuyeuse que les renvois de balles sur le central de Roland-Garros entre deux défenseurs de fond de court, et qui n'a pas grand sens, car le terrain ne convient pas à un tel échange. La réponse appartient à l'histoire, et c'est pourquoi nous parcourrons toute la saga de l'écriture française depuis les origines... jusqu'aux prochaines décennies.

Ce survol des siècles fait découvrir une langue qui n'a cessé d'évoluer. Sa structure grammaticale était fixée dès le XVe siècle, c'est celle qu'utilisaient les auteurs classiques et c'est aussi la nôtre. En revanche, les graphies ont varié au cours des siècles. Nous n'en sommes plus conscients, car leurs textes nous sont présentés le plus souvent dans une écriture modernisée. Une écriture qui n'est en rien une traduction, rien qu'une mise au goût du jour orthographique. Quelle ne serait pas notre stupéfaction de lire sur une affiche de la Comédie-Française : *Le Misantrope*. C'est pourtant ainsi que Molière écrivait le titre de sa comédie. Toutes les répliques de sa comédie doivent aujourd'hui être rectifiées. Toutefois, l'auteur piège encore ses correcteurs posthumes lorsqu'il fait dire à Philinte :

Marcel Proust avait refusé d'adopter la graphie « ph ». Il fallut attendre 1990 pour que les règles académiques nous rendent *nénufar*.

Lorsqu'un homme vous vient embrasser avec joie
Il faut bien le payer de la même monnoie.

Nous n'avons donc plus sous les yeux la preuve que notre langue peut s'écrire différemment sans être le moins du monde altérée. « Le XIXᵉ siècle, par la diffusion massive d'éditions modernes, nivelées, a contribué à répandre cette idée dogmatique et stérilisante d'une orthographe éternelle et par conséquent immuable », constate Nina Catach [1]. Nous pensons donc que les classiques écrivaient « comme nous », et ne pouvons accepter que l'on remette en cause une orthographe qui a produit de tels chefs-d'œuvre.

L'histoire littéraire démontre à chaque page que l'orthographe ne fait pas la langue, qu'en dépit de ses variations passées le français est resté le français. La morphologie d'un mot est accidentelle, ornementale, mais rarement substantielle. Elle concerne l'habillage et non pas le sens. À changer une lettre, un accent ou un trait d'union, on n'altère ni la couleur ni la lumière d'une langue. Juste le vernis. Le grammairien Ferdinand Brunot citait l'exemple du mot *défense*. « Il a été *défanse, defence, deffence* ; en quoi oserait-on soutenir que l'idée exprimée, les images évoquées se sont trouvées altérées par ces différentes écritures [2] ? » Le pluriel de cheval a varié au cours des siècles, passant de *chevals* à *chevaus* et

---

1. Citée par Michèle Perret, *Introduction à l'histoire de la langue française*, Paris, Armand Colin, 2008.

2. Cité par Marie-Anne Paveau et Laurence Rosier, *La Langue française. Passions et polémiques, op. cit.*

même *chevaulx* pour arriver à *chevaux*... Mais, qu'ils portent une casaque graphique ou une autre, il s'agit toujours du même animal et du même mot pouvant être sujet ou complément dans la phrase.

Jeanne la Pucelle voulait bouter les *Anglois* hors du royaume des *François*. Voltaire, réconcilié avec l'Angleterre, livra un long combat pour imposer les formes *Français* et *Anglais*. Mais les habitants de l'empire du Milieu restèrent des *Chinois*, tandis que ceux de l'empire du Soleil-Levant devenaient des *Japonais*. La géographie s'en trouve-t-elle bouleversée ? Pas plus que la prononciation, qui, elle aussi, n'a cessé de varier. Car nos *Chinois* qu'on entendait « *chinoué* » au XVIIe siècle ne sont devenus « *chinoua*[1] » qu'au siècle suivant. Quant à Louis XIV, qui parlait volontiers de lui-même à la troisième personne, il ne disait pas « le *roi* a décidé » mais « le *roué* a décidé ». Ses prédécesseurs avaient prononcé *roy*, un peu comme le *boy* de l'anglais. Cela fait trois prononciations pour la même graphie. Au XVIIIe siècle, la Cour dit *roué*, le peuple parisien *roua*. Un petit malentendu qui trouva son issue à la Révolution, lorsque le parler populaire l'emporta sur le parler du roi... et emporta la monarchie d'un même mouvement.

Orthographe et prononciation ne sont jamais que l'habillage des mots, et les vêtements changent dans

---

1. Pour retranscrire les prononciations, les linguistes disposent d'un alphabet international de 170 signes. C'est évidemment cette graphie qu'il faudrait adopter ici. Mais cette notation n'étant connue que des spécialistes, je me contente de suggérer ces prononciations avec notre alphabet traditionnel.

l'habillement comme dans la langue. Le français a porté le pourpoint, le jabot, la redingote, la crinoline, le corset, le costume trois-pièces, le tailleur, sans jamais cesser d'être lui-même. C'est l'homme qui fait la mode, ce n'est pas la mode qui fait l'homme, et l'on sait déjà que l'essentiel n'est pas en jeu quand on se querelle à propos de chiffons et de couleurs. Il n'y a rien dans cette écriture d'usage qui justifie cette extrême crispation, ce refus passionné de toute discussion. L'orthographe qui est en débat n'est assurément pas la langue, elle n'en est que l'expression graphique. C'est déjà beaucoup, mais c'est tout.

Le postulat de cohérence

L'orthographe n'est pas essentielle, elle n'est pas davantage cohérente. Mes maîtres insistaient sur ces règles qui trouvaient leur expression dans la graphie, et présentaient les exceptions comme autant de sentinelles défendant la norme. L'exception prouve la règle ! L'ensemble était logique, cohérent, et il suffisait de repartir des principes pour trouver la bonne application. Je m'étais enfermé dans ce système où toute lettre avait sa raison d'être, toute graphie, sa nécessité. Cela me mettait à l'abri des fautes grammaticales et me précipitait dans toutes les fautes lexicales.

J'adorais découvrir les raisons qui condamnent les expressions fautives. Je me souviens encore de ma jubilation lorsqu'un maître m'expliqua que, dans le génie forestier, les *coupes sombres* laissent l'essentiel des branches et, par conséquent, préservent l'ombre sous le feuillage, tandis que les *coupes claires* élaguent si généreusement les arbres que la lumière atteint à nouveau le sol. Ainsi devait-on parler de *coupes claires* et non de *coupes sombres* pour évoquer des coupes budgétaires qui, en France, sont toujours présumées abusives et excessives. L'explication était impeccable, je savais que je ne l'oublierais jamais. Les raisons ont toujours été les racines qui ancrent les informations dans ma mémoire. J'attendais donc l'explication logique qui, dans mon esprit, marquerait chaque norme orthographique d'une trace indélébile. Ainsi n'écrirai-je jamais *soit-disant* si l'on m'apprend que le « soi » est le pronom personnel et pas le verbe être. Aussi longtemps que je ne disposais pas de cet ancrage logique, l'image restait évanescente et s'effaçait bientôt de ma mémoire.

Je me lançais donc dans des calculs logiques et rationnels qui ne pouvaient mener à rien. Arrivé devant un *relais*, je m'interrogeais sur le *s* final, je pensais à *délai* qui, je m'en souvenais, n'en prenait pas. Je passais donc sans *s* un *relai* qui tombait par terre [1]. Je me souviens aussi d'un affreux *cauchemar*. Je m'interrogeais sur la terminaison, pensais à *tard-tarder, retard-retarder, brancard-brancarder, flemmard-flemmarder* ; depuis lors, on a vu *smicard* prendre un *d* terminal sans avoir besoin de *smicarder*. Je n'eus donc aucune hésitation à écrire *cauchemard*. Je fus indigné d'être fautif alors que j'étais

---

1. Je ne m'en serais pas mieux sorti avec l'étymologie, car le relai, repos des chiens au XIIᵉ siècle, n'a pas de *s*.

67

logique. Sans être *rationaliste*, je suis obstinément *ration-nel* (un *n*, deux *n*, allez savoir pourquoi, alors qu'ils viennent l'un comme l'autre du latin *rationalis*) et cherche obstinément la règle que je dois suivre. Il est vrai que j'aurais pu tout aussi bien penser à *pianoter* qui ne donne pas un *t* à *piano*, *numéroter* qui ne prend pas son *t* à *numéro*, et la *nudité*, qui a longtemps donné à l'adjectif un *d* avant de le laisser tout *nu*. Pis que tout, voici *tabac* qui donne *tabasser*, *tabagisme* et *tabatière*, et non pas *tabacière*, *tabacisme* et *tabacer*. Quant aux redoublements de consonnes, ils arrivent au petit bonheur, faisant perdre au *millionième* le deuxième *n* du *millionnaire*, ou au conseiller *prud'homal* le deuxième *m* des *prud'hommes*.

Du reste, lorsque d'aventure l'Académie française se hasarde à remettre des consonnes manquantes ou bien à retirer des consonnes surnuméraires, elle rend son verdict sans aucune justification. *Bonhommie* s'écrira désormais comme *bonhomme*. Exécution ! De fait, si nos censeurs verts devaient rappeler la règle dont ils s'inspirent, ils seraient vite entraînés dans une réforme plus large, tant les anomalies sont nombreuses. Ils n'osent même plus énoncer de règle par crainte d'avoir à la faire respecter. Et que dire du pluriel des mots composés ! Ainsi *les arcs-boutants* furent notés dans les éditions successives du dictionnaire académique les *arcs-boutants* en 1694, les *arc-boutants* en 1718, les *arcs-boutants* en 1740, les *arc-boutants* en 1762, pour finir *arcs-boutants* en 1835. Les puristes se récrièrent en 1990 quand il fut proposé de fondre les *arcboutants*, comme s'il n'y avait qu'une manière grammaticalement correcte d'écrire ce mot[1].

Dans ma candeur, je m'accrochais à ces calculs logiques dont le linguiste Pierre Encrevé explique qu'ils conduisent aux « fautes intelligentes », celles qui correspondraient à une orthographe logique. Ainsi serait-il tout à fait rationnel que *rat* fasse *ratte* comme *chat* fait *chatte*. Mais non ! *rat* fait *rate*. Un point de moins pour le raisonneur ! Faute d'*inattention* que je ne dois surtout pas corriger en pensant à *tension*, car cela me conduirait à « la faute intelligente » d'*inattension*, mais dont il faudra me ressouvenir pour trouver juste *extension* et non *extention* !

La mémoire ou la raison ?

Notre orthographe n'est pas systématiquement absurde, elle l'est à l'occasion. C'est bien pis. Nina Catach estimait qu'elle comporte 80 % de cohérence et 20 % d'aberrations. De fait, le français s'écrit la plupart du temps sans encombre. Mais la difficulté se glisse au moment où on ne l'attend pas. En un premier temps, les phrases se sont *succéd...* Faut-il mettre l'accord ou pas ? L'application de la règle des accords avec l'auxiliaire être voudrait que l'on mette le *-ées* du féminin pluriel. Mais non ! La logique, grammaticale, veut que

---

1. Cité par Liselotte Biedermann-Pasques, « Une Académie plus réformatrice qu'on ne pense », in Renée Honvault (dir.), *L'Ortografe ? C'est pas ma faute !*, Condé-sur-Noireau, Éditions Corlet, 1999.

l'on écrive « *les phrases se sont succédé* », car si l'on développe la phrase et élimine le pronom « se », on découvre qu'« une phrase succède à une autre ». Une règle l'emporte sur une autre… créant une exception visuelle. Au diable la logique, fions-nous au *Grevisse* !

Cette incohérence n'est plus à démontrer, il suffit de se reporter aux travaux des spécialistes pour ramasser les exemples à la pelle. Cela prouve tout simplement que l'écriture du français n'est pas logique, mais historique. Il n'y a pas eu, au départ, une commission chargée d'en poser les principes et les règles, puis une institution pour fixer les applications dans chaque cas particulier. Les choses se sont faites par nécessité, au gré des circonstances. Quelques principes structuraux ont été dégagés assez précocement. Pour le reste, la graphie a tracé ses chemins à l'image de ces sentiers qui naissent sous les pas des marcheurs, et pas des autoroutes dont le tracé se décide sur la planche à dessin. Quand on a voulu instiller de la cohérence dans l'ensemble, le désordre était déjà bien installé. Il s'est ainsi constitué un ensemble hétéroclite comportant un superbe monument classique surchargé par une nuée de facteurs Cheval qui ont sculpté au petit bonheur des mots et des normes baroques en contradiction avec le soubassement classique.

Cette incohérence ne paraît pas choquante aux Français. Une langue maternelle s'impose avec la force de l'évidence, la légitimité de l'existence. Il peut sembler curieux que les voyelles *e, a, u,* servent à écrire un mot dont la prononciation se résume à une autre voyelle, le *o,* qui n'y figure pas. Comment comprendre que la dame *patronnesse* accorde son *patronage*, que le *pôle* perde son circonflexe pour devenir *polaire*, que *résonner* produise des *résonances*, que le *e* soit la marque du féminin, mais que l'on écrive le *foie* et la *foi*, et le *s*, la marque du pluriel sauf une *fois*, etc. ? Ces singularités ne nous posent aucune difficulté, car la langue maternelle est, par essence, naturelle, et les bizarreries apprises dans son premier âge n'ont rien d'étrange pour des mots d'usage courant. Mais il suffit de découvrir les pièges d'une langue étrangère pour mesurer ceux de la nôtre. Le français est tout, sauf une langue facile. Et les difficultés de l'écrit vont s'ajouter à celles de l'oral.

Ce second apprentissage intervient plus tard, mais il bénéficie de la même légitimité que la langue parlée. À quoi bon relever des incohérences qui sont autant de fatalités ? Logique ou absurde, l'orthographe a toujours le dernier mot. « On ne veut pas connaître le pourquoi des formes héritées, le caractère arbitraire ou discutable de leur apparition. Elles possèdent une légitimité absolue du simple fait qu'elles nous ont été transmises en cet état [1] », constatent Marie-Anne Paveau et Laurence Rosier.

Notre orthographe est donc présentée contre toute évidence comme un système rigoureux, d'une implacable force logique, dans lequel quelques exceptions apportent une touche de fantaisie et font jouer par contraste la logique de l'ensemble. Cette doxa s'impose

---

1. Marie-Anne Paveau et Laurence Rosier, *La Langue française. Passions et polémiques, op. cit.*

dans l'apprentissage de l'écriture, mais les philologues ne sont pas dupes.

Pascal Bouchard, voulant relever le défi d'« éviter les fautes par la logique [1] », doit reconnaître bien vite que « nos grammaires sont des illusions. Elles prétendent nous donner un savoir complet sur la langue tel qu'il suffirait de connaître les règles pour les appliquer et ne faire ainsi aucune faute. » À titre de preuve, il revient sur le sacro-saint accord du participe passé avec le verbe avoir, présenté comme l'exemple même de la logique française. En réalité, cette règle, inspirée de l'italien et née d'un madrigal de Clément Marot, n'a qu'une cohérence bien artificielle. « Pour exprimer sous la forme d'une règle absolue une astuce de poète, il a fallu inventer toute une batterie de catégories grammaticales, des compléments d'objet directs et indirects, à ne pas confondre avec des compléments d'attribution, ni avec des compléments circonstanciels... Tout cela ne correspond pas à grand-chose, j'affirme même que toutes ces notions ne servent à rien [2]. » Les grammairiens présentent comme une nécessité logique que le participe passé soit variable quand on connaît déjà le nom auquel il se rapporte, donc quand le complément vient avant le verbe. Dans le cas contraire, font-ils remarquer, on ne saurait l'accorder puisque le mot n'est pas encore connu.

En réalité, on ne cesse d'accorder des adjectifs avec des mots qu'on n'a pas encore énoncés et sans même

---

1. Pascal Bouchard, *Anti-Manuel d'orthographe. Éviter les fautes par la logique*, Paris, Victoires Éditions, 2008.
2. *Ibid.*

qu'ils leur soient accolés. Je dois dire : « Furieuses de se voir ainsi traitées et n'ayant nulle voie de recours, elles ont *pris* la décision... », mais je m'interdis : « Furieuses de se voir ainsi traitées et n'ayant nulle voie de recours, elles ont *prise* la décision. » Pourtant, l'adjectif précède de loin le mot dans le premier cas, et le participe lui est accolé dans le second. Constatons qu'il fallait choisir une règle d'accord, et que c'est celle-là qui fut retenue. Mais n'oublions pas que sa cohérence grammaticale résulte d'une construction a posteriori, et pas d'une nécessité que la logique peut à tous coups retrouver.

Penser que j'ai mis plus de cinquante ans à chercher une essence rationnelle à une graphie qui, lorsqu'elle me prenait en défaut, n'avait généralement qu'une apparence logique ! Mais une orthographe vénérée ne pouvait être qu'un modèle de cohérence, un chef-d'œuvre de logique – et, en l'occurrence, une imposture.

La voie romaine

Fort heureusement, le maître pouvait toujours s'en sortir avec l'étymologie. Il suffisait de dire : « Ça vient du latin » ou « Ça vient du grec » pour que l'écriture devienne indiscutable. De fait, notre graphie a été fortement marquée par ses origines gréco-latines. En des temps où ceux qui faisaient l'orthographe française savaient tous parler et écrire le latin, voire le grec, cela pouvait donner une clé fort utile. Hélas ! La recherche de la graphie correcte par le détour étymologique est une source inépuisable de « fautes intelligentes ».

Le malheureux qui « étymologiserait » toutes ses recherches clouerait partout des *s*, des *h*, et des *y* *in memoriam*. Il en serait encore à *rhythme, thuer,* etc., formes anciennes devenues fautives, mais surtout il serait piégé par toutes les fausses références qui encombrent notre graphie officielle. Il penserait à *poma* et écrirait une *pome*, il se souviendrait de *donare* et en déduirait *doner,* il irait chercher *domitiare* et écrirait *domter*, oubliant un *p* qui n'a rien de latin. Et comment trouverait-il *poids* en allant chercher *pensum*, ou *haut* en se référant à *altus*, ou *huile* avec *oleum* ? Sachant écrire *hospice, hôte, hôtellerie,* et connaissant la racine *hospis*, pourrait-il ne pas mettre un *h* à *otage*, et un *ph* à *fantôme* ou *fantaisie* en souvenir de *phantasma* ?

Il ne s'agit pas là de quelques anomalies que j'aurais malicieusement rassemblées, c'est un fait établi de longue date. Au XIXe siècle, deux grammairiens, Marle et Erdan, ayant étudié l'origine de 15 000 mots, conclurent que celle-ci était inconnue pour 3 000 d'entre eux, douteuse pour 1 500 autres, que 10 000 avaient perdu leurs lettres étymologiques et que 500 avaient une orthographe en contradiction avec l'étymologie [1]. Paul Valéry, qui tenait notre orthographe pour « la plus imbécile du monde », en fustigeait les faux souvenirs : « Elle est un recueil impérieux ou impératif d'une quantité d'erreurs étymologiques artificiellement fixées par des décisions inexplicables [2]. »

---

1. Nina Catach, *Les Délires de l'orthographe*, Paris, Plon, 1989.
2. Paul Valéry, *Variété*, Paris, Gallimard, « Bibliothèque de la Pléiade », p. 1078.

La fin de l'histoire

Cette imperfection, c'est la marque de l'historicité. Le français a été élaboré par tâtonnements, au hasard des partis pris et des écoles, sous la pression de l'usage et des créations littéraires. Ce processus fait penser au « bricolage biologique », selon l'expression de François Jacob, utilisé par la nature pour les êtres vivants. Celle-ci n'a pas élaboré le « plan » de l'oiseau ou du cheval avant de les construire. Elle a pris ce qu'elle avait sous la main, c'est-à-dire les êtres préexistants, les a combinés, déformés, transformés. À l'aveuglette. C'est ainsi que, par tâtonnements successifs, l'histoire a fait des pattes avec des nageoires, des ailes avec des membres supérieurs, pour fabriquer du neuf avec du vieux. Un processus qui ne s'arrête jamais.

Notre orthographe a suivi un même parcours. Qui plus est, l'évolution graphique s'est révélée plus complexe que l'évolution biologique. Le vivant n'a jamais dévié de sa ligne : la lutte pour la survie. L'« écrivant », lui, n'a pas toujours privilégié la simplicité d'apprentissage ou d'utilisation, loin de là. Au hasard de l'histoire, il a favorisé les formes savantes, les références étymologiques, etc. En parfaite connaissance de cette malheureuse cause, Nina Catach dénonçait « ces inventions de nos ancêtres, ces lettres qui ne sont même pas étymologiques, qui ont changé dix fois au gré des époques [...] auxquelles on n'est plus capable de trouver la moindre justification, des lettres entièrement et uniquement historiques ». L'annonce de nos « fautes intelligentes ».

75

Nous vivons aujourd'hui sous le régime d'une orthographe « déshistoricisée », norme sacrée qui aurait été donnée de toute éternité comme la parole de Dieu. Vision totalement fausse. Nos puristes qui croient préserver la langue originelle en s'opposant à la moindre rectification font penser à ces catholiques traditionalistes qui tiennent à la liturgie du XIXe siècle contre celle de Vatican II, sans voir que l'une comme l'autre procèdent d'une fort longue évolution. La conscience historique s'oppose au fétichisme du puriste, elle impose la double évidence de l'imperfection et de la perfectibilité.

La grande glaciation

Ce secret de naissance a été oublié dans la grande glaciation orthographique. Au XIXe siècle, des formes vouées, par nature, au changement furent transformées en attributs permanents. C'est alors que l'ornement de la langue en devint le carcan. L'orthographe ne devait plus être soumise aux modes, aux coteries, aux fantaisies de l'usage, aux querelles des grammairiens. Telle elle était, telle elle resterait. L'espèce avait muté : les mots, papillons chatoyants et changeants, s'étaient faits insectes, emprisonnés dans leur carapace de lettres. Une mutation contre nature, car une langue évolue entre la permanence de sa grammaire et la variabilité de son vocabulaire et de sa graphie. De fait, l'orthographe s'est figée, pétrifiée, tandis que les mots, les tournures, les sens et les formes poursuivaient leur évolution. L'usage pouvait retraiter, voire maltraiter, la parole, mais devait s'interdire pour l'écrit jusqu'au moindre coup de plumeau. La langue se trouvait ainsi mise en danger par ses pires amis, les dévots, qui, toujours, vénèrent l'accessoire et négligent l'essentiel.

Pour faire de la dernière mode graphique un costume d'éternité, les maîtres du culte ont postulé la parfaite adéquation de la forme et du fond, du verbe et du sens. Chaque mot avait trouvé sa configuration idéale, chaque accord vibrait sur la note juste. De nombreux écrivains voient dans l'assemblage des lettres un idéogramme qui précise et enrichit la signification. Écrit autrement, cela ne voudrait plus dire la même chose. On sait que Voltaire écrivait *filosofie*, mais ne put s'opposer à la graphie *philosophie* qui s'imposa par la suite. En effet, le mot formé à partir du grec *philos* et *sophos*, devenu *philosophia* chez les Romains, donnait étymologiquement *philosophie* et non *filosofie*. Cela fait-il une différence quant à la signification du mot lui-même ? Jean Dutourd n'a aucun doute à ce sujet : « Si j'écris *philosophie*, ce n'est pas la même chose que *filosofie*, quoi qu'en dise Voltaire. *Philosophie* avec ses deux *ph* a un aspect austère, majestueux, qui s'accorde secrètement avec les grands hommes qui ont pratiqué cette science [1]. » De même, Victor Hugo jugeait que le *h* porté à son époque par le *throne* marquait la majesté du siège royal. À suivre cette logique, chacun d'entre nous peut s'exercer à la graphie sémiologique en attribuant au verbe *connaître* des sens adaptés aux multiples

_____

1. Jean Dutourd, « L'érosion, pas la chirurgie », *Défense de la langue française*, n° 29.

variantes qu'il a connues dans l'histoire : *conoistre, cognoistre, connoistre, connoître*.

Pourquoi l'incessante évolution qui a conduit aux graphies actuelles devrait-elle être arrêtée ? Aurions-nous atteint une sorte d'insurpassable perfection ? Les conservateurs sont toujours enclins à le penser. Au XVIIe siècle, l'un d'entre eux, le père Chiflet, voyait déjà dans le français « une langue parvenue au point de sa perfection ». Trois siècles plus tard, Jean Dutourd ne dit pas autre chose lorsqu'il parle de l'« ovale parfait » atteint par l'orthographe française d'aujourd'hui. N'est-ce pas miraculeux ? Pendant trois siècles, les mots n'ont cessé de se transformer, et soudain, au XIXe siècle, ils auraient tous atteint la graphie idéale... À croire qu'une téléographie les aurait portés depuis leur naissance à ce point de perfection.

Voilà pourquoi j'ai pu croire, comme des millions d'autres Français, que notre écriture était le cœur de notre langue, qu'elle était une admirable construction intellectuelle, que toute irrégularité graphique était une faute culturelle autant que patriotique, que toute réforme ne ferait qu'altérer ce monument national.

Il y avait tout cela derrière la *gaffe* de Jacques Prévert *greffant* un deuxième *f* sur sa *girafe*. Cela valait mieux qu'un simple sourire teinté d'autodérision. Notre ordre orthographique se fonde sur une argumentation théorique d'une incroyable faiblesse. Qu'à cela ne tienne, il a pris dans notre société une dimension quasi religieuse qui, comme toute idéologie, le rend invulnérable aux critiques de la raison.

IV

PHILOGRAPHES ET GRAPHOPHOBES

« Mais alors, vous voulez nous supprimer la dictée de Pivot ! » La réplique me prit au dépourvu. Nous parlions de l'orthographe française, j'avais évoqué sa trop grande complexité, la nécessité de quelques simplifications, et mon interlocutrice, refusant de me suivre sur ce terrain, me distribuait dans le rôle du ronchon. Je croyais défendre l'écolier brimé par le maître orthographieur, je me retrouvais censeur d'un plaisir fort innocent : les joutes orthographiques. Comment un même exercice peut-il être une corvée pour les uns, un plaisir pour les autres ?

La fête de la dictée

Que la dictée puisse devenir un sport national, que ce pensum donne lieu à un spectacle télévisé, que ces compétitions soient à l'origine d'une institution étendue à toute la francophonie, voilà ce que je n'aurais jamais imaginé. Un scepticisme partagé par le créateur d'« Apostrophes ». Lorsque, en 1984, une lexicographe belge, Micheline Sommant, lui suggéra d'introduire en France des concours de dictée comme il s'en faisait dans son pays, Bernard Pivot fut, de son propre aveu, tout sauf enthousiaste. « La dictée ne rappellerait-elle pas à la majorité des adultes des souvenirs cuisants et traumatisants ? Comme nous étions peu sûrs de notre affaire, prudents, nous n'envisagions pas une seule seconde qu'une chaîne de télévision pût s'intéresser à notre projet. Une radio, oui, pourquoi pas [1] ? » C'est donc RTL qui diffusa les premières dictées. Le succès inattendu de cette émission incita Jean Drucker, président d'Antenne 2, à tenter l'aventure et les « Dicos d'or » firent leur apparition sur le petit écran le 4 octobre 1993. Dans son émission, Bernard Pivot cherchait moins à améliorer l'orthographe des nuls qu'à exalter celle des cracks.

Le succès dissipa les craintes et dépassa les plus folles espérances. Succès télévisuel, tout d'abord, avec une audience qui variait de 1,5 à 2,8 millions de téléspectateurs. Le producteur attendait un public confidentiel, il était rejoint par un grand public populaire. L'émission fit naître un véritable mouvement à l'échelle du pays, avec des associations, des concours, des amateurs, des fidèles, des bénévoles. Les candidats affluèrent du monde entier. Une institution était née, qui s'étendait à toute la francophonie. Le peuple philographe se révélait plus nombreux, plus fervent que prévu ; il réunissait toutes les générations et toutes les catégories socioculturelles. C'en était fini de l'image rebutante et culpabilisante de la graphie française.

---

1. *Les Dictées de Bernard Pivot : l'intégrale*, Paris, Le Livre de Poche, 2004.

Le goût des Français pour les jeux de vocabulaire est bien connu. Nous avons « Des chiffres et des lettres », l'inoxydable succès de la télévision, les innombrables mots croisés pour le plaisir des solitaires ou le Scrabble qui réunit toutes les générations sous l'arbitrage du dictionnaire. Mais c'est une chose de jouer avec des lettres pour former des mots, et une autre d'affronter des textes piégés pour déjouer les pires chausse-trapes orthographiques. Ici on compte les points, là on compte ses fautes. Un exercice plus ardu et moins plaisant, comme l'avait bien pressenti Bernard Pivot.

Qui plus est, les jeux de vocabulaire sont purement gratuits. Que vous soyez un cruciverbiste flamboyant ou lamentable, que vous trouviez un scrabble à chaque partie ou ne dépassiez pas quatre lettres à chaque coup, cela n'aura pas la moindre incidence sur votre vie quotidienne. Il n'en va pas de même avec la dictée. Dans la société française, c'est une épreuve redoutable. Au-delà d'un certain nombre, les fautes sont éliminatoires ! La comptabilité qui clôt la partie n'est donc pas un exercice ludique, mais une mesure de sa propre excellence... ou de son insuffisance. Un check-up orthographique, en quelque sorte. Rien de bien réjouissant pour une majorité de la population qui se verra infliger une note désastreuse.

L'indiscutable réussite des « Dicos d'or » doit beaucoup au talent et au professionnalisme de Bernard Pivot. Marier, comme il a su le faire, l'érudition et la distraction, l'interrogation et l'explication, l'erreur et la découverte, l'amusement et la compétition, faire un spectacle télévisuel de l'exercice le plus austère qui soit, voilà un défi qu'il était sans doute le seul à pouvoir relever. Il reste que Bernard Pivot n'a pas créé de toutes pièces cet engouement, il lui a permis de se manifester. L'orthographe est une passion française. L'intégrisme orthographique ne se trouve-t-il pas légitimé par un tel plébiscite ?

Les deux France de l'orthographe

L'orthographe divise la France en deux : philographes qui n'aiment rien tant que se frotter aux difficultés de la langue française d'un côté, graphophobes qui fuient l'écriture, car vivant dans la crainte de la faute, de l'autre. Notons tout de suite une bizarrerie. Cette division ne recoupe aucun des clivages traditionnels de notre société. Le phénomène générationnel ne joue pas (du moins jusqu'à ces dernières années), la différenciation socioprofessionnelle non plus. Les deux camps traversent toutes les classes sociales : bourgeois et employés, Parisiens et provinciaux, hommes et femmes, diplômés de Polytechnique et titulaires du brevet élémentaire. Quel peut être le secret de ce clivage hors normes ?

Les Français, si volontiers rouspéteurs, râleurs, contestataires, ne remettent en cause l'écriture ni dans sa graphie actuelle ni dans son statut social. Cette adhésion dépasse largement le cercle, tout de même restreint, des cracks, et s'étend à des millions de personnes qui ont beaucoup peiné pour se corriger et n'en sont que plus attachées à cette loi « sévère mais juste ». La belle affaire de savoir ce qui s'apprend aisément, ce que tout le monde sait ! On ne se vante pas de parler sa langue maternelle, et pas davantage de l'écrire, dans une société scolarisée.

Parce qu'elle est difficile, qu'elle pousse à la faute, notre orthographe est fortement valorisante. Dans la plupart des familles se trouve un « correcteur », celui qui ne fait pas de fautes. Ce peut être la grand-mère comme le jeune étudiant, le père comme la mère, peu importe. On sait que l'on peut toujours lui demander : « Comment écrirais-tu ?... », « Tu peux jeter un coup d'œil ?... » Nombreux, très nombreux sont ces obscurs chevaliers de l'orthographe qui tiennent à leur titre et ne veulent pas s'en voir dépouiller au terme d'un « nivellement par le bas ».

Le prix d'excellence

L'idée même d'une réforme heurte les esprits bien au-delà des premiers cercles puristes. La présentation déshistoricisée fait de toute modification une sorte d'incongruité. On peut toucher à une construction historique, pas à un système intemporel. À ce compte, autant simplifier l'algèbre pour en faciliter l'accès au plus grand nombre ! Pour être fallacieuse, l'analogie n'en est pas moins convaincante, et sa conclusion coule de source : les règles de l'écrit sont ce qu'elles sont et l'on ne peut pas plus toucher aux accords du participe passé qu'à la loi des aires qui régente le ballet des planètes.

Ne pourrait-on concevoir un système plus souple qui tolérerait des graphies multiples ? Les Français imaginent mal une telle coexistence paisible. C'est pourtant le cas dans le français contemporain pour 10 à 15 % des mots. Jacques Capelovici, pour sa part, en avait relevé plusieurs centaines. On écrit indifféremment *lis* ou *lys, paye* ou *paie, loubar* ou *loubard, clef* ou *clé, trucage* ou *truquage, maffia* ou *mafia*. La *gnôle* se sert sous quatre formes différentes : *gnole, gniole, gnaule* et *niaule*, tout comme le *cari* qui peut faire *carry* ou *curry*. Et les grammairiens disputent encore pour savoir s'il y a un seul *fainéant* sous trois appellations différentes avec *feignant* et *faignant*. Au terme d'une dictée, les candidats discuteront avec passion de ces tolérances pour savoir si l'on compte une faute ou non, mais l'idée ne vient pas qu'une telle relativité des règles pourrait être étendue.

Le prix de l'effort

Car, enfin, est-il normal que des candidats qui, par définition, se situent parmi les champions de la discipline fassent encore quatre ou cinq fautes ? Que des ministres, des académiciens, des lauréats du prix Goncourt, puissent en avouer huit ou neuf ? Qu'un Français de niveau moyen collectionne une vingtaine de contraventions ? Bref, l'exercice prouve qu'écrire sans faute est à peu près impossible. N'est-ce pas démontrer que notre orthographe est inadaptée à sa fonction ?

Étrange paradoxe : le concours de Pivot mettrait en évidence la nécessité d'une réforme au terme de laquelle il perdrait sa raison d'être ! Je comprends cette crainte, mais elle me semble assez vaine.

Qui donc utilise dans ses écrits courants les pièges diaboliques dont notre Bernard national parsème ses textes ? Reprochera-t-on à un élève, à une étudiante ou même à un cadre de mettre *rogomme* ou *empyrée* au féminin et *métope* ou *imposte* au masculin, de ne pas écrire correctement *syzygie*, d'ajouter un *s* superfétatoire au pluriel de *ksour* ou même à *se sont succédé*, de placer l'accent aigu sur *ecchymose* et de l'oublier sur *ypréau*, voire de laisser un trait d'union s'égarer au milieu de *nonpareil* ou de l'oublier dans *soi-disant* ? Corriger ces mots rares ne présente aucun inconvénient sociologique (qui donc les défendrait ?), mais aucune utilité (qui donc s'en sert ?). Les philographes s'en trouveraient frustrés, les graphophobes, nullement soulagés.

À l'inverse, peut-on imaginer qu'une réforme ambitieuse nous donne une orthographe simple ? Certainement pas. Notre langue est tarabiscotée dans ses mots les plus ordinaires. Dites-moi, pourquoi écrit-on *vingt* ? Admettons le *t* parce qu'on dit *vingtième*, mais le *g* est totalement inutile. Pour le retrouver, il faut aller chercher du côté du latin *viginti*. Fort bien ! Arrivant à trente, nous trouvons *triginta* en latin… qui devrait donner *trengte* en français. Une horreur ? Pas plus que notre *vingt*. Mais, en matière de graphie, l'évident est invisible. La première forme, *vingt*, familière, cache sa bizarrerie, la seconde, *trengte*, étant nouvelle, nous serait insupportable. Et nous ne supporterions pas davantage *vint*, qui fut, pendant des siècles, la forme ordinaire de deux dizaines. Nous vivrons donc, réforme ou pas, avec cette aberration perçue comme naturelle du *vingt* et du *trente*. Ces mots sont trop courants pour changer. On ne va pas davantage couper le *p* de *sept* que les Belges entendent toujours dans *septante*, ni le *z* de *nez*, ni le *d* de *pied*, ni le *t* d'*aspect*.

Notre orthographe comporte et comportera toujours des lettres muettes qui ne correspondent pas à la prononciation, qui se retrouvent ou non dans les mots dérivés, qui correspondent ou non à l'étymologie. Pis, la plupart des mots continueront à être variables selon des accords grammaticaux qui ne se prononcent pas. L'histoire a ainsi formé le français, et nous n'allons pas tout réécrire.

Les pièges orthographiques sont inhérents à l'écriture du français et résisteront à toutes les simplifications, à tous les toilettages. C'est un gisement inépuisable. Bref, il n'y aurait rien d'incompatible à maintenir les dictées pour experts tout en soulageant celles destinées aux écoliers. Ainsi, la Belgique, pionnière des championnats d'orthographe, a poursuivi ses compétitions en appliquant les modifications introduites par les rectifications de 1990 que les « Dicos d'or » se sont toujours refusés à suivre.

Les alibis des puristes

Nos puristes ne sont pas dupes de leurs principes, qui finissent toujours par céder lorsqu'on s'appuie trop dessus. Plutôt que de disputer pied à pied avec les scientifiques, ils préfèrent recourir à d'autres arguments plus accessibles au grand public.

Ainsi, ils brandissent volontiers le fantasme d'une anarchie orthographique sur le mode SMS, sans tenir aucun compte des multiples réformes effectuées dans les siècles passés et qui n'ont jamais détruit l'écriture française, bien au contraire.

Autre objection souvent entendue : la simplification de l'orthographe reviendrait à uniformiser des graphies différentes, au risque de créer la confusion et l'ambiguïté. Idée absurde que nul réformateur n'a jamais défendue. Imagine-t-on d'unifier *amende*, la contravention, et *amande*, la graine, *balade*, la promenade, et *ballade*, la chanson, *détonner*, chanter faux, et *détoner*, exploser, et même le triplet *ton*, pour la musique, *thon*, pour le poisson, et *tond*, pour la tonte ? Ce ne serait pas simplifier, mais appauvrir le français. Lequel comporte une kyrielle de mots à double sens qui ne gênent personne. Les inventeurs mêmes du français (pour autant qu'ils aient jamais existé) acceptaient sans trop d'inquiétude cette polysémie. Alors que le latin distinguait *laudare* au sens religieux et *locare* au sens immobilier, ils se sont contentés de *louer*, qui vaut pour le seigneur comme pour l'appartement. Pourquoi pas ? Le fidèle et le locataire ne confondent jamais ce qu'ils louent. De même le *temps* peut-il désigner la durée ou la météo. Les Anglais ont *time* et *weather*, c'est vrai, mais avez-vous souvent donné l'heure à quelqu'un qui vous demandait le temps qu'il fait ? De même, la *bière* est une boisson ou un cercueil, le *cousin*, un insecte ou un parent, la *côte*, le littoral, un os ou la pente… Vous y êtes-vous jamais trompé ? Oui, le français écrit regorge de mots à double ou triple sens qui n'entraînent aucune confusion.

À supposer même qu'ils reconnaissent la légitimité de certaines simplifications, qu'ils admettent que l'on pourrait être *essoufflé* comme on est *boursouflé*, *abattre* comme on fait l'*abatage*, aller en *charrette* comme on va en *chariot*, etc., les tenants de l'immuabilité orthographique ne rendraient pas les armes. À l'image de ceux qui défendent le latin, le grec, les maths ou le chinois, ils ne comptent pas en négatif mais en positif l'effort qu'exigent ces disciplines. La difficulté de l'orthographe aurait même un pouvoir formateur sans égal. Ainsi Jean-Louis Curtis posait-il en principe qu'elle « est un défi pour l'intelligence et [...] un exercice salutaire pour l'esprit ». Sur ce postulat, il devient aussi stupide de prétendre la réduire que de vouloir supprimer la fatigue dans le sport. Pour l'une ou l'autre de ces raisons, la graphie en place est toujours la meilleure du seul fait de son existence. Sa remise en cause aurait toujours plus d'inconvénients que d'avantages.

Les Français dans leur ensemble se rendent à ces raisons, bonnes ou mauvaises. Mais les philographes avertis, écrivains, journalistes, correcteurs, enseignants, cruciverbistes, qui se passionnent pour notre langue, ne peuvent être dupes de ces mauvais prétextes. Ils reconnaissent volontiers que les arguments traditionnels, les démonstrations pseudo-rationnelles ne valent pas tripette. Pour eux, l'attachement patrimonial au statu quo a des racines beaucoup plus profondes.

Les aimables défauts du français

Et si la clé de cette philographie était tout simplement l'amour des « défauts » ? Nos zélotes des « Dicos d'or »

88

ne sont pas attachés au français *en dépit*, mais *à cause* de ses difficultés. Ces anomalies que d'aucuns voudraient supprimer deviennent à leurs yeux autant de qualités à préserver.

Voilà pourquoi le débat entre philographes et graphophobes tourne vite au dialogue de sourds. Les premiers aiment dans la langue française ce que les seconds détestent, et inversement. D'un côté, on voudrait une langue à peu près cohérente et accessible au plus grand nombre, de l'autre, on la voudrait encore plus compliquée et réservée aux élus du culte orthographique. Quelle peut être la légitimité d'une simplification dans ce monde manichéen ?

Claude Weill a proposé dans *Le Nouvel Observateur* du 20 décembre 1990 une explication très subtile de cet attachement à des graphies bizarres, absurdes, anormales : « Le Français justement tient à ses anomalies comme à ses droits acquis. L'anomalie, c'est le pied de nez à la règle, une manière de dire merde à l'autorité. Un espace de liberté. De même que le Français est foncièrement égalitariste mais adore les privilèges et les passe-droits, de même il voue un culte lunaire aux bizarreries de la langue française... Ce qu'il aime dans la règle, c'est l'exception. »

Je comprends cet attachement aux aspects anarchisants de notre héritage culturel, j'imagine qu'il puisse conduire au refus d'une langue rationalisée, d'un langage fonctionnel, d'une transcription phonétique structurée par d'inexorables lois grammaticales. Mais peut-on pousser ce goût de la transgression et de l'exception jusqu'à ce conservatisme maniaque ? Sur ce point, le philographe ressemble beaucoup au philatéliste.

Le véritable amoureux des timbres ne prête pas la moindre attention aux éditions de la République française qui vont affranchir les lettres par millions. Beaucoup trop simple ! Il ne s'intéresse qu'aux bizarreries, aux exceptions, aux anomalies. Il s'enflamme pour l'émission unique, aberrante, d'une planche imprimée dans une fausse couleur à l'effigie d'un État disparu le lendemain même. La monstruosité insensée qui, échappant à toute règle logique, devient une pièce rare, hors de prix. Si le monde du timbre se réduisait aux impressions standardisées que tout le monde connaît, il n'y aurait plus un seul philatéliste.

De même les philographes sont-ils des collectionneurs de raretés qui se désintéresseraient de l'orthographe si – ce qu'à Dieu ne plaise ! – elle était simplifiée au point de perdre ses délicieuses excentricités. L'Académie française leur a volé des trésors lorsqu'elle a corrigé une *chausse-trape*, un *chevau-léger* ou *événement*, graphies-coquilles aberrantes nées de fautes d'orthographe non corrigées et devenues, par grâce académique, des formes canoniques.

Comme l'entomologiste ou le botaniste qui savoure dans ses collections l'infinie diversité de la nature, ils veulent un dictionnaire inépuisable, une grammaire imprévisible, une langue généreuse, foisonnante, traîtresse, délirante. Quand le bonheur est dans la complexité, la simplification devient une stupidité. Alexandre Vialatte professait que « l'orthographe est toujours trop simple... Il y aurait intérêt à compliquer ses règles. Quand on est amoureux de la langue, on l'aime dans ses difficultés. On l'aime telle quelle, comme sa grand-mère, avec ses rides et ses verrues. » Et Colette de renchérir : « N'abîmez pas les mots, ne touchez pas aux *h*, aux *y*. Mettez-en partout ! Ce sera plus beau. » Paul Guth, de son côté, jubilait : « Ces *ph*, *rh*, donnent un charme fou à la langue française. »

Cette beauté postulée est commune à tous nos philographes et, d'une façon générale, à tout conservateur, qui embellit toujours ce qu'il défend. Pascal Bouchard, dans son *Anti-Manuel d'orthographe*[1], prévient son lecteur : « L'orthographe est d'abord affaire d'esthétique. Une faute, c'est aussi laid qu'une tache d'encre, ou qu'une fausse note dans *La Lettre à Élise*… l'exactitude du texte est un facteur de beauté. »

Les chefs-d'œuvre classiques étaient-ils « moins beaux » dans leur graphie d'origine si lourdement fautive par rapport aux normes actuelles ? La signification de cette « beauté » est précisée par l'auteur lorsqu'il donne un conseil très judicieux pour l'orthographe lexicale : « Écrivez les deux formes du mot sur un brouillon, et choisissez la plus belle. Celle qui vous semble la plus belle est la plus familière, celle que vous avez déjà vue. C'est vraisemblablement la bonne. » Autrement dit, cette « beauté » n'a rien à voir avec le jugement esthétique, elle traduit l'imprégnation mémorielle, l'attachement affectif à notre environnement familier. C'est en

---

1. Pascal Bouchard, *Anti-Manuel d'orthographe. Éviter les fautes par la logique, op. cit.*

ce sens que chacun d'entre nous trouve beau le visage de sa mère… et les graphies de sa langue maternelle.

Mais Pascal Bouchard, comme tous les compagnons de l'orthographe, confond allégrement les deux sentiments lorsqu'il évoque *La Lettre à Élise*. En effet, tout un chacun, pour autant qu'il n'ait pas un voisin dont la fille apprenne le piano, tient la bagatelle de Beethoven pour un chef-d'œuvre. Mais je suis seul à porter un tel jugement sur le visage de ma mère. D'un côté, la beauté est dans l'œuvre, et, de l'autre, dans le regard.

Pour chaque mot, le mariage du signifiant et du signifié ajoute une évocation supplémentaire. C'est une réalité dont il ne faut toutefois pas être dupe. La marquise de Sévigné écrivait *tandresse*, nous écrivons *tendresse*. Peut-être trouvait-elle que le *a* de l'*amour* convenait mieux que le *e* de l'*ennui* ? Peut-être avons-nous le sentiment inverse. Au nom de quelle esthétique faudrait-il trouver « beau » que *mille* soit invariable et *vingt* variable, que, sur le libellé de mes chèques, j'ai dû, jusqu'à la réforme de 1990, mettre les traits d'union au-dessous de *cent* et les supprimer au-dessus ? *Deux mille trois cent vingt-six* euros. L'absurdité d'une telle règle est une laideur à mes yeux, « un coup de génie » pour certains philographes. C'est toute la différence entre le timbre d'usage et le timbre de collection.

Il existe à l'évidence des mots superbement agencés et d'autres totalement ratés. En gourmet de la langue, Bernard Pivot cite *concupiscence* comme le mot le plus laid du français. Par chance, on n'a que l'embarras du choix pour les plus beaux. Mais l'accoutumance suffit à créer une sensation d'incongruité, voire de laideur, face à toute modification de la forme habituelle, sans que l'esthétique ait à y voir. Toutes les démonstrations étymologiques n'empêcheront pas d'être gêné par *nénufar* si l'on est accoutumé à *nénuphar*. Chacun garde chez soi des objets « moches », mais chargés de souvenir. C'est en cela que le logement d'un particulier différera toujours d'un musée. Mais le maître de maison manque de goût lorsqu'il présente ses reliques comme des chefs-d'œuvre.

Aimer et posséder

Que la langue puisse être aimable jusque dans ses difficultés, voire ses absurdités, faut-il s'en étonner ? La complexité est le plus souvent rebutante pour les ignorants, mais fascinante et même ludique pour les initiés. On le constate dans toutes les disciplines scientifiques, pourquoi n'en irait-il pas de même pour l'orthographe ?

D'autant que la rugosité nous retient plus que la douceur. Le monde moderne a fait naître un environnement fonctionnel qui n'existe que pour nous servir, mais à l'égard duquel nous n'éprouvons aucun attachement, rien qu'une relation d'utilité. Si la commodité, la simplicité, la fonctionnalité, guidaient l'amour des langues, nous aurions tous adopté l'espéranto. Mais non, une langue maternelle retient par ses bizarreries, ses curiosités, ses difficultés, tout ce qui la rend si difficile à apprendre, si agréable à pratiquer. Tout ce qui la rend unique.

Cet attachement devient fusionnel pour les écrivains… ce qui, dans le passé, ne leur a pas interdit de militer pour une réforme, bien au contraire. Chacun écrit « son » français au terme d'une relation singulière, exclusive, privilégiée. Comment ne pas s'attacher à cette syntaxe qui nous a désespérés lorsque notre phrase était plate, pesante, bancale, avant de nous accompagner tout au long de sa reconstruction, jusqu'à trouver la forme juste, équilibrée, harmonieuse ? Et cette quête du mot juste ? Celui que l'on ne trouve jamais en consultant un dictionnaire des synonymes, qu'il faut longuement chercher dans sa tête, qui n'arrive qu'après plusieurs essais et qui, soudain, s'insère dans la phrase comme la pièce manquante du puzzle !

Jusqu'à quel point l'orthographe doit-elle être incluse dans cette passion dévorante ? Faut-il s'en tenir à une conception essentialiste qui interdit de déplacer un accent ou une consonne ? Autant réduire l'art lyrique aux décors, ou la littérature à la reliure ! Quel auteur s'est jamais fait admirer pour la perfection de son orthographe ? C'est affaire de correcteur et non d'auteur.

Ne peut-on aimer la langue sans l'adorer lettre à lettre, sans se récrier à la moindre rectification ? J'ai pour ma part une ribambelle de verbes que je savoure comme des mets raffinés. *Batifoler, emberlificoter, baguenauder, tripatouiller, bambocher, tintinnabuler, se goberger, se rengorger, barguigner, fantasmer,* etc., m'enchantent chaque fois que je peux les employer, et je déplore qu'ils viennent si rarement dans les sujets que je traite. Mais je ne suis pas attaché aux détails de leur graphie. Une rectification pourrait, un temps, me perturber, mais je reporterais sur la nouvelle forme l'attachement que j'avais pour l'ancienne. Bref, plus je partage l'amour des mots, moins je comprends le fétichisme de leur graphie.

Le monde des philographes, depuis les innombrables fidèles du culte jusqu'aux grands prêtres, serait fort sympathique s'il communiait dans une passion désincarnée, un jeu gratuit comme l'héraldique, les échecs, la philatélie, la taxidermie, la navigation à voile ou le chant choral. Si ce hobby n'avait aucune incidence sociale. Avec l'orthographe, au contraire, nous touchons à un rouage essentiel du système social. Ici le plaisir des uns peut devenir le déplaisir des autres. En un temps où tout le monde doit écrire, il devient essentiel que l'amour de nos gens de lettres pour la complication, si légitime soit-il, ne pénalise pas le reste de la population. Ce n'est malheureusement pas le cas, et l'ordre orthographique édifié sur cette passion est tout sauf innocent.

V

LE POIDS DE LA FAUTE

Que des Français soient à l'aise avec les mots et que d'autres les craignent, quoi de plus naturel ? On observe la même chose avec les maths, entre ceux qui jonglent avec les chiffres et ceux qui les fuient, et, plus généralement, avec les sciences, que certains adorent et que d'autres détestent. Mais il faut arrêter ici la comparaison car, pour l'orthographe, seule apparaît cette notion menaçante de faute. Pourquoi la *faute* d'orthographe ?

Il ne s'agit pas d'une inflation verbale dont nous sommes coutumiers. On dit *faute* pour *erreur* parce qu'on pense *faute* et non *erreur*. Des deux côtés. Celui qui relève l'incorrection la ressent comme un délit et nullement comme une méprise, et celui qui se fait corriger n'a pas le sentiment de recevoir un conseil, mais d'essuyer une réprimande. On ne retrouve nulle part dans l'espace culturel ce clivage quasi religieux entre le bien et le mal, la norme et la transgression, la beauté et la laideur, le permis et l'interdit, l'innocence et la culpabilité.

Dans cet ordre social cimenté par la langue, le mot l'emporte largement sur le sens. Vous pouvez tout ignorer de la géologie, n'avoir jamais entendu parler des roches métamorphiques et ne pas distinguer le marbre du basalte, mais n'allez pas confondre le *granite* du géologue avec le *granit* du maçon. Prenez les enzymes : masculin ou féminin ? Difficile à dire, puisqu'il s'agit de protéines (féminin) agissant comme un catalyseur (masculin). Les biologistes ont beaucoup hésité. Les lessiviers n'ont pas eu trop de scrupules à vanter leurs *enzymes gloutons*. Grande était leur erreur ! L'Académie, après on ne sait quelle vérification anatomique, a découvert des caractères féminins à ces biomolécules catalytiques. Ces discussions sur le sexe des enzymes ne présentent évidemment aucun intérêt. Il n'empêche qu'un lecteur attentif risque d'entourer d'un crayon réprobateur des *enzymes actifs*. Et la fonction enzymatique ? Elle est à la base de toute la vie sur terre. Que vous en ignoriez jusqu'au principe même, nul ne vous en fera reproche. Le savoir-vivre exige simplement que vous mettiez le mot au féminin.

Dans les années 1960, je recevais bien souvent des lettres de téléspectateurs curieux qui me posaient des questions fort pertinentes et qui écrivaient *spacial* pour *spatial*. La « faute » me sautait aux yeux, et pour cause. Je rencontrais aussi des personnes qui ne devaient pas mettre le *c* à la place du *t*, mais qui faisaient preuve de la plus grande ignorance scientifique, imaginant que la pesanteur ne se fait pas sentir dans l'espace, qu'une bombe atomique satellisée peut tomber à la verticale et autres aberrations. Lorsque je me risquais à quelques rectifications, mes interlocuteurs n'étaient en rien gênés par leurs erreurs et pas toujours intéressés par mes explications. Mais je n'aurais jamais osé signaler à mes correspondants leur faute d'orthographe, et pourtant...

Est-ce si stupide d'écrire *spacial* ? À l'époque, je le pensais, mais, depuis lors, je me suis livré à un calcul logique. Sur le plan de la phonétique tout d'abord, faut-il suivre *bestial* qui fait entendre la lettre *t* ou *spécial* qui fait entendre la lettre *c* ? À l'évidence, *spatial* se prononce comme *spécial* et pas comme *bestial*. Il devrait donc prendre un *c* et pas un *t*. Poussons le scrupule jusqu'à faire la recherche par analogie. Si je prends le mot *société,* il donne deux adjectifs, *social* ou *sociétal.* Le *t* apparaît lorsqu'il se prononce. *Espace,* qui n'a pas de *t,* n'a aucune raison de mettre cette lettre dans *spatial* qui se prononce comme *c.* Cherchons par l'étymologie : nous remontons au latin *spatium.* Voilà l'origine du *t.* Fort bien, mais *spatium* a d'abord donné *espace,* et, par conséquent, a perdu son *t.* Pourquoi faut-il qu'il le retrouve dans *spatial* alors que l'on prononce *spacial* ? Une construction étymologique rigoureuse m'aurait donné *espate* conduisant à *spatial* dans lequel le *t* serait sonore. Ainsi, *spatial* écrit avec un *t* et prononcé comme un *c* ne répond ni à la phonétique ni à l'étymologie. C'est une absurdité, mais c'est ainsi, il faut le savoir. Entre l'ignorance de ce *t* et celle de la mécanique céleste, laquelle est la plus grave ?

La phobie

Une équipe sociolinguistique de l'université de Grenoble a longuement enquêté sur le sujet. Elle a mené une cinquantaine d'entretiens approfondis sur un

99

échantillon regroupant des enseignants et différents professionnels de l'écriture : secrétaires, typographes, rédacteurs, etc. Cette recherche, qui remonte à une vingtaine d'années, met en évidence des comportements qui, eux, remontent au XIXe siècle et qui commencent seulement à changer. Pour quelques années encore, voici l'attitude des Français face à leur langue écrite.

Première surprise : « Nous cherchions à rassembler un discours sur l'orthographe et nous avons obtenu aussi, toutes catégories confondues, un discours sur la faute [1]. » Quand on parle orthographe aux Français, ils pensent « faute ». Binôme indissociable comme les deux faces d'une médaille.

Tous les éléments du culte orthographique se retrouvent au travers de ces réponses. Tout d'abord, la soumission. « C'est un ordre établi comme allant de soi, comme un élément naturel. » Un ordre sur lequel se greffent toutes sortes de valeurs : le français, la culture, l'effort, l'éducation, le patriotisme. Certains trouvent l'orthographe française facile, d'autres l'estiment difficile, mais personne ne la remet en cause. C'est une institution fondatrice à laquelle tout le monde doit se soumettre.

Les réponses les plus significatives concernent les réactions face à la faute. « Ça me fait bondir », « Ça me met hors de moi », « C'est vraiment honteux… y a même des fautes horribles qui s'étalent complaisamment ». Réaction épidermique, phobique, dont les intéressés avouent qu'ils ne

---

1. Agnès Millet, Vincent Lucci et Jacqueline Billiez, *Orthographe mon amour !, op. cit.*

« connaissent pas le pourquoi ». Beaucoup admettent qu'à leurs yeux la faute d'orthographe est preuve de mauvaise éducation, de manque de rigueur ou de culture, qu'elle « entache tout l'individu ». « Je suis choquée ; pour les lettres d'embauche… je ne réponds pas, même s'il y a un timbre. » La faute détermine le jugement sur la personne et même sur le texte : « Je lisais une critique intéressante… Il y avait deux fautes d'orthographe, ce qui enlevait… à mon avis de la valeur à la critique. » « Ma fille qui a douze ans fait beaucoup de fautes, souvent elle me dit : "Tiens, regarde, j'ai écrit ça, c'est beau", alors d'abord je lui dis : "Là, t'as pas mis d's, là t'as pas mis de t", elle me dit : "Mais écoute, je comprends pas, pourquoi tu corriges, pourquoi tu lis pas ?" » À la limite, la faute empêche la lecture. « Elle a ce curieux pouvoir d'annihiler la réflexion », constatent les auteurs. La faute d'orthographe a donc le même statut que le propos raciste qui entache l'auteur et pas seulement le texte, et interdit de pousser plus avant la lecture.

Conséquence de cette relation émotionnelle avec l'écriture : les attitudes d'une même personne peuvent être fortement contradictoires. Certains intervenants disent tout à la fois que l'orthographe est « bête », que son apprentissage est fastidieux, qu'elle est facteur de sélection, voire de ségrégation sociale, puis s'indignent de ces fautes et demandent un renforcement de la discipline orthographique. « Les ignorants n'ont qu'à faire des efforts… » Conclusion : « L'orthographe est justifiée, dans son intégralité, parce qu'elle existe et parce qu'elle est la norme. » Reste la question : Mais d'où viennent les fautes, ou, à l'inverse, à quoi tient l'apprentissage qui les fait disparaître ? Les réponses, notamment des enseignants, révèlent une profonde inégalité face à cette discipline. Les uns apprennent avec facilité, les autres « ne s'en sortent pas ». Conclusion que je souligne et dont nous reparlerons : « L'orthographe est un don, quasi divin, inné, que l'on possède ou pas. »

Homo orthographicus

Pendant des siècles, le langage a séparé le peuple confiné dans l'oral d'une élite qui maîtrise l'écrit. Avec la généralisation de l'alphabétisation, la distinction est devenue plus incertaine. Or une orthographe compliquée s'offre comme l'un des meilleurs critères discriminants en ce qu'il marie élitisme et démocratie. C'est ainsi que la France est devenue la patrie de l'orthographe.

On retrouve cette sanction orthographique dans toute la société. Elle domine traditionnellement – une tradition qui se perd – notre enseignement, de la maternelle aux grandes écoles, et son règne se poursuit dans la vie professionnelle.

Depuis le XIXᵉ siècle, l'administration a fait de la dictée le sésame de la fonction publique. Que l'État exige de ses serviteurs une écriture correcte, c'est bien le moins. En l'occurrence, ce sera le plus. La dictée s'est imposée comme épreuve éliminatoire, quelle que soit la place de l'écriture dans l'emploi postulé. L'historien de l'enseignement André Chervel décrit cette méritocratie orthographique : « Le moindre examen dans la fonction publique (les surnuméraires, les commis-auxiliaires, les dames télégraphistes et téléphonistes, les employées des services administratifs, etc.) exige la connaissance de l'orthographe et les concours de recrutement comportent des dictées souvent d'une grande difficulté. » Cette exigence l'a emporté sur toutes les autres, faisant encadrer la population par une caste de fonctionnaires qui fonde l'autorité publique sur la parfaite écriture – orthographe et calligraphie.

Pierre Encrevé a relevé que, « à la fin des années 1980, l'Assistance publique ne parvenait plus à recruter un nombre suffisant de ce qu'on appelait encore des "filles de salles" pour les hôpitaux, parce que le concours public pour ces postes comportait une dictée et que les candidates y échouaient massivement. Le ministère a consenti à supprimer la dictée [1] ». Cette exigence était d'autant plus absurde que les aides-soignantes des cliniques privées, qui en étaient dispensées, n'étaient pas moins compétentes. Elle traduisait bien cette vision d'une orthographe qui n'évaluait pas un savoir, mais une personne. Écrire sans faute était une marque de conscience professionnelle, et inversement. Certains malades auraient pu partager cette opinion et suspecter une personne qui néglige l'orthographe de négliger aussi l'hygiène.

---

1. Pierre Encrevé et Michel Braudeau, *Conversations sur la langue française, op. cit.*

La dictée des politiques

La menace orthographique pèse sur l'ensemble de la société et peut à tout moment surgir là où on l'attend le moins. Dans la vie politique, par exemple. La plupart des présidents de la République portaient une attention sourcilleuse à la correction des documents qu'on leur présentait pour être paraphés. Et pas seulement les textes officiels destinés à la publication. Georges Pompidou ou François Mitterrand ne supportaient pas la moindre faute dans les notes de leurs collaborateurs. Ils biffaient, soulignaient, entouraient, corrigeaient et agrémentaient parfois leurs remarques d'une appréciation assassine. L'agrégé de lettres Georges Pompidou pouvait sortir un « zéro pointé » de son stylo.

Dans le débat politique, tous les coups bas sont permis, c'est bien connu. Le coup de la faute d'orthographe n'est pas le moins perfide. Claude Allègre en fait régulièrement les frais. Plutôt que de discuter ses innombrables et polémiques prises de position, certains trouvent plus commode de le reprendre sur son orthographe. La dénonciation court depuis dix ans. Sur le Net, chacun y va de son anecdote : Hervé Bourges aurait exhibé une lettre manuscrite avec des fautes, le ministre de l'Éducation nationale aurait oublié un accent sur un *a* en signant un livre d'or, il aurait laissé traîner une note fautive de sa main, etc.

Arrive-t-il à Claude Allègre, comme à moi-même, de fauter contre l'orthographe ? Je n'en sais rien. Mais la rumeur assassine devrait suffire à le discréditer. Et pourtant... A-t-on jamais vérifié qu'une dysorthographie traduise une incompétence générale ? Que la faute entache l'ensemble des facultés intellectuelles ? Les arguments avancés par Claude Allègre sur le climat, l'éducation, l'amiante ou les OGM peuvent être discutés, mais je suis assuré que leur valeur ne tient pas à un accord grammatical défectueux.

De cette instrumentalisation de l'orthographe, on eut un nouvel exemple en 2008, lors du congrès du Parti socialiste à Reims. La coalition anti-Royal ayant scellé son accord majoritaire par une « feuille de route » censée définir la nouvelle ligne politique du parti, le lieutenant de Ségolène Royal, Vincent Peillon, se fit un malin plaisir de souligner que le texte remis à la presse était entaché de plusieurs fautes d'orthographe. « C'est inacceptable ! » tonna-t-il.

De fait, il est fâcheux que dès la première ligne on puisse lire le *Parti Socialiste* et non pas le *Parti socialiste*, et malheureux que la majuscule disgracieuse tombée en désuétude revienne à trois reprises. Ces manifestations intempestives n'ont rien à faire dans l'évaluation d'un texte censé définir la politique du pays, mais les fautes d'orthographe à elles seules jetaient un discrédit bien supérieur à tous les arguments de fond. Peu importe que leur présence ait traduit l'épuisement des participants après une nuit d'âpres négociations, et en aucune façon l'inculture d'une équipe qui comprenait son lot d'énarques et de professeurs. L'adversaire avait vu la faille et marqué le point.

J'entendais récemment un intellectuel d'un certain renom me confier que Nicolas Sarkozy, mais oui, fait des fautes d'orthographe ! Dans le quart d'heure précédent, mon interlocuteur s'était livré à une attaque au lance-flammes qui, du chef de l'État, ne laissait qu'un tas de cendres. Après un tel réquisitoire, qu'ajouter de plus ? Ceci, justement, cette ultime révélation qui marquait le condamné au fer rouge de l'infamie. Aurait-on amnistié tous ses faits et gestes que cette seule transgression aurait encore justifié la sentence. J'ignore si le président de la République est brouillé avec l'orthographe, et, pour tout dire, je ne m'en soucie guère. Je suis, comme tout le monde, gêné par l'usage qu'il peut faire de la langue française. Un chef d'État au moment d'annoncer ses fiançailles peut trouver une formule plus subtile que « Carla et moi, c'est du sérieux », et, sur la politique fiscale, il peut fustiger ses adversaires sans affirmer : « Si y en a que ça les démange d'augmenter les impôts... » Mais j'ai suffisamment de critères pour juger sa politique sans la réduire à la rectitude orthographique. L'éminent universitaire, au contraire, en faisait le préalable absolu. Sans doute aurait-il soumis à la dictée tous les candidats à l'élection présidentielle, et réservé la conduite de la République aux seuls scripteurs infaillibles !

Entre la ferveur des philographes, la culpabilité des graphopobes et l'autorité suprême que lui reconnaissent tous les Français, l'orthographe a tout d'une idéologie dominante, pour ne pas dire d'une religion laïque. Une sacralisation, fille de la complexité.

La France moderne s'est retrouvée avec cette langue tarabiscotée dont elle voulait faire sa langue nationale.

Elle a pris les mesures qu'imposait cet objectif, et le reste a suivi. Dès lors qu'une véritable simplification était exclue, l'effort s'annonçait considérable. Pour mobiliser le pays, il fallait que l'orthographe devienne une grande cause nationale. L'adhésion populaire fut garante du succès.

Le prix du zéro faute

Les Français apprennent une deuxième langue alors que leurs voisins méditerranéens se contentent de transcrire la première. Cela prend du temps, beaucoup de temps ; les jeunes doivent s'entraîner interminablement pour bien écrire. Des heures et des heures prises au détriment d'autres matières, pour un résultat toujours incertain.

Rien de telle qu'une comparaison internationale pour prendre la mesure de ce lourd tribut. La Suisse, pays trilingue, franco-germano-italien, constitue le champ d'observation idéal, avec une orthographe très difficile, celle du français, une autre moins difficile, celle de l'allemand, et une troisième très facile, celle de l'italien. Que constate-t-on ? Les élèves de langue italienne maîtrisent leur orthographe à l'école primaire tandis que les élèves de langue française n'atteignent ce niveau qu'à douze ou treize ans. Et encore... Les recrues suisses sont traditionnellement soumises à une dictée, la même pour tous, dans leur langue maternelle. Or les italophones qui viennent du Tessin sont 65 % à ne faire que de zéro à trois fautes, les germanophones de la Suisse alémanique ne sont que 29 %, et les francophones de la Suisse romande, 10 %

seulement ! Tant d'années de travail supplémentaire pour un si piètre résultat !

Les tenants de notre ordre orthographique ne manqueront pas d'objecter que l'apprentissage de l'orthographe est une discipline très formatrice pour l'esprit. Est-ce assuré ? Certes, il est excellent d'exercer sa réflexion avec la grammaire française, et sa mémoire en retenant les bizarreries de ses graphies. Mais de nombreux pédagogues estiment que cet enseignement est essentiellement normatif et passif. Il développe peu l'imagination, la création, le sens critique. Est-ce une appréciation théorique, se fonde-t-elle sur des faits précis ?

Christian Baudelot et Roger Establet ont minutieusement étudié les résultats des évaluations PISA organisées par l'OCDE. Depuis des années, cet organisme a mis au point un système de comparaison international permettant de confronter les niveaux de compétence des élèves dans différents pays. Faisant la synthèse des derniers examens, Baudelot et Establet constatent que, « dans le domaine de la compréhension de l'écrit, les élèves français obtiennent de meilleurs résultats aux épreuves qui visent à évaluer les compétences "s'informer" et "interpréter" qu'aux épreuves qui mesurent la compétence "réagir", qui nécessite en général le développement d'une opinion personnelle [1] ». Autre caractéristique du jeune Français, il est le champion du « NSP ». Face à une question ouverte qui le prend au dépourvu, il ne s'efforce pas d'imaginer une réponse. Le taux de non-réponse, qui est en moyenne

1. Christian Baudelot et Roger Establet, *L'Élitisme républicain*, Paris, Le Seuil, 2009.

de 12,9 %, atteint pour lui 15,7 %. Quelle part de ce résultat attribuer à l'apprentissage de l'orthographe, quelle part à nos méthodes pédagogiques ? Impossible de le dire. Impossible non plus de ne pas poser la question.

Autre point d'interrogation : l'illettrisme. Selon les plus récentes enquêtes de l'INSEE, 12 % des Français ont les plus grandes difficultés avec la langue écrite. Quel pourrait être le poids d'une écriture compliquée dans ce phénomène ? Le français se parle et se lit sans difficultés particulières. En revanche, l'écriture nécessite un fort long apprentissage. Parmi les jeunes illettrés, Alain Bentolila note qu'on en rencontre de plus en plus qui peuvent écrire des mots, peut-être des phrases, mais qui ne sont pas des scripteurs autonomes capables d'utiliser l'écriture pour exprimer une pensée. N'ayant pas au départ un vocabulaire suffisant, une pratique de la langue bien constituée, ils ont étudié davantage l'outil lui-même – les mots, les premiers accords grammaticaux – que la fonction même du langage : produire des textes chargés de sens. Auraient-ils éprouvé moins de difficultés s'ils avaient disposé d'une écriture plus proche de la langue orale, nécessitant moins d'attention à la graphie ? Et ne doit-on pas, comme le demande Alain Bentolila, faire de nos maternelles de véritables écoles qui donnent à tous les enfants les bases linguistiques indispensables à l'apprentissage d'une telle écriture [1] ?

Les questions se posent, les réponses ne sauraient être certaines. Elles permettent simplement de ne pas accepter

---

1. Alain Bentolila, *Quelle école maternelle pour nos enfants ?*, Paris, Odile Jacob, 2009.

comme parole d'évangile cette idée reçue selon laquelle il n'y aurait rien de plus formateur pour un jeune esprit que de se confronter à une orthographe difficile.

L'apprentissage de cette orthographe représente un handicap pour les enfants et dresse une barrière pour les étrangers. Au XVIIe et au XVIIIe siècle, c'est la distinction de l'orthographe imprimée et de l'orthographe manuscrite qui permit au français d'être la grande langue internationale. La première devait être sans faute, la seconde était assez libre. Il n'était donc pas nécessaire de maîtriser toutes les subtilités de notre langue pour l'écrire, et la plupart des lettres privées traduisent une très désinvolte anarchographie. Pourtant, dès la fin du XVIIIe siècle, l'anglais, qui se manie plus aisément pour rédiger lettres et contrats, devient la langue commerciale au détriment du français. Son avantage devient décisif au XIXe siècle, quand la discipline orthographique française s'impose à tous les scripteurs professionnels ou privés. Notre langue perd alors beaucoup de son attractivité pour les étrangers. Depuis deux siècles, les francophones qui vivent en état de concurrence linguistique ne cessent de plaider pour une simplification de notre orthographe. Peine perdue ! Pour nous défendre face à la pression de l'anglais, nous misons sur des lois protectrices d'une totale inefficacité et nous avons toujours refusé d'amadouer cette écriture par trop rébarbative. Tous les chercheurs plongés dans la communauté internationale dressent le même constat : leurs confrères étrangers renoncent à écrire cette langue trop difficile. Mais cela n'ébranle en rien le dogme orthographique. Aux étrangers comme aux enfants de faire les efforts nécessaires !

Notre orthographe bien-aimée est décidément fort lourde à porter : les Français en ont pourtant toujours supporté le poids sans rechigner.

L'inégalité orthographique

Si l'orthographe était le privilège de l'élite, si la « France d'en haut » à l'écriture impeccable accablait de son mépris une « France d'en bas » à l'écriture fautive, alors les intellectuels d'abord, les mouvements politiques ensuite, auraient dénoncé cette discrimination socioculturelle, cette intolérable injustice. Nous savons que ce n'est pas le cas, et sans doute faut-il chercher dans cette spécificité l'explication d'une si surprenante acceptation. Certes, les élèves les plus faibles sont aussi ceux qui font le plus de fautes, et l'on sait qu'ils sont, hélas !, le plus souvent issus des milieux défavorisés. Mais tout le monde peut observer que les « orthographes » (je veux dire ceux qui maîtrisent l'orthographie) se rencontrent dans toutes les catégories socioprofessionnelles. À l'inverse, on rencontre des personnes brouillées avec l'orthographe (j'en connais une) parmi les titulaires de diplômes supérieurs. N'est-ce pas étrange ? Dans quelle compétition mathématique les titulaires d'un simple brevet élémentaire viendraient-ils défier des ingénieurs ?

La population se trouve coupée en deux par cette discipline – une coupure verticale et non pas horizontale. De haut en bas de l'échelle sociale se trouvent les « fautifs » et les « non-fautifs ». Cette inégalité n'est donc pas ressentie comme « injuste » au même titre que la répartition de la richesse. Elle ne saurait être imputée à un ordre social inégalitaire et ne suscite aucun sentiment de réprobation ou d'indignation. Nous sommes en présence d'une différence « naturelle » et non pas culturelle, une manifestation du polymorphisme humain.

Ceux qui ont l'« orthographe naturelle » sont très heureux que cette particularité soit à ce point valorisée. Ils défendent bec et ongles un statut leur conférant cette supériorité. Mais les autres, « les mauvais », ne devraient-ils pas se rebeller, trouver inadmissible d'être éliminés de certains emplois, de certaines filières scolaires, de certaines carrières, en dépit d'autres aptitudes, parfois remarquables ? Ils seraient assurément fondés à protester, mais en sont retenus par la honte.

Quant aux personnes « éduquées », celles qui auraient le plus à perdre en dévoilant une telle faiblesse, elles ont les moyens de développer toutes sortes de stratégies individuelles – utilisation d'une secrétaire, recours systématique au dictionnaire, évitement des mots incertains – qui permettent de vivre avec l'insécurité graphique. Il s'est constitué dans la société française une « mythographie [1] », selon l'expression de Vincent Cespedes qui assure au conservatisme orthographique une inébranlable légitimité.

Reste à percer les secrets de cette prédestination qu'évoquent les chercheurs de Grenoble. Il y a belle lurette que les Anglo-Saxons, qui ont avec leur langue des problèmes similaires aux nôtres mais n'en font pas

---

1. Vincent Cespedes, *Mot pour mot. Kel ortograf pr 2m1 ?*, Paris, Flammarion, 2007.

LE POIDS DE LA FAUTE

une affaire morale, se sont interrogés sur l'acquisition de l'orthographe lexicale. Dès 1939, leurs expériences montraient que, pour un même travail, les performances des élèves sont très dissemblables. Les uns acquièrent « naturellement » l'orthographe, les autres ont besoin d'un enseignement spécifique… sans pour autant rejoindre les meilleurs. Des recherches de ce type ont été poursuivies après guerre, confirmant cette inégalité face à l'écriture. Y aurait-il une « bosse de l'orthographe » comme on parle d'une « bosse des maths » ?

L'apprentissage de l'écriture, venant après celui de la parole, consiste fondamentalement à transcrire celle-ci. Mais l'écriture n'est pas le solfège. S'il suffit de reconnaître la note pour la poser sur la portée, il ne suffit pas d'entendre le mot pour savoir l'écrire. En français, le professeur qui fait une dictée utilise une trentaine de sons élémentaires – de phonèmes – pour dire son texte. Les élèves, eux, ont à leur disposition au moins cent trente lettres ou assemblage de lettres et de signes divers – des graphèmes – pouvant représenter ces trente sons du français. Exemple : le son *k* donne le choix entre les graphies *c, k, ck, qu, q, kh* ou *ch*. S'ils appliquaient le principe un son égale une lettre, les élèves écriraient un abominable français phonétique, dans le genre des SMS. Ils doivent donc chercher pour chaque mot la bonne transcription. En revanche, l'Espagnol ne connaît pas de telles hésitations. Il dispose de 29 graphèmes pour reproduire 25 phonèmes. Il est proche de la notation musicale et n'a pas besoin d'un long apprentissage pour écrire sans hésitation ce qu'il entend.

La notation orthographique oblige donc à marier la prononciation et le sens, et la grammaire en plus pour faire les accords. Le spécialiste des mécanismes de l'écriture Michel Fayol distingue deux façons de procéder : « L'une consiste en la récupération directe en mémoire de la forme orthographique déjà disponible d'un mot, et l'autre en la création d'une forme orthographique [1]... » Dans le premier cas, un « neuro-documentaliste » consulte le dictionnaire ; dans le second, un « neuro-grammairien » reconstitue la graphie. Mais, en réalité, ces deux voies se combinent, il faut le plus souvent marier les ressources de la mémoire et celles de la réflexion.

Ce schéma suppose que l'on se construise un lexique mental à deux usages, soit pour une utilisation directe lorsque le mot s'y trouve et que l'on n'hésite pas sur la forme proposée, soit pour y puiser les bases d'un calcul logique. On y recherchera, par exemple, les mots ayant une morphologie semblable, ou bien les mots de la même famille ; on peut aussi se reporter à des règles de construction lexicales.

Bref, on écrit à partir de l'oral soit directement en se souvenant de la graphie, soit après un calcul en la reconstituant à l'aide de tous les éléments mémorisés de la langue. Mais les spécialistes sont loin d'avoir éclairci ces mécanismes. Ils discutent encore pour savoir si l'on possède dans notre cerveau un seul lexique multi-usages, ou bien deux, un pour la lecture et un autre pour l'écriture, voire quatre... À moins que notre mémorisation

---

1. Michel Fayol et Jean-Pierre Jaffré, *Orthographier*, Paris, PUF, 2008.

ne soit pas lexicale. Sous une forme ou sous une autre, l'écriture fait intervenir un calcul mental entre l'oreille et la main. Calcul très simple lorsque la graphie est connue, plus ardu lorsqu'elle doit être reconstituée. Dans tous les cas, il faut avoir emmagasiné l'essentiel du vocabulaire ; on ne s'en sort pas en se contentant de mettre au fur et à mesure des lettres sur les sons.

La langue opaque

Tous les hommes ne sont pas les mêmes face à l'ortho- graphe, toutes les langues non plus. Plus elles comportent de lettres muettes, plus elles sont en décalage avec la simple écriture phonétique, et plus leur orthographe est compliquée. Les linguistes parlent de « transparence » et d'« opacité » pour traduire cette plus ou moins grande correspondance entre la langue parlée et la langue écrite. De ce point de vue, le français est une des langues les plus opaques qui soient. D'où le verdict de Jean-Pierre Jaffré et Michel Fayol : « L'orthographe du français est indéniablement l'une des plus difficiles – et sans doute même la plus difficile à apprendre et à mettre en œuvre [1]. »

Professeur au Collège de France et grand spécialiste de la lecture, Stanislas Dehaene nous met en garde : « Il est tentant de blâmer notre système orthographique [...]. En réalité, la responsabilité de telles difficultés

---

1. *Ibid.*

incombe à la structure de notre langue[1]... » Tout d'abord, le français possède de nombreux homophones. Pour le son *lè*, il offre plus d'une dizaine de variantes graphiques – *les, laid, lait, lais,* etc. – correspondant à autant de sens différents pour une même prononciation ; il en va de même pour *sot, seau, sceau, saut,* etc., et pour de nombreuses autres familles sonores. C'est dire que nul ne peut écrire correctement un mot isolé qu'il vient d'entendre, il faut toujours associer le sens à la prononciation pour trouver la bonne graphie.

Une écriture simplement phonétique aurait donc entretenu la confusion. D'où l'invention de ces graphies tarabiscotées. En outre, remarque Dehaene, « l'orthographe française privilégie la transparence des racines au détriment de la régularité des sons. Pourquoi écrivons-nous "*femme*" avec un *e*, ce qui constitue une transcription très inhabituelle du son *a* ? Parce que cette orthographe fait directement apparaître la relation de sens avec d'autres mots de la même famille, comme "*féminin*" ou "*femelle*"[2]. » Ajoutons encore les lettres étymologiques et les innombrables marques d'accord qui sont le plus souvent muettes, et l'on comprend que « les conventions orthographiques ont évolué pour tenir compte de cette contrainte qui complique certainement le travail de la dictée, mais facilite immensément celui du lecteur ». Autrement dit, le français, étant ce qu'il est, a dû mettre l'orthographe au service du lecteur et

1. Stanislas Dehaene, *Les Neurones de la lecture*, Paris, Odile Jacob, 2007.
2. *Ibid.*

à la charge du scripteur. Notre langue sera toujours facile à lire et difficile à écrire.

La mémoire orthographique

La maîtrise d'une telle écriture repose sur un intense et complexe travail de mémorisation, et nous ne sommes pas tous égaux devant la mémoire. Au laboratoire de psychologie et neurocognition du CNRS, à Grenoble, l'équipe de Sylviane Valdois a soumis de jeunes enfants à des tests d'attention visuelle au cours desquels une série de consonnes apparaît très brièvement [1]. Les résultats sont très variables selon les sujets : certains retiennent les cinq lettres, d'autres, deux seulement. Or, a constaté Sylviane Valdois, « les performances des jeunes enfants sur ces épreuves permettent de prédire leur score en orthographe des mots isolés deux ans plus tard ».

C'est donc, pour une large part, la mémoire visuelle qui fait la différence en matière d'orthographe. Elle permet à celui qui voit les mots de les enregistrer lettre à lettre. À partir de cette image précise, l'écriture ne peut qu'être correcte, et, à l'inverse, toute graphie fautive saute aux yeux comme le nez rouge plaqué sur le visage du clown blanc. Ces facultés de mémorisation jouent un rôle clé dans l'apprentissage de l'orthographe.

---

1. Marie-Line Bosse et Sylviane Valdois, « Role of the Visual Attention Span in Reading Acquisition », *Journal of Research in Reading*, 32 (2), 2009.

On voudrait croire que la pratique de la lecture suffit à développer et à entretenir le lexique mental, base d'une bonne orthographe d'usage. C'est compter sans les inégalités mnésiques. Les travaux de Michel Fayol montrent qu'il existe des élèves bons en lecture et faibles en orthographe. Ceux-là lisent sans orthographier – j'en connais un de très près !

Depuis mon plus jeune âge, je suis un lecteur compulsif. Je ne supporte pas de rester plus de cinq minutes dans le métro ou dans une salle d'attente sans me plonger dans un journal ou dans un livre. J'en ai le plus souvent un dans mes poches. Je ne lis pas les lettres, mais les mots, dans leur globalité, j'en enregistre la forme, pas le détail. Juste ce qu'il faut pour les reconnaître à la prochaine lecture. J'ai l'orthographe purement passive. À ce jeu, je peux lire un roman et n'être pas sûr, à la fin, du nom de l'héroïne ! Je ne fais manifestement pas partie de ces chanceux qui ont la lecture « orthographiante » et qui fixent les graphies en les voyant écrites. Je dois préciser que la « méthode globale » n'est en rien responsable de mes ennuis car, bien évidemment, on ne l'utilisait pas de mon temps.

Celui qui mémorise toutes les lettres, qui dispose d'une « mémoire photographique », possède un avantage certain. Il peut tout à la fois procéder à des recoupements pour trouver intuitivement les graphies qu'il ignore et conserver en mémoire celles qui échappent à ses calculs logiques.

En avoir ou pas ?

Avec une écriture aussi compliquée, le calcul lexical ou grammatical est bien insuffisant. Les règles peuvent être si subtiles, si déroutantes, que le zéro faute sur cette seule base supposerait le niveau de connaissance exigé à l'agrégation de grammaire.

Prenez la couleur. Si je la désigne par un adjectif, celui-ci est variable : *des cerises rouges* ; mais il suffit de le composer pour qu'il devienne invariable : *des cerises rouge foncé.* Je retombe dans l'invariable si j'utilise un substantif comme adjectif – *des écharpes marron* –, et je trouve aussitôt l'exemple contraire : *des lèvres roses.* Et voici *châtain,* un joli monstre variable au masculin – *des cheveux châtains,* mais invariable au féminin – *des moustaches châtain.* Les grammairiens se feront un plaisir de trouver mille règles pour justifier tout cela. C'est la cerise qui est rouge, mais c'est le rouge qui est foncé, etc. Croit-on que les personnes qui colorient sans faute les connaissent ? Pas toujours. Elles « savent » que ça s'écrit comme ça. De même savent-elles jouer de la majuscule : *la basilique Saint-Pierre* mais *le supplice de saint Sébastien, les Cent-Jours* mais *le vingtième siècle, la Toussaint* mais *le jour de l'An.* Le font-elles « à bon escient » ou bien seulement parce qu'elles l'ont vu écrit comme ça ?

Il en va de même avec la morphologie. Pour la construction des dérivés en *-ion,* vous retiendrez que l'on double le *n* sauf avec le suffixe *-al. Pension* donne donc *pensionnaire* ou *occasion, occasionnel,* tandis que *national* fait *nationaliste.* Ce n'est pas vraiment simple, mais on peut s'en souvenir... encore faut-il ne pas oublier que *tradition* fait *traditionaliste* et *confession, confessionnal* !

Cette mémorisation des graphies, qui m'a toujours fasciné, comme tous les dons que je ne possède pas, semble aboutir à une perception intuitive de certaines règles très subtiles qui n'ont jamais été apprises et ne sont sans doute pas connues.

La cause est entendue : notre orthographe lexicale, en raison de son extrême complexité, est d'abord affaire de mémoire, et, je précise, de mémoire photographique. La persévérance et l'attention permettent de maîtriser l'orthographe grammaticale, mais, pour le vocabulaire, elles sont d'un secours insuffisant.

Telle est donc la clé du mystère. Selon que la nature vous a doté d'un système de mémorisation ou d'un autre, l'orthographe française vous semblera très facile ou d'une insurmontable difficulté. « L'orthographe n'est ni facile ni difficile, ce sont les gens qui ont ou n'ont pas de difficultés [1] », observent les sociolinguistes de Grenoble au terme de leur enquête. Et plus l'écriture sera compliquée, plus grande sera la différence entre les uns et les autres. La loterie génétique ignorant les classes sociales, les fautes se répartissent très démocratiquement dans la société. Mais pourquoi diable avons-nous hérité

---

1. Agnès Millet, Vincent Lucci et Jacqueline Billiez, *Orthographe mon amour !, op. cit.*

d'une orthographe si compliquée qu'elle crée cette discrimination mnésique, et pourquoi avons-nous trans-
formé en « fautes » les erreurs qui en sont l'inévitable
conséquence ? Ne peut-on partager avec Pierre Encrevé
ce rêve d'une France de l'orthographe apaisée ? « J'aime-
rais, dit-il, que, socialement, un Français ne souffre pas
plus de ses fautes d'orthographe que de ses fautes de
calcul. »

VI

LE ROMAN DU FRANÇAIS

Cette orthographe est-elle le cadeau d'un génie malicieux qui multiplia pièges et difficultés à seule fin de pimenter les dictées de Bernard Pivot ? Sans doute, et ce génie a un nom : c'est l'histoire. Cette histoire millénaire, trop riche pour une seule écriture, a marié les contraires et, au travers d'incessantes querelles, a fait de l'empirisme naître le dogme, du métissage, le purisme, du compromis, la rigueur. Incroyable roman que celui du français ! Lui seul peut livrer les secrets de notre écriture.

Partons du récit des origines et de son héros, Jules César. Tout commence avec la conquête de la Gaule, aboutissement d'une guerre longue et sanglante. La résistance gauloise, une fois vaincue, cède la place à la collaboration. Une extraordinaire acculturation succédant à une terrible défaite va donner naissance à la Gaulle gallo-romaine. Les élites sont romanisées en l'espace de deux ou trois générations. Moins par la force que par la séduction. Le modèle romain fait rêver le monde par sa puissance, ses monuments, et, plus encore, par son mode de vie : l'urbanisation, l'habitation, l'eau, les thermes, le théâtre, etc. Osons l'anachronisme, ce tropisme romain ressemble à la fascination pour l'*american way of life* qu'ont ressentie tous les peuples au XXe siècle. La vie de l'aristocratie et de la bourgeoisie urbaine se calque sur le modèle romain ; celle des paysans dans les campagnes n'évolue que très lentement.

La germanisation du latin

La langue latine se trouve au cœur de cette romanisation. Elle s'impose par son évidente supériorité de langue écrite. L'élite gallo-romaine devient latinophone, voire latinographe, tandis que le peuple utilise toujours les parlers gaulois. Dans les siècles suivants, la langue de l'empire devient aussi celle de l'Église. Sa force unificatrice s'en trouve renforcée. Le latin célèbre le Christ et plus seulement le pouvoir. Et quand l'empire décadent perd sa voix, le clergé dans les églises fait toujours entendre le latin liturgique.

Lorsqu'ils déferlent sur la Gaule, les peuples de l'Est, les « Barbares », n'imposent pas leurs langues. Les vainqueurs adoptent celle des vaincus. Tout comme les Gaulois en leur temps, ils se mettent au latin et l'accommodent à la sauce germanique pour en faire une langue romane. Ils enrichissent tout d'abord le vocabulaire. « On compte plus de 400 mots d'origine francique dans le vocabulaire français[1] », note l'historienne Michèle

---

1. Michèle Perret, *Introduction à l'histoire de la langue française*, *op. cit.*

Perret. L'inventaire qu'elle en propose est riche de termes usuels. Cela va de *marquis* à *maréchal*, de *forêt* à *crapaud*, d'*orgueil* à *haïr*, de *hache* à *épée*, de *blanc* à *bleu*.

Non contents d'importer leur vocabulaire, les Germains imposent leur accentuation sans rapport avec celle des Romains. Ils vont faire subir au latin une forte « érosion phonique », selon l'expression de Bernard Cerquiglini[1] : les mots raccourcissent, les voyelles terminales disparaissent, les doubles consonnes du latin ne se prononcent plus. Le mot se forme autour d'une voyelle accentuée. C'est une transformation populaire et spontanée, une « créolisation » en quelque sorte. *Pratum* devient *pré, mare* fait *mer, muro* donne *mur, dormitorium, dortoir, debita, dette, tabula, table, malifatius, mauvais, hospitalem, hôtel, singularem, sanglier.* Passé à la paille de fer germanique, le latin devient plus rapide, plus dense, plus simple, perd ses déclinaisons et gagne des articles. Ainsi naît un langage parlé, car cette transformation est essentiellement orale, un condensé verbal et minimaliste du latin. Par la suite, beaucoup de vieux mots très courts seront remplacés par d'autres beaucoup plus longs, mais ils subsisteront dans des expressions : *seing* fera *signature* (*sous seing privé*), *gré, volonté* (*de gré ou de force*), *coi, tranquille* (*se tenir coi*), *clin, clignement* (*en un clin d'œil*), etc.

Au gré des circonstances, l'empire finissant devient une tour de Babel latinisante. En France même, tandis que les peuples du Nord subissent cette forte influence

---

1. Bernard Cerquiglini, *L'Accent du souvenir*, Paris, Les Éditions de Minuit, 1995.

germanique et parlent la langue d'oïl, les peuples du Sud restent plus proches du latin et s'expriment en langue d'oc. L'époque médiévale commence dans une certaine anarchie linguistique. Selon les régions et la condition sociale, on pratique le latin, un dialecte germanique ou l'une des langues romanes.

Charlemagne, lui-même germanophone, découvre que les habitants de son empire ne parlent pas tous la même langue et ne se comprennent pas. Même le clergé perd son latin ! Pour retrouver l'unité linguistique, il s'appuie sur l'Église, qui impose le grand retour au latin classique. Le seul résultat de cette réforme carolingienne, c'est de dissocier le langage des clercs des parlers populaires. Passe encore pour les formules liturgiques. L'enfant de chœur que je fus en mon temps ne savait trop ce que voulait dire « *Tantum ergo...* » ou « *Tuba mirum...* » Mais la langue sacrée doit-elle être totalement intelligible ? Plus grave : les fidèles ne comprennent plus les sermons du prédicateur. En 831, le concile de Tours prescrit de prêcher en langue vulgaire, en « latin d'illettrés ». Le roman devient progressivement un rival pour le latin. Hugues Capet, à la fin du Xe siècle, est le premier souverain français à le parler couramment.

La France médiévale utilise les deux langues, mais ce bilinguisme est fort inégalitaire. Langue de référence, le latin s'appuie sur l'écrit et domine dans toutes les applications nobles – administratives, juridiques, religieuses. Langue universelle, il permet de « se comprendre », c'est une sorte d'espéranto, comme aujourd'hui l'anglais. Au contraire, le roman, devenu le français, est confiné dans le parler quotidien. C'est le langage populaire, celui des illettrés. Pour sortir de cette infériorité, il lui faut s'imposer à l'écrit.

Dans cette répartition des rôles, ce passage n'est pas essentiel. Sitôt qu'un texte, un acte, doit être **conservé**, il est transcrit en latin. C'est vrai pour les actes juridiques et même pour les sermons des prêcheurs, qui sont dits en français et conservés en latin. La littérature a sans doute joué un grand rôle dans ce passage à l'écrit du roman.

Une orthographe en manque de lettres

Les premières tentatives pour écrire le roman, vers les VIIIe-IXe siècles, se font par tâtonnements, toujours à partir du latin, en cherchant toutes les solutions possibles pour coller au nouveau langage. Plusieurs graphies cohabitent souvent dans le même manuscrit pour le même mot. Cette écriture balbutiante était sans doute assez simple, fluctuante et approximative.

Le véritable tournant est pris vers le XIIe siècle. Poètes et troubadours doivent parler français pour se faire entendre du public, car la littérature est essentiellement orale. Les poèmes se disent bien plus qu'ils ne se lisent. Mais il est nécessaire de les consigner par écrit **afin d'en** conserver la mémoire pour les récitants. L'écriture, à ce tout premier stade, se met au service de l'oralité. Elle n'est que la partition de la parole : les lettres comme les notes doivent indiquer les sons. Une telle écriture s'apparente à la notation, à la sténographie, et reste très éloignée de l'orthographe telle que nous la pratiquons. Cette graphie médiévale fut-elle purement phonétique ? Difficile à dire tant les sources écrites sont rares, mais il ne fait pas de doute que les premières écritures françaises s'efforçaient de coller à la prononciation, qu'elles étaient au service de la parole.

L'écriture latine suit cette logique phonétique. Pas de complications, elle s'écrit comme elle se prononce : l'adéquation est parfaite entre les lettres et les sons. Le latin a l'alphabet de sa langue, avec ses vingt-deux lettres – une chance que n'aura pas le français. Nul n'imagine d'en inventer un autre, ni même de l'enrichir avec des lettres supplémentaires. Il doit, tel quel, passer d'une langue à l'autre. Malheureusement, le français joue sur une gamme de sons nouveaux qui ne furent jamais utilisés par Cicéron. Il fait entendre seize voyelles différentes, plus trois semi-voyelles, plus dix-sept consonnes. Au total, entre quarante et cinquante sons élémentaires pour un alphabet qui ne comprenait à cette époque que vingt-quatre lettres – le *j* et le *v* ne s'individualiseront que bien plus tard – et pas d'accents. Cet ancien français se trouve au milieu du gué, trop éloigné du latin pour s'écrire avec le même alphabet, mais trop lié sur le plan culturel pour rompre les amarres alphabétiques. Il s'est « délatinisé » à l'oral et va se « relatiniser » à l'écrit. Plus il diverge de sa langue source et plus il veut s'en rapprocher. Il faut donc jouer avec ces lettres de base pour leur faire dire des sons nouveaux. Nina Catach donne l'exemple des voyelles : « En plus des voyelles latines, il va falloir créer quinze diphtongues (*au, ue, ui, eu, ou,* etc.) [1]. » Et les prononciations varient d'une région à l'autre, d'une époque à la suivante.

Comment noter une si riche palette avec une si pauvre gamme ? Ce n'est pas l'adjonction du *k* et du *w* qui peut y suffire. Ce déficit en consonnes, et surtout en voyelles et semi-voyelles, est à l'origine de difficultés dont le français ne s'est jamais débarrassé. L'insuffisance de lettres et de signes est bel et bien la cause de notre embrouillamini orthographique, c'est elle qui explique la pléthore des notations écrites, des graphèmes du français moderne, que l'on a dû inventer pour faire face à leur initiale pénurie. Notre alphabet n'a pas été inventé pour écrire le français : voilà qui éclaire la suite de l'histoire.

Pour compenser cette déficience alphabétique, les premiers « écrivants » français utilisent simultanément différents procédés. Ils auraient pu doubler l'alphabet par tout un appareil d'accents et de signes divers – trémas, cédilles, des signes diacritiques, disent les linguistes –, qui changent la prononciation d'une même lettre. C'était un bon moyen de multiplier les sons sans étendre l'alphabet. Mais cette ressource de l'accentuation n'est pas utilisée dans l'ancien français. Le plus souvent, les scribes se servent de groupements de lettres (*ch, an, ou*…). Ils recourent aussi à des consonnes « muettes ». Plutôt que de placer un accent, ils ajoutent une consonne qui n'est pas là pour être prononcée, mais pour influer sur la prononciation de la lettre qu'elle

---

1. Nina Catach, *L'Orthographe,* Paris, PUF, coll. « Que sais-je ? », 1978.

accompagne. La lettre tient un rôle « diacritique », comparable à celui d'un accent. C'est ainsi qu'on écrit jusqu'au XVIIIe siècle *desja, desjeuner, meschants.* Certaines de ces lettres ont disparu dans le français moderne, d'autres ont subsisté. On place toujours un *e* après le *g* pour distinguer le *g* (*je*) sonore du *g* (*gue*) discret : *geai, gué.* Ainsi l'écriture parvient-elle tant bien que mal à générer les dizaines de sons élémentaires ou de phonèmes nécessaires pour prononcer le français. Elle finira même par en créer beaucoup plus, et ce n'est pas la moindre complication de notre orthographe.

D'autant que l'altération germanique a donné une langue de mots rabougris, riquiquis, peu nombreux, qui multiplient les homophones comme les homographes. En l'absence d'accent, *pie,* l'oiseau, pourrait se confondre avec l'extrémité de la jambe ; c'est le *d,* emprunté au latin *pedem,* qui marquera la différence : *pied.*

Ces solutions, toutes empiriques, présentent, entre autres, l'inconvénient de rendre l'écriture pesante. L'orthographe, en tant que graphie normalisée, n'existe pas encore.

L'orthographe savante

Ce vieux français est, pour l'essentiel, lié à l'exigence phonétique. S'il trafique l'alphabet latin, c'est afin d'écrire ce qui se dit. Mais, au sortir du Moyen Âge, la France a besoin d'une véritable écriture, pas seulement d'une notation pour poètes. D'autant que l'écrit est poussé par une formidable demande. L'usage de la lecture silencieuse se répand. Elle est plus rapide. L'administration royale, la justice s'appuient toujours davantage sur l'écrit. Des révolutions techniques vont permettre de répondre à ces besoins croissants. C'est tout d'abord l'apparition du papier : le parchemin était un support rare et cher ; la matière première se fait alors abondante. Reste la copie, lente et coûteuse. Au milieu du XVᵉ siècle, l'invention de l'imprimerie permet de multiplier les exemplaires. Les livres sont plus nombreux, moins chers, et d'une lecture agréable, moins cérémonieuse. Mais l'imprimerie tend à imposer son ordre orthographique, et les imprimeurs vont jouer un rôle déterminant dans la normalisation de l'écriture, notamment par l'usage des signes d'accentuation et de ponctuation.

Cette progression de l'écrit est aussi celle du français. La France s'appuie désormais sur la langue nationale et relègue le latin à l'église et à l'université. Le 10 août 1539, par l'ordonnance de Villers-Cotterêts, François Iᵉʳ ordonne que les actes juridiques et administratifs « soient prononcez, enregistrez et delivrez en langaige maternel françois et non autrement ». Le roi ne parle plus comme les clercs, mais comme ses sujets. Le français devient la langue du royaume. Hélas, pour l'écrit, tout reste à faire. La notation phonétique médiévale ne peut rivaliser avec l'écriture latine. Poussés par la nécessité, les scribes – ils sont désormais les juristes du roi – élaborent une écriture française qui relève le défi de sa mère latine.

« À partir du XIVe siècle [...] se produit une réorientation sévère du système en place [...]. Les scribes de formation universitaire introduisent souvent des consonnes muettes, non pour changer la prononciation de tel ou tel mot, mais pour rendre le mot français visuellement plus proche du mot latin dont il venait, donnant aux mots une étymologie visuelle [1] », constatent Alain Rey, Frédéric Duval et Gilles Siouffi. Cet étayage est souhaitable pour un français aux mots compacts, qui se lancent plus qu'ils ne se disent. Les scribes, nourris de la richesse latine, sont poussés à « mettre du gras » dans ce langage trop pauvre en lettres. Ils vont aller bien au-delà.

Ces nouveaux prescripteurs sont tout à la fois des hommes de l'écrit et des latinistes. Ils ne voient pas dans l'écriture un reflet de l'expression orale, mais un message propre, destiné à la lecture et non à la parole. Le mot existe en soi, un peu comme un idéogramme. L'orthographe qu'ils mettent en place est donc destinée à l'œil et non à l'oreille. Ces hommes − car les femmes n'y ont aucune part − sont tous férus de latin, ils ne doutent pas que le français doive trouver sa dignité en affirmant sa latinité originelle. La langue fille s'imposera à côté de la langue mère par une filiation réaffirmée et par une identité revendiquée. Ainsi va naître un moyen français succédant à l'ancien français, qui, parti d'une logique phonétique, arrive à ce résultat bizarre qu'il ne s'écrit plus comme il se prononce.

---

1. Alain Rey, Frédéric Duval et Gilles Siouffi, *Mille Ans de langue française. Histoire d'une passion, op. cit.*

Cette particularité de notre langue n'a jamais disparu. Passe encore pour une lettre ou une syllabe qui sonne différemment d'un mot à l'autre, mais nous avons des mots polyphones qui se prêtent à deux interprétations vocales, sans que rien signale cette ambiguïté. Selon la façon dont vous prononcez les *fils,* vous parlez des fils de soie ou des enfants mâles. *Est* sonne d'une façon pour le verbe être, d'une autre pour le point cardinal. On connaît *le président et le vice-président président,* les poules du *couvent couvent.* On retrouve de telles bisonorités à l'intérieur même des mots. Écoutez : *ils aiment* et *vraiment.* Il faut se reporter à l'écrit pour découvrir que six lettres sont les mêmes dans les deux mots. Une langue maternelle étant toujours « naturelle », nous ne remarquons plus ces anomalies qui fleurissent dans le moyen français.

Les véritables fondateurs de notre orthographe introduisent dans la graphie française de nombreuses lettres qui n'ont de justification qu'étymologique. Ainsi *aventure,* du latin *adventura,* devient *adventure* ; *recevoir,* du latin *recipere,* donne *recepvoir.* Notez que nous retrouvons dans des mots actuels les restes de ces greffes (*nez, aspect, sept…*). De même les scribes incrustent les *y, th, ph, rh* pour rappeler des origines grecques, réelles ou supposées. Leur rage étymologisante peut même être intempestive. De *savoir* ils tirent *scavoir* pour rappeler *scire…* Manque de chance, c'est *sapere* le verbe souche ! Nous avons conservé le *g* de *legs* censé venir de *legatum,* alors qu'il se rapporte à *laxare,* laisser.

Ils surajoutent des consonnes « diacritiques » pour spécifier des voyelles en début de mot. Ainsi, *uile* devient

133

huile bien que venant du latin *oleum* ; on aura de même *huit* pour *octo*, *huistre* (*huître*) pour *ostreum*, etc. [1] Mais ils font aussi intervenir des considérations de pure graphie et qui, pour une large part, tiennent à l'écriture manuscrite qu'ils utilisent. Les consonnes *b, d, p, s*, avec les hampes et les queues qui lancent le trait au-dessus ou au-dessous de la ligne, sont du plus bel effet. Elles viennent enjoliver des graphismes sans relief.

L'orthographe française se retrouve donc prisonnière d'une double logique phonétique et graphique. D'un côté, on doit écrire comme on prononce ; de l'autre, on doit charger les mots de lettres sans considération aucune pour la prononciation. Le français devient une langue plurielle mêlant des principes antagonistes. Une langue à l'orthographe irrémédiablement compliquée.

Paradoxe du français : après avoir perdu ses consonnes latines sous l'influence germanique, il connaît une incroyable inflation consonantique sans rien changer à sa prononciation. « Jamais on n'a moins prononcé de consonnes qu'à l'époque où l'on en écrivait le plus », note, ironique, l'historien Charles Beaulieux [2]. Cette orthographe est inventée par et pour des professionnels de l'écrit qui ne prennent guère en considération les besoins des lecteurs ordinaires – ils auraient dit « ignorants » – pour la bonne raison que ceux-ci

---

1. En fait, à cette époque, *u* et *v* n'étaient pas distingués, en sorte que la forme *uile* pouvait aussi se lire *vile*. Grâce au *h* introductif, il s'agissait forcément de *huile* – une graphie qui a perdu sa nécessité lorsqu'on a cessé de confondre *u* et *v*.

2. Charles Beaulieux, *Histoire de l'orthographe française,* Paris, Honoré Champion, 1927.

n'existent pas. Quant aux écrivains, ils n'y prennent aucune part. La logique qui préside à la naissance de notre orthographe, est éminemment respectable, mais elle n'a rien à voir avec l'usage de l'écrit qui prévaudra dans les siècles à venir. C'est une orthographe d'érudits appelée à devenir une orthographe populaire. Mais cela, on ne le sait pas encore.

Les langues romanes du Sud, l'italien, l'espagnol, qui sont restées plus proches du latin, suivent une évolution inverse. Pour mieux marquer la filiation, les lettrés éliminent plus qu'ils n'ajoutent afin de coller au plus près de la prononciation. En France, ils doivent faire l'exercice en sens contraire. Le français s'est tant éloigné du latin qu'il ne saurait le retrouver par une écriture phonétique. Il faut, au contraire, surajouter des lettres muettes comme autant de certificats d'origine. Le résultat est encore visible aujourd'hui. Ces langues méditerranéennes s'écrivent comme elles se prononcent. Quand on sait parler, on sait écrire. La « faute d'orthographe » ne peut être qu'un problème marginal. Au contraire, l'écriture française est le lieu géométrique d'un si grand nombre de contraintes qu'elle va susciter la grammaire la plus complexe, la plus normalisatrice, la plus rigide... et la plus riche d'exceptions en tous genres.

L'orthotypographie

Telle est cette orthographe de la Renaissance, celle du moyen français, dont la nôtre n'est jamais qu'une version revue et corrigée. Elle est à ce point surchargée de

lettres qu'elle en devient aussi incommode qu'inesthé-
tique. Rabelais doit écrire *avecque* pour *avec, à l'insçeu*
pour *à l'insu, phantaisie* pour *fantaisie, sçauoir* pour
savoir, soings pour *soins, genoulx* pour *genoux, picqueures*
pour *piqûres, il veist* pour *il vit*, etc. Faut-il vraiment
conserver cette prolifération consonantique sans rapport
avec la prononciation ? La question se pose dès le
XVIe siècle. La réforme est aussi vieille que notre orthographe. André Chervel, historien de l'enseignement, fait
cette constatation assez déroutante : « Toutes ou presque
toutes les modifications orthographiques qui triom-
phent entre 1650 et 1835 avaient déjà été essayées, voire
pratiquées momentanément à l'époque de la Renaissance [1]. » Car c'est une chose d'imaginer une modification, et une autre, combien plus longue, de l'imposer !
En examinant scrupuleusement l'évolution de l'écriture
effectivement pratiquée, André Chervel arrive à la
conclusion que « l'orthographe française n'a cessé pendant 180 ans de se transformer, à raison d'une mutation
tous les douze ans en moyenne, obligeant constamment
les usagers à renouveler leurs habitudes d'écriture [2] ». Il
relève ainsi dix-sept modifications de l'orthographe
– passage du *y* terminal au *i*, des formes en *oi* aux formes
en *ai*, apparition de l'accent grave avant le *e* muet,
etc. –, entre 1650 et 1835. Pour ne pas parler des changements ponctuels dans la graphie de tel ou tel mot.
Contrairement à une image trop réductrice, la France

---

1. André Chervel, *Histoire de l'enseignement du français du XVIIe au XVIIIe siècle*, Paris, Éditions Retz, 2006.
2. *Ibid.*

n'a pas connu un petit nombre de grandes réformes, elle a vécu en état de réforme permanente.

Car le français, emporté par son succès, échappe aux scribes érudits, voire pédants, qui l'ont codifié. Il devient une grande langue littéraire et se trouve de nouveaux maîtres : les imprimeurs, les grammairiens, les écrivains, les professeurs, les lexicographes, les lecteurs qui, tout à la fois, se l'approprient et le remettent en question. Sitôt constituée, l'écriture suscite la réflexion. Sur quels principes doit-elle reposer ? Quelle place accorder aux références latines ? Quel doit être le rôle des signes diacritiques ? La grammaire française, qui, par la suite, servira de justification à cette orthographe, se construit dans ces discussions. Dans la présentation contemporaine, l'orthographe naît de la grammaire : historiquement, ce fut l'inverse. Ce malentendu pèse encore sur nos querelles langagières.

Les scribes ont essentiellement travaillé sur une écriture manuscrite. Les imprimeurs doivent traduire ces prescriptions en caractères typographiques. Il leur faut trouver des règles précises, concrètes, adaptées à leurs impératifs techniques. Leur intervention porte tout d'abord sur l'accentuation, qu'ignore l'ancien français et qui fait une entrée en force dans les ateliers d'imprimerie. Sept lettres accentuées vont ainsi enrichir notre alphabet.

Les imprimeurs remettent également en cause le pédantisme qui a généré ce vocabulaire obèse. Chacun accommode à sa façon la graphie surchargée de l'orthographe manuscrite. Ils imposent l'accent, le tréma, l'apostrophe. Nina Catach parle de l'« orthotypographie » qui naît dans les ateliers et qui remet l'écriture en mouvement. La graphie surchargée du moyen français devient la « vieille orthographe ». Mais le monde de l'imprimerie se divise rapidement entre novateurs, partisans d'un toilettage radical, et conservateurs, attachés à l'exubérance consonantique.

On retrouve cette même opposition avec les dictionnaires, qui adoptent des orthographes différentes, celle du moyen français pour les uns, celle des réformateurs pour les autres. Les plus anciens dictionnaires, notamment celui de Robert Estienne en 1549, restent fidèles aux prescriptions des scribes. Estienne écrit *droict, fruict, nuict, chauld, ennuyeulx.* En 1680, Richelet prend le parti inverse, et son dictionnaire privilégie les formes simplifiées comme *orthographe, sistème, tems, dificile,* etc. Et chacun de se référer à l'un ou à l'autre de ces ouvrages sur fond d'incessantes querelles entre les puristes, dénonçant les « corrupteurs » de la langue, et les novateurs, fustigeant le pédantisme des scribes.

La dispute se retrouve chez les grammairiens dès la première moitié du XVIᵉ siècle. Chef de file des réformateurs, le Lyonnais Louis Meigret a lancé en 1542 un traité sur « les faultes et abus de l'escriture françoise », suivi en 1550 par une somme grammaticale, la première du genre consacrée au français. Sa démarche se veut d'abord rationnelle, partant de principes dont il tire les conséquences logiques. D'emblée, il pose que l'on doit écrire comme l'on parle. C'est le choix de la phonétique, dont le reste découle. Il condamne tout ce qui, dans l'écriture, ne répond pas à cette exigence : les lettres qui ne se prononcent pas, les lettres qui peuvent avoir des prononciations différentes, les prononciations aux graphies multiples. Il reconstruit le français sur le principe : un son, une graphie.

Face au français de la Renaissance graphocentré, Meigret prêche pour l'élimination des lettres muettes et la floraison des accents. Il est suivi, et même dépassé, par certains grammairiens comme Honorat Rambaud, qui, poussant à son terme la démarche phonétique, invente un nouvel alphabet à 52 lettres, 44 consonnes et 8 voyelles. Une tentative sans lendemain, car le français ne peut plus faire machine arrière et devenir une langue purement phonétique. Les idées de Meigret sont vigoureusement combattues par d'autres grammairiens qui défendent une conception idéographique de l'écriture. Principal opposant à Meigret, Théodore de Bèze fait valoir que la prononciation ne saurait offrir un fondement à l'orthographe, car elle varie d'une région à l'autre, d'une époque à l'autre et même d'un locuteur à l'autre. En outre, soutient de Bèze, la transcription de l'oral en écrit est toujours artificielle et arbitraire. Il n'y a pas d'évidence que tel son s'écrive de telle façon. Sur le plan des principes, il pose que l'écriture possède sa propre identité et suit sa logique. Elle n'a pas à refléter la parole. Dès lors que la lecture est devenue silencieuse, pourquoi faudrait-il écouter les mots pour les écrire ?

Débat passionnant, mais qui tendrait à radicaliser les oppositions. Il semble aller de soi que les deux principes sont antagoniques. Si l'on admet la phonétique, il faut supprimer toutes les lettres inutiles ; si l'on admet la théorie graphique, alors on doit conserver l'orthographe en l'état sans plus se soucier de la simplifier. Deux inté-grismes absurdes dans leur radicalité. La simplification de notre écriture n'impose pas le pur phonétisme, qui, en tout état de cause, n'est ni possible ni souhaitable si l'on respecte l'écriture française.

Tous les efforts de Meigret et de ses partisans ne pour-ront ébranler le bloc des conservateurs, et la graphie de la Renaissance arrivera inchangée au XVIIᵉ siècle. Bernard Cerquiglini, qui ne cache pas son admiration pour ce maître grammairien, conclut sur une note mélancolique : « En douze ans, Meigret a tout inventé : la réforme de l'orthographe, la bataille de l'orthographe, la victoire des conservateurs [1]. »

L'orthographe des Précieuses

Les écrivains, qui défendent avec passion la jeune langue française, s'engagent dans la querelle orthogra-phique. Ils ont partie liée avec les grammairiens, les imprimeurs, les lexicographes, qui, dans leur immense majorité, souhaitent des rectifications. Tandis que du Bellay prend fait et cause pour la langue française, Ronsard s'attaque à l'orthographe. Figure de proue des rénovateurs, il élague le français, supprime les lettres excé-dentaires, développe l'accentuation et impose son ortho-graphe réformée tout en enrichissant le vocabulaire. Il est bientôt suivi par les éditeurs. Ses œuvres sont imprimées avec la nouvelle écriture qui prévaut dans la moitié des

---

1. Bernard Cerquiglini, *La Genèse de l'orthographe française, op. cit.*

ouvrages publiés après 1550. Mais les gros bataillons de l'écriture officielle ne le suivent pas. Après quinze années de « nouveau français », il devra battre en retraite.

L'époque classique pratique un polygraphisme de bon aloi, puisque aucune autorité n'est en mesure d'imposer une loi commune. À l'intérieur de règles grammaticales connues et respectées de tous, chacun écrit les mots à sa façon. L'étude d'André Chervel montre que, sous l'Ancien Régime, l'enseignement de l'orthographe n'avait rien à voir avec ce que nous avons connu depuis. Sa première fonction n'était pas l'écriture, mais la lecture, et, qui plus est, la lecture orale. Sa connaissance visait à dire correctement un texte. Exercice particulièrement difficile en ces temps d'écriture surchargée. Les maîtres de français ne cessent de réclamer la simplification d'une orthographe si décalée par rapport à sa prononciation. Molière n'a pas inventé de toutes pièces la leçon que le maître de philosophie donne à Monsieur Jourdain. L'apprentissage du français commençait bien par la sonorisation des lettres, puis des syllabes, puis des mots.

Pour l'écriture proprement dite, l'accent était d'abord mis sur la calligraphie. L'élève s'appliquait à recopier des textes pour avoir une belle écriture. L'enseignement des règles orthographiques proprement dites, celui qui permet d'écrire sans faute ses propres textes, n'intervenait qu'en troisième stade et était réservé à un niveau supérieur d'études. Il devait, pour l'essentiel, découler du latin. Ce niveau d'éducation se trouvait donc réservé à des élèves qui maîtrisaient l'écriture latine.

L'étude des correspondances privées fait apparaître chez certains une incroyable fantaisie orthographique : Chervel parle d'une « graphie sauvage », très approximativement phonétique et pas du tout grammaticale, un véritable rejet de la norme orthographique. Pour ceux qui entendent la suivre, 90 % des hommes écrivent sans faute, contre seulement 25 % des femmes. Cet écart tient au fait que l'enseignement du latin était réservé aux garçons. C'était donc un lieu commun que de brocarder l'« écriture des femmes ». De fait, les références étymologiques dont les scribes ont farci notre langue leur échappent complètement.

« L'orthographe française est une affaire de mâle latiniste dont la virilité se mesure au nombre de consonnes superflues », constate, sarcastique, Bernard Cerquiglini [1]. Au XVIIe siècle, les « Précieuses », injustement brocardées par Molière, sont conscientes de cette discrimination machiste. À l'hôtel de Rambouillet et en d'autres lieux féminisants, on discute énormément de l'orthographe... et de sa réforme. Ces femmes de lettres rejoignent les réformateurs adeptes du principe phonétique et veulent débarrasser le français de ses références latines. Antoine Baudeau, sieur de Somaize, entreprend en 1660 de décrire leur langage dans son *Grand Dictionnaire des Précieuses*. Et l'on découvre que ces dames poussaient l'impudence jusqu'à vouloir remplacer *sçavoir* par *savoir*, *triomphans* par *trionfans*, *autheur* par *auteur*, *nopces* par *nôces*, *faicts* par *faits*, *fluste* par *flûte*, *aisné* par *aîné,* etc.

---

1. Bernard Cerquiglini, *L'Accent du souvenir, op. cit.*

permet de distinguer l'un de l'autre. Il ne reste qu'à faire des listes. Pendant des siècles, les grammairiens vont s'appliquer à dresser ces annuaires du *s* sonore à l'intention des enfants ou des étrangers qui apprennent notre langue. Ils devront procéder de même pour les *h*, les *ch*, les *eu* ou les *oi*, dont aucune règle grammaticale ne permet de choisir l'une ou l'autre prononciation. En France, la grammaire ne fait que suivre l'orthographe… quand elle le peut.

Tandis que le *s* muet poursuit sa carrière séculaire dans notre écriture, l'accent circonflexe fait une apparition tardive et par la petite porte. Le signe vient du grec, mais n'a guère été utilisé par le latin. Il indiquait une prononciation particulière de la lettre qu'il chapeautait. Disons que le son s'en trouvait allongé. C'est ainsi qu'il s'utilise encore aujourd'hui quand il se pose sur le *ô* exclamatif. Le grammairien réformiste Louis Meigret le baptise « circonflexe », mais ne songe pas à l'utiliser en remplacement d'une consonne muette supprimée. Pour lui, toute lettre qui ne se prononce pas doit disparaître sans laisser aucune trace. Au XVIe siècle, le circonflexe existe dans la grammaire du français tout en étant confiné à des emplois très limités.

C'est donc Ronsard qui en assure la promotion. Poète, il exige que l'écrit restitue fidèlement la musique de ses vers. Or les accents graves et aigus ne suffisent pas à indiquer toutes les inflexions, tous les timbres qu'il veut faire entendre. Il place donc un accent circonflexe sur les voyelles qui doivent être allongées. Disciple de Louis Meigret, il souhaite débarrasser le français de son encombrement consonantique. Exit donc le *s* muet.

151

Mais il constate que sa présence change la prononciation de la voyelle qui précède : *teste, feste, tempeste*, font entendre un *e* différent de *telle, ferme ou tempérance*. L'usage avait chargé ce *s* d'indiquer cette prononciation différente, lui avait donné une valeur diacritique. Dès lors qu'on le supprimait, il fallait que cette fonction soit remplie par un autre signe. Ronsard fait porter le chapeau à la voyelle pour manifester cette sonorisation spécifique. Les écrivains de la Pléiade suivent avec enthousiasme, mais les érudits condamnent cet oubli du latin. L'ancienneté du *s* rassure, tandis que la nouveauté du circonflexe inquiète. Ainsi l'idée, lancée en 1540, est-elle abandonnée vers 1665. Le *s* muet est reparti pour deux siècles supplémentaires.

Pourtant, l'idée n'est pas abandonnée. Les réformistes la mettent toujours en avant et tentent de se faire entendre lorsque l'Académie française se lance dans son dictionnaire. Or le fameux Mezeray a tranché sans appel : « Il faut conserver les *s* muets et non pas mettre un circonflexe à la place. »

Condamné en France, le circonflexe va revenir par l'étranger. Les grands éditeurs hollandais, notamment les Elzévir, impriment les meilleurs auteurs français en incluant les réformes orthographiques, notamment le remplacement du *s* muet par le circonflexe. Leurs livres connaissent un grand succès et familiarisent le public avec la nouvelle graphie, les conservateurs dénoncent l'« accent de l'étranger ». Par bonheur, cette basse polémique ne peut étouffer le grand débat grammatical sur le rôle de ce *s* muet. Rôle étymologique, s'il porte une

marque mémorielle en souvenir du latin ; rôle phonétique s'il marque le timbre allongé de la voyelle. Au-delà
du cas particulier du *s* muet, c'est la fonction même de
l'écriture qui est en cause. Doit-elle servir à noter scrupuleusement la prononciation, doit-elle apporter des informations propres sur la langue ? Question subsidiaire : ces
deux fonctions sont-elles exclusives l'une de l'autre,
peuvent-elles se combiner ? Et dans quelle mesure ? Le
débat, qui implique tout le monde intellectuel et littéraire, porte donc sur la nature du français. Un niveau de
réflexion stratosphérique par rapport aux querelles langagières que nous avons récemment connues.

L'Académie en vient à se prononcer pour le remplacement du *s* muet par une accentuation sur la voyelle.
C'est la Pentecôte des circonflexes, qui tombent des
cieux académiques sur la langue française. Peut-on dire
que le débat grammatical a été tranché par cette décision ? Certainement pas. Au terme de ses recherches,
Bernard Cerquiglini, rappelant les deux significations
possibles de l'accent – « afin de noter une prononciation
ou pour témoigner d'un silence, au profit de la parole
ou en faveur de l'écrit » –, conclut : « Il ne semble pas
que l'orthographe officielle, après qu'elle eut accepté
l'emploi de l'accent circonflexe, ait définitivement levé
cette ambiguïté [1]. » Pour étonnant que cela paraisse,
nous ne savons toujours pas si nos chapeaux de gen-
darme sont des stèles mémorielles ou des notations
sonores. Sans doute sont-ils les deux à la fois, dans des
proportions très variables d'un mot à l'autre.

---

1. Bernard Cerquiglini, *L'Accent du souvenir, op. cit.*

Une orthographe vivante

Cette histoire est riche d'enseignements. Sur son issue, tout d'abord. Essayons de juger les décisions académiques à deux siècles et demi de distance.

Le circonflexe a-t-il conservé sa fonction phonétique ? Sans doute existe-t-il encore des locuteurs appliqués qui prononcent différemment les voyelles sous accent et les voyelles sans accent. Ils distinguent dans leur phrasé *fête* et *faite, rotin* et *rôti, bête* et *béton, âge* et *agile, pôle* et *police.* Mais qui distingue encore dans sa prononciation : *mûr* et *mur, sur* et *sûr, pêcheurs* et *pécheurs* ? Il faudrait avoir l'oreille vraiment très fine pour remarquer ce changement de timbre en écoutant la radio ou la télévision. Les Français ne connaissent plus guère les voyelles longues qu'appelle l'accent circonflexe. Pis, ils n'y prêtent aucune attention. Rien n'est si drôle que de voir un défenseur du circonflexe forcer la prononciation pour tenter de justifier la présence et l'absence de son accent fétiche. On rejoue très vite la leçon de français du *Bourgeois gentilhomme.* À de rares exceptions près, la vocation phonétique de l'accent risque de perdre son pouvoir prescriptif. Le chapeau magique ne sera plus qu'un illisible rappel à un ordre oublié.

Tel est le piège de l'accent phonétique. Sous l'Ancien Régime, il signalait une prononciation qui était de règle dans l'élite cultivée, celle qui savait écrire. Aujourd'hui, il prêche dans le vide, car l'usage a raboté les voyelles longues de nos pères.

Mais l'accent étymologique n'est pas moins incongru dans le monde moderne. Outre qu'il comporte ses inévitables anomalies comme *pôle* qui n'a perdu aucun *s* depuis le latin *polus*, ou *théâtre* qui vient d'un *theatrum* dans lequel le *s* ne jouait aucun rôle, il se trouve aujourd'hui hors d'usage. Au XVIIIe siècle et même au XIXe, l'écriture du français et la connaissance du latin allaient de pair. Qu'en est-il aujourd'hui ? Les jeunes n'apprennent plus guère le latin et ne comprennent rien à ces consonnes muettes qui tombent sans raison dans les mots ou à ces accents qui prétendent entretenir un souvenir dont ils se fichent éperdument. Cette difficulté orthographique a tout bonnement perdu son sens.

Le *s* muet et l'accent de remplacement avaient, au XVIIIe siècle, une légitimité culturelle qu'ils ont perdue aujourd'hui. Les conservateurs qui défendent ce circonflexe au seul nom de son existence défendraient de même le *s* muet si la décision académique avait été inverse. Le statu quo tient lieu de raisonnement grammatical et de réflexion linguistique. Au reste, lorsque les rectifications orthographiques de 1990 proposèrent de limiter l'usage du circonflexe, les protestataires défendirent « leur » accent circonflexe avec des arguments qui reprenaient à l'identique ceux qu'avaient utilisés les puristes du XVIIIe pour s'opposer à la disparition de leurs *s* muets et à l'apparition de cet accent grec. L'attachement patrimonial autant que patriotique s'était reporté du signe disparu au signe qui l'avait remplacé. Le fétichisme se soucie peu des certificats d'origine.

Une langue vivante ne saurait être immuable ; ce pourrait être la morale de cette fable. L'évolution est la marque de la vie dans le vocabulaire, dans la prononcia-tion, dans les tournures et les expressions ; elle doit l'être aussi dans l'orthographe. Les structures grammaticales sont extrêmement stables. Les graphies, en revanche, ne sont valables que « toutes choses égales par ailleurs », et lorsque la société change, l'écriture peut aussi se modi-fier. C'est ainsi que l'usage fait progresser la réforme tout au long des XVIIᵉ et XVIIIᵉ siècles. Cette adaptation ne saurait se faire en une seule fois, au terme d'un grand chambardement qui bouleverse tout à coup la façon d'écrire et dont les conservateurs ne cessent de brandir la menace. Elle doit être permanente et procéder par des retouches limitées. L'orthographe peut évoluer sans imposer à tous ceux qui la maîtrisent de retourner à l'école. Pour cela, elle ne doit pas s'offrir dans les musées à la vénération des fidèles, mais se mettre dans les labo-ratoires à la disposition des experts qui entretiennent sa perpétuelle jeunesse. C'est à ce prix qu'une langue reste contemporaine de son histoire. De la Renaissance aux Lumières, le français a toujours été un sujet d'études, de controverses, une langue en devenir.

Vénéré par les philographes, redouté des graphophobes (une étude, remontant il est vrai à 1965, lui imputait plus de 40 % des fautes au bac), l'accent circonflexe, pour ne prendre que cet exemple, n'a toujours pas un statut cohé-rent. Les fonctions étymologique et phonétique ne sont pas seulement obsolètes, elles ne suivent aucune cohé-rence. Mais le circonflexe s'est trouvé d'autres emplois grammaticaux. Il accompagne le subjonctif, le passé simple, le participe passé. Avec un lot inévitable d'anoma-lies. Le plus souvent, il remplit sa fonction phonétique :

nous allâmes, vous fîtes, nous eûmes, etc. Parfois il n'est là que pour distinguer des homographes. Le participe passé de *croître* fait *cru,* tout comme celui de *croire,* tout comme le *cru* et le *cuit,* tout comme le *cru* du Beaujolais. On lui a donc mis le chapeau afin que ce *crû*-là ne puisse se confondre avec ses imitations. De même le participe passé de *devoir* se trouve-t-il en concurrence avec l'article contracté *du.* Un accent permettra de séparer les jumeaux : *dû.* Mais ce circonflexe n'est ni phonétique, ni étymologique, ni même grammatical. C'est un pur signe de reconnaissance. L'équivalent du « bis » qui permet de distinguer deux maisons contiguës ayant le même numéro. On ne le retrouve donc pas dans *indu,* qui ne prête à aucune confusion. L'accent n'étant plus ici qu'un identifiant, n'importe lequel peut faire l'affaire. Pour distinguer *où,* pronom relatif, de *ou,* conjonction de coordination, on a utilisé l'accent grave. Sans plus de raison.

Incohérence du statut, complications inutiles, inépuisable source de fautes, à l'évidence l'accent circonflexe n'est pas une œuvre accomplie, mais un travail en cours, et mériterait une étude approfondie au-delà des dernières rectifications. Cet exemple n'a rien que de très banal. Toute notre orthographe révèle ce même besoin non pas de révolution, mais d'organisation, de simplification, de modernisation. La réforme permanente est inscrite dans l'histoire du français.

Notons que le comportement des écrivains compte pour beaucoup dans cette dynamique. De Ronsard à Corneille, de Bossuet à Voltaire, les plus illustres auteurs se sont attelés à cette tâche. Du XVe au XVIIIe siècle, on les retrouve dans le parti du mouvement. Ils prennent fait et cause pour telle ou telle réforme qui leur tient à cœur, ils n'hésitent pas à imposer leurs propres graphies aux éditeurs, à la proposer au public. Ils créent ainsi un état de fait qui ébranle les certitudes des conservateurs. Leur influence fut grande en ces temps où l'opinion se faisait dans une toute petite élite, où la légitimité d'un grand écrivain pesait d'un grand poids dans ces débats.

Au XIXe siècle, la littérature tourne casaque, elle passe avec armes et bagages dans le camp de l'ordre orthographique. Une autre histoire commence.

VII

L'ORTHOGRAPHE DE LA RÉPUBLIQUE

En 1782, l'Académie de Berlin lance un grand concours à l'échelle européenne. Thème proposé : « Qu'est-ce qui a rendu la langue française la langue universelle de l'Europe ? Par où mérite-t-elle cette prérogative ? Peut-on présumer qu'elle la conserve ? » Le sujet crée la surprise, c'est la raison même de son choix. L'académie, qui veut susciter la controverse, sent monter une irritation croissante face à l'engouement des cours européennes pour notre langue. Elle pose donc la question qui fait débat afin d'attirer des concurrents prestigieux.

L'histoire de France a retenu que le premier prix fut attribué à Antoine Rivarol pour son « Discours sur l'universalité de la langue française ». Le panégyrique est superbe : « Elle est de toutes les langues la seule qui ait une probité attachée à son génie. Sûre, sociale, raisonnable, ce n'est plus la langue française, c'est la langue humaine... » Le français, soutient Rivarol, ne doit qu'à ses qualités intrinsèques la place éminente qui est la sienne. Lui seul utilise un ordre grammatical qui suit rigoureusement l'ordre naturel de la pensée. La sentence « Ce qui n'est pas clair n'est pas français » est devenue un classique de la citation qui se retrouve dans tous les manuels.

On a, en revanche, oublié les autres discours, notamment celui de l'Allemand Schwab, qui partagea le premier prix avec Rivarol. Que disaient-ils, ces orateurs étrangers ? À l'inverse de notre champion national, ils attribuaient la suprématie du français à des circonstances extérieures : la puissance du royaume, la politique de Louis XIV, le rôle des Encyclopédistes, etc., et se plaisaient à souligner les faiblesses de notre langue, ses bizarreries et, bien sûr, la complexité de son orthographe, qui devaient lui interdire toute vocation universelle. À la fin de l'Ancien Régime, le français apparaît donc comme une langue difficile autant que prestigieuse.

La langue de la nation

La Révolution n'a que faire de l'orthographe, mais elle se prend de passion pour le français. Elle introduit dans notre pays une politique de la langue qui se poursuivra obstinément tout au long des XIXᵉ et XXᵉ siècles. Alain Rey résume d'une phrase le grand tournant qui s'amorce après 1789 : « L'administration de l'Ancien Régime négligeait les langues, la Révolution et l'Empire s'y intéressent, la Restauration veut les contrôler dans ses bureaux et ses écoles[1]. »

1. Alain Rey, Frédéric Duval et Gilles Siouffi, *Mille Ans de langue française. Histoire d'une passion, op. cit.*

160

Les révolutionnaires sont animés par une ambition grandiose : faire du royaume une nation. La France de l'Ancien Régime est un agglomérat de provinces que les hasards de l'histoire ont rattachées à la Couronne. Depuis la disparition de la féodalité et l'avènement de la monarchie absolue, cet ensemble, tenu par l'attachement à la personne du souverain, a conservé ses particularismes et son multilinguisme vivace. Si le français règne en maître sur la littérature, l'administration et le droit, s'il est le langage de la Cour, de l'aristocratie et de la bourgeoisie, il n'est pas la langue du peuple. Les paysans parlent toutes sortes de patois et de dialectes, certaines provinces parlent des formes de l'allemand ou de l'italien, d'autres utilisent le breton ou le basque. La France abrite une invraisemblable cacophonie linguistique.

Les hommes de la Révolution, qui ont entrepris très tôt l'unification du pays en créant les départements, en adoptant le système des poids et mesures à base décimale, ne peuvent rester indifférents à cette anarchie linguistique. D'autant qu'ils sont férus d'éloquence, amoureux de la langue, excellents connaisseurs du français. Certains représentants du peuple auraient aimé que l'on donnât un rôle accru aux parlers vernaculaires afin de plaire à leurs électeurs, mais ils ne peuvent rien contre cette évidence : le français doit être le ciment de la France nouvelle. Encore faudrait-il connaître la situation linguistique du pays.

En 1790, l'abbé Grégoire se voit confier une mission d'étude des patois. Quand il remet son rapport, trois ans plus tard, l'esprit révolutionnaire n'est plus le même. Les dialectes et patois ne sont plus seulement des archaïsmes qui doivent céder la place à une langue moderne, ils représentent la survivance d'un passé exécré. C'est la féodalité qui a ainsi divisé, morcelé le peuple dans ces parlers prisons qui enchaînent le serf à sa terre, à son seigneur. La pluralité linguistique est facteur d'asservissement, l'unité linguistique, de libération. Et voilà que des mouvements contre-révolutionnaires ont surgi, comme par hasard, de régions fortement patoisantes. Tout est clair : le plurilinguisme, c'est l'Ancien Régime, le monolinguisme sera la France nouvelle. « Après avoir été la langue du roi, le français va devenir celle de la Révolution, de la liberté, de la Déclaration des droits de l'homme et du citoyen, bref, celle de la République[1] », résume Claude Hagège.

L'abbé Grégoire s'est donc livré à une étude scrupuleuse des pratiques langagières en France. Un tableau brossé avec les outils de l'époque, mais sans doute assez conforme à la réalité. « On peut assurer sans exagération qu'au moins six millions de Français, surtout dans les campagnes, ignorent la langue nationale ; qu'un nombre à peu près égal est incapable de soutenir une conversation suivie ; qu'en dernier résultat, le nombre de ceux qui parlent purement n'excède pas trois millions ; et probablement le nombre de ceux qui l'écrivent correctement est encore moindre[2]... » En résumé, 20 % seulement des Français ont véritablement le français pour

---

1. Claude Hagège, *Le Français, histoire d'un combat*, Éditions Michel Hagège, 1996.
2. Michèle Perret, *Introduction à l'histoire de la langue française*, *op. cit.*

langue maternelle. Grégoire ne s'en tient pas à ce constat et parle, dans l'intitulé même de son rapport, « d'anéantir les patois et d'universaliser la langue française ». Les mesures qu'il préconise sont, on s'en doute, assez radicales. Il envisage même de refuser le mariage à ceux qui ne parlent pas français ! Mais il est bien conscient que notre langue doit évoluer pour tenir ce destin national, et préconise des « rectifications utiles » de l'orthographe.

La Convention entend supprimer les langues vernaculaires... mais se trouve elle-même supprimée avant d'avoir pu mettre son projet à exécution. Ici comme ailleurs, la révolution thermidorienne permet de relâcher les tensions. Cependant, le principe est inscrit une fois pour toutes dans la politique française : « Que disparaissent les patois ! Que vive le français ! » Pour Alain Rey, « la Révolution a installé dans le rapport à la langue une collusion volontariste entre devenir de la nation et devenir de la langue [1] ».

La collusion ne fait que se renforcer à mesure que s'approfondit le processus révolutionnaire. Le français sera le ciment de la patrie. Tous les Français doivent le parler, le lire et l'écrire. La notion d'égalité s'ajoutant à celle d'unité, le français, qui était un devoir en 1790, devient un droit en 1793. À charge pour l'État d'en assurer à tous l'apprentissage. Talleyrand, Condorcet, Lakanal, tous les grands esprits prennent feu et flamme pour cette exaltante cause nationale : l'enseignement du français à tous les petits Français. Ils mettent sur pied

---

1. Alain Rey, Frédéric Duval et Gilles Siouffi, *Mille Ans de langue française. Histoire d'une passion*, op. cit.

la première ébauche d'une instruction publique. La Convention crée, à tout le moins sur le papier, les premières écoles primaires d'État. Barrère préconise l'envoi d'instituteurs dans tous les départements. En l'an III, les écoles normales pour la formation des maîtres voient le jour.

Sur le strict plan linguistique, la Révolution est peu novatrice. Elle tient pour acquise la vénération du français, cet héritage de l'Ancien Régime, et n'envisage pas d'en poursuivre l'évolution. Seuls le vocabulaire et les néologismes l'intéressent.

Et que devient notre orthographe, dans ce tohu-bohu ? Elle a d'abord perdu son autorité tutélaire, l'Académie française, qui a été purement et simplement supprimée en 1793. Au cours des vingt dernières années de l'Ancien Régime, la Compagnie avait préparé avec sa consciencieuse lenteur la cinquième édition de son dictionnaire, apportant son petit lot de rectifications orthographiques. Ce travail survit à l'institution. En 1798, l'Académie, bien que dissoute, continue de publier le nouveau dictionnaire : on y trouve de nouvelles suppressions de consonnes doubles, de *y* et de *h,* qu'avaient préparées les académiciens des années 1780, d'Alembert en tête. La Révolution prend acte de la réforme venue de l'Ancien Régime ! Sans plus.

Avec Napoléon, qui, lui-même, massacrait l'orthographe de son temps, le français devient un instrument de pouvoir, un outil de gouvernement. Il passe sous la coupe d'un nouveau maître, l'État, et ne connaîtra plus l'insouciance querelleuse, l'aimable licence qui fut la sienne sous l'Ancien Régime. La langue de la littérature entre dans le XIXe siècle comme langue politique. Les Français sont en passe de gagner leur liberté... et le français, de perdre la sienne.

Le français officiel

C'est la monarchie de Juillet qui met en place le nouvel ordre linguistique, celui qui nous régit aujourd'hui encore, qui confère à l'orthographe son statut d'idéologie nationale. En 1832, le gouvernement Guizot décide que tous les fonctionnaires devront savoir écrire le français sans fautes – exigence d'une administration moderne et centralisée. Pour un État qui entend recruter par épreuves écrites un personnel à l'uniformité toute militaire, la tentation orthographique est irrésistible, et, de fait, ne rencontre guère de résistance. Mais elle s'appuie sur une orthographe bien spécifiée. « L'orthographe de l'Académie [refondée par Napoléon] sera désormais la seule obligatoire et la seule officielle. » Dans les années suivantes, tous les imprimeurs s'alignent scrupuleusement sur l'écriture académique. Au XVIIe siècle, Vaugelas professait que l'usage était le maître de la langue ; le maître a changé, c'est désormais la norme définie par l'autorité publique. C'en est fini des fantaisies orthographiques que se permettaient nos classiques. Toute déviance est sanctionnée. L'administration devient le clergé de ce nouveau culte et valorise l'art du « français sans fautes » qui la distingue.

L'enseignement est la suite logique de cette prise en main administrative. En 1833, la loi Guizot le rend obligatoire et crée les écoles primaires : toute commune de plus de 500 habitants est tenue d'avoir son école de garçons et d'entretenir un instituteur. En 1882, Jules Ferry les rend à la fois gratuites, laïques et obligatoires. Formidable révolution pédagogique qui occupera tout le siècle. Encore faut-il donner un contenu à cet enseignement et définir une didactique pour des écoles normales départementales en charge de former les instituteurs.

L'État, à travers les régimes successifs, prend en main cette révolution pédagogique. Il a fort à faire, puisque l'orthographe, qui n'était pas une discipline sous l'Ancien Régime, se trouve au cœur du nouvel enseignement. Voici le temps de la « bureaucratisation de la grammaire et de l'orthographe », selon l'expression saisissante de Marcel Cohen [1].

Les Français doivent tous lire et écrire de même... à la lettre près. L'orthographe n'est pas une banale discipline scolaire, c'est une discipline civique. Au début du XIXe siècle, les maîtres sont incapables de l'enseigner pour la raison simple qu'ils ne la connaissent pas. Ils ont pour mission d'apprendre à lire, pas à écrire.

Les maîtres orthographieurs

Le ministère Guizot exige des maîtres d'école un niveau de compétence permettant d'enseigner l'écriture

---

1. Marcel Cohen, *Histoire d'une langue : le français*, Paris, Éditions sociales, 1967.

et pas seulement la lecture. Mais il se produit une dérive qu'André Chervel a reconstituée à partir des archives nationales et des *Statistiques de l'enseignement primaire*. Tout au long du siècle, le poids de l'orthographe ne cesse de s'accroître dans la formation des maîtres. Ce qu'illustre l'analyse des échecs au brevet de formation des instituteurs : sous la monarchie de Juillet, les « fautes » n'éliminent que 53 % des candidats ; le pourcentage des recalés pour déficience orthographique passe les 70 % sous le second Empire, et atteint 80 % sous la IIIᵉ République. Il s'élève même à 90 % pour les seules épreuves écrites. « Le brevet n'est pratiquement plus qu'un examen d'orthographe [1] », conclut le chercheur. Les instituteurs sont avant tout des maîtres orthographieurs, d'où la place centrale qu'occupe cette discipline dans leur enseignement... et dans les examens en général. Du certificat d'études aux concours de la fonction publique, la dictée devient en quelques décennies le sésame de la réussite. Ce que résume l'historien Patrick Cabanel : « La dictée, les fautes d'orthographe, le zéro éliminatoire, suffisent à symboliser le certificat d'études, sinon toute l'école primaire : c'est l'épreuve reine, qui condense les efforts inlassables, les peurs, les échecs, les rancœurs aussi [2]... »

Mais comment enseigner cette discipline reine ? Comment transformer une orthographe de lecture en

---

1. André Chervel, *L'Orthographe en crise à l'école*, Paris, Retz, 2008.

2. Patrick Cabanel, *La République du certificat d'études, histoire et anthropologie d'un examen*, Paris, Belin, 2002.

une orthographe d'écriture ? La grammaire s'impose comme point de passage obligé.

Après avoir prospéré sous l'Ancien Régime comme une science de la langue, elle se voit donc assigner une tâche prioritaire : enseigner l'orthographe. C'est « la collusion entre la grammaire et l'orthographe ». Tout au long du XIXe siècle, les grammairiens s'appliquent à rédiger des manuels scolaires qui sont autant de méthodes orthographiques. La présentation de ces ouvrages, les instructions pédagogiques, insistent sur le fait que ce savoir n'est jamais qu'un moyen, le but étant l'orthographe. La science de la langue se réduit à des catalogues de recettes permettant de trouver la graphie correcte de chaque mot. La pédagogie prétend faire naître l'orthographe de la grammaire, alors qu'historiquement c'est l'inverse qui s'est produit. Ce renversement circonstanciel va devenir conceptuel. L'idée s'impose que l'orthographe procède de la grammaire, qu'elle en possède la cohérence.

L'enseignement de cette discipline, sanctionné par la fatidique dictée du certificat d'études primaires, devient la première mission de l'école primaire. Il se fonde sur une pédagogie obnubilée par la « faute » qui scande chaque jour les corrigés de la dictée. « L'enfant est donc placé en face de l'orthographe, et dans la perspective de l'examen-jugement, dans les conditions où l'on pourrait, à la rigueur, placer l'adulte. Et l'adulte se trouve, dans la vie "réelle" et à l'égard du même problème, dans les conditions où il serait raisonnable de placer l'enfant [1] », juge

---

1. Jacques Cellard, *Histoires des mots*, Paris, La Découverte/Le Monde, 1985.

sans indulgence Jacques Cellard, qui tint durant des années la « Chronique du langage » dans *Le Monde*.

Sous l'Ancien Régime, les maîtres qui n'enseignaient que l'orthographe de lecture pestaient contre ses difficultés et réclamaient une rectification phonétique qui simplifierait leur travail. Cette attitude change du tout au tout au XIXe siècle. Les enseignants possèdent désormais une compétence reconnue, valorisée en dehors même de l'école. Dans le village, l'instituteur est celui qui écrit sans fautes, il officie souvent comme secrétaire de mairie. Le corps enseignant devient le plus fervent défenseur du statu quo. Il survalorise l'orthographe et s'oppose à toute simplification. Pour André Chervel, « les académiciens travaillent désormais sous le contrôle des instituteurs ».

L'Académie se trouve dans une situation paradoxale. D'une part, le gouvernement a reconnu et renforcé son autorité ; d'autre part, le nouveau statut de l'écriture dans la société française rend impossible toute modification d'importance. Le taux de modification, qui avait atteint 36 % dans le dictionnaire de l'Académie en 1740, sera désormais marginal. Il varie de 1 à 3 % dans les éditions du XIXe siècle. L'État veut une norme fixe et intangible. La majorité des immortels n'apprécie plus guère les innovations, y compris celles qui furent introduites dans les précédentes éditions. Son édition de 1835, appelée à devenir les tables de la loi orthographique, réintroduit nombre de lettres étymologiques ainsi que les *h* et les *y* qui avaient été supprimés. Elle revient à *anthropophage, rhythme, phthisie, amygdale, analyse, anonyme.* Seules concessions au modernisme, les pluriels des mots en *ant* gardent le *t :* on écrit des *enfants* et non plus des *enfans,* des *présents* et non plus des *présens,* et, surtout, elle admet, après un siècle de réflexion, le remplacement des formes en *oi* par des formes en *ai,* comme le préconisait Voltaire. Signe des temps, le plus illustre académicien, François-René de Chateaubriand, n'acceptera jamais cette nouvelle formulation. Les écrivains ne sont plus novateurs et, en tout état de cause, ne pèsent pas lourd face au poids de l'État et de son appareil.

Le temps du statu quo

Tout au long du XIXe siècle, le français conquiert la France. Selon le vœu des Conventionnels, les patois et langues régionales sont impitoyablement pourchassés. La Première Guerre mondiale leur est fatale. À l'« école des tranchées », tous les poilus doivent parler la langue des officiers. Cette perte de la diversité linguistique s'accompagne d'un formidable progrès : les Français apprennent à écrire. Dans tout le pays, les instituteurs enseignent l'orthographe avec la foi des missionnaires. La langue écrite, privilège d'une infime minorité sous l'Ancien Régime, devient le bien commun de tout un peuple. Le rêve révolutionnaire est en passe de se réaliser. La croisade, comme l'on sait, est fille de la certitude et non de l'interrogation. L'orthographe triomphante ne saurait être critiquée, contestée, modifiée. Elle s'impose en tant que vérité absolue, indiscutable, éternelle.

Il n'est plus temps de s'interroger sur les subtilités grammaticales ou sur les aberrations lexicales, de disputer sur la phonétique, l'idéographie, l'étymologie et l'accentuation, il faut enseigner au peuple tout entier la même norme scripturale. L'État a besoin d'une orthographe stable, assise sur ses deux piliers : l'Administration et l'Instruction publique (qui deviendra Éducation nationale en 1932). Le monde littéraire ne s'intéresse plus guère à l'écriture, il écrit.

L'orthographe se voit conférer un destin patriotique et participe de l'identité nationale tout comme le drapeau, *La Marseillaise* ou nos cathédrales. Ses difficultés bien connues en font le charme, comme l'atteste la fameuse dictée de Mérimée. À la demande de l'impératrice Eugénie, l'auteur de *Carmen* entreprend de distraire la Cour avec cet exercice que, depuis 1851, les maîtres se doivent d'infliger quotidiennement à leurs écoliers. Il compose un texte bourré de pièges qui doit départager ses illustres élèves. Au relevé des copies, le verdict est impitoyable. L'empereur collectionne soixante-quinze fautes, l'impératrice, soixante-deux, Alexandre Dumas, vingt-quatre, et Metternich, l'ambassadeur d'Autriche, seulement trois. En découvrant ces résultats, Alexandre Dumas aurait lancé à Metternich : « Quand allez-vous, prince, vous présenter à l'Académie pour nous apprendre l'orthographe ? » Paris en fait des gorges chaudes. Anecdote révélatrice. Ces fautes qui angoissent les candidats au brevet élémentaire ou aux concours administratifs ne sont à la Cour que des jeux sans conséquences. Il ne semble pas anormal qu'une langue maternelle puisse créer une telle insécurité orthographique.

Dès le second Empire, pourtant, Ambroise Firmin-Didot, imprimeur en titre du dictionnaire académique, mais surtout grammairien érudit et historien de la langue, presse l'Académie d'aller « au-devant du vœu public en faisant un nouveau pas dans son système de réforme ». Il propose une nouvelle vague de simplifications et gagne à sa cause des personnages illustres comme le lexicographe Littré ou le maître de la critique Sainte-Beuve. En 1868, la société des correcteurs des imprimeurs de Paris désigne dans un vœu tout un lot d'anomalies dont elle souhaite la rectification. Elle s'interroge : « Pourquoi *fève* prend-il l'accent grave et *séve* l'accent aigu ? Pourquoi *sangloter* s'écrit-il avec un seul *t* et *balotter* par deux ? *Souffler* par le double *f* et *boursoufler* par un seul *f* ? » Et elle définit ainsi tout un programme de rectifications. La majorité de l'Académie, qui n'est pas d'humeur réformatrice, en tiendra pourtant compte dans son édition de 1878. Elle efface un *h* étymologique dans certains mots par trop encombrés (*aphte* pour *aphthe*, *diphtongue* pour *diphthongue*, etc.) ; elle modifie des accents, supprime des traits d'union et, surtout, elle introduit la tolérance pour quelques mots qui auront deux graphies, à l'exemple de *maniement* ou *manîment*. Rien que des ajustements ponctuels, car, pour les réformes proprement dites, il ne saurait en être question.

La croisade perdue de Ferdinand Buisson

La querelle de l'orthographe ne refait surface que sous la IIIe République. Elle n'est ni linguistique ni littéraire, mais pédagogique. Dans les années 1880, les pères fondateurs de notre Éducation nationale entendent réduire la place de cette orthographe élitiste dont l'enseignement se fait au détriment du français et des autres matières.

Un homme livrera une guerre de quinze ans pour tenter de remettre l'orthographe à sa place : Ferdinand Buisson. L'histoire scolaire est simplificatrice, donc injuste. Ainsi enseigne-t-elle que l'école fut inventée par Charlemagne et l'école de la République, par Jules Ferry. De fait, en tant que ministre de l'Instruction publique, Ferry a apposé son nom à la loi fondatrice de 1882 qui a créé l'école laïque, gratuite et obligatoire. Mais c'est Ferdinand Buisson, travaillant dans son ombre, qui a traduit ce rêve républicain en une réalité vécue par des millions de petits Français.

La biographie de Buisson est à ce point exemplaire qu'elle devrait être racontée – je ne dis pas « enseignée » mais racontée – à tous les enfants de France. Agrégé de philosophie, exilé volontaire sous le second Empire, il s'engage dans tous les grands combats de son époque : la démocratie, la paix, la laïcité, la justice, l'égalité et, bien sûr, l'instruction. Du premier orphelinat laïc, qu'il fonde en 1871, au prix Nobel de la Paix, qu'il reçoit en 1927 pour son action en faveur de la réconciliation franco-allemande (une récompense qu'il redistribue à ses « fils adoptifs », les instituteurs de France, afin « qu'ils puissent travailler au rapprochement des peuples par l'éducation des enfants »), il a toujours fait preuve d'un activisme débordant dénué de toute ambition person-nelle. Buisson, c'est l'incarnation de l'idéal républicain. Il s'est battu pour Dreyfus, a présidé la Ligue française des droits de l'homme, l'Association nationale des libres penseurs, la Ligue de l'enseignement, tout en étant un précurseur dans les sciences de l'éducation. Mais, pour ce qui nous concerne, il sera surtout, de 1879 à 1896, directeur de l'Enseignement primaire aux côtés de Jules Ferry et de ses successeurs.

Ferry n'avait pas hésité à dénoncer l'« abus de la dictée », Buisson entend y mettre fin. Il ne fait aucun doute à ses yeux que l'orthographe doit devenir ce qu'elle est, une discipline parmi les autres, et cesser d'étouffer la pédagogie de sa toute-puissance. La bataille s'engage dès le début des années 1880. Elle oppose « les défenseurs de l'enseignement orthographique et les partisans d'un enseignement plus moderne de la langue et de la littérature [1] », le corps enseignant étant pour sa part soudé dans le culte orthographique.

Plutôt que de restreindre autoritairement la dictée, le directeur de l'Enseignement primaire introduit l'étude du français à travers des rédactions, des lectures commentées, des analyses de textes, des récitations de poèmes, etc. Autant d'exercices qui restreindront la place de l'orthographe. Mais les instituteurs rechignent à appliquer ces nouvelles pédagogies et s'en tiennent à la dictée, exercice normalisé qu'ils maîtrisent parfaitement. Ils ont même tendance à augmenter le nombre d'heures qui lui est réglementairement dédié. Buisson s'attaque alors à la formation des maîtres en mettant sur pied de nouvelles filières qui réduisent l'orthographe et enrichissent les disciplines littéraires et philosophiques. Tout l'encadrement de l'Éducation nationale – recteurs, inspecteurs, maîtres d'école – s'indigne et dénonce une dramatique

---

1. André Chervel, *L'Orthographe en crise à l'école, op. cit.*

baisse du niveau orthographique des maîtres. Les opposants réclament un renforcement de cet enseignement et une plus grande sévérité lors des examens.

Pour que l'école communale cesse d'être l'école de l'orthographe, Buisson impose la rédaction et une épreuve orale lors des examens. Peine perdue : les jurys maintiennent la primauté de la dictée et marginalisent les épreuves supplémentaires. En désespoir de cause, Buisson envisage de supprimer le certificat d'études primaires et de le remplacer par un contrôle continu sur livret, ou bien de faire évaluer l'orthographe sur une rédaction et non plus sur une dictée. Ces projets soulèvent de tels tollés qu'ils doivent être abandonnés avant toute application. Pour contourner les défenses du statu quo, Buisson a essayé toutes les stratégies. Après une décennie d'efforts, il doit admettre son échec. La place de l'orthographe est inexpugnable.

Faute de pouvoir transformer la pédagogie, Ferdinand Buisson se résout, « en désespoir de cause [1] », écrit André Chervel, à agir par l'aval en jouant sur la correction. Un surcroît d'indulgence : voilà un autre moyen de faire baisser la pression orthographique. Sur ses conseils, le ministre de l'Instruction publique Léon Bourgeois adresse aux enseignants une circulaire, véritable défi au dogme orthographique. L'intitulé ne laisse aucun doute sur ses intentions : « Circulaire ayant pour objet d'interdire l'abus des exigences grammaticales dans les dictées. » Le contenu est aussi explicite : « Nombre de mots

---

1. André Chervel, *Histoire de l'enseignement du français du XVIIe au XXe siècle, op. cit.*

usuels, écrit le ministre, ont [...] une orthographe sur laquelle, à moins de pédantisme, nul ne peut prétendre à l'infaillibilité [...] ; dans ce cas et dans tous les cas semblables, quelle que soit l'opinion personnelle du correcteur, il ne peut pas demander à l'élève d'être plus sûr de lui que les maîtres eux-mêmes... » Léon Bourgeois – dont le texte a été préparé par un grand universitaire, Léon Clédat – cite des exemples difficilement réfutables : « Ne sachons pas trop mauvais gré à l'élève qui écrira *contreindre* comme *éteindre* et *restreindre*, *cantonier* comme *timonier* et comme *cantonal*... Y a-t-il un maître qui ait pu donner une bonne raison pour justifier la différence entre *apercevoir* et *apparaître*, entre *alourdir* et *allonger*, entre *agrégation* et *agglomération* ? » Le ministre n'hésite pas à remettre en cause l'intangibilité orthographique. « N'y a-t-il pas toute vraisemblance que d'ici à une génération ou deux, la plupart de ces bizarreries auront disparu pour faire place à des simplifications analogues à celles qu'ont opérées sous nos yeux, depuis moins d'un siècle, les éditions successives du dictionnaire de l'Académie ? L'orthographe ne saurait être soustraite plus longtemps, par un dogmatisme intransigeant, aux lois de l'évolution [1]. » Tout est dit, avec, à la clé, une liste de mots tordus qui ne devraient plus être sanctionnés.

La charge ministérielle était impeccable, implacable, imparable. Que pensez-vous qu'il arriva ? Les jurys d'examen s'empressèrent de faire disparaître ces mots de leurs dictées pour les remplacer par d'autres, non moins

---

1. Cité par Nina Catach, *Les Délires de l'orthographe, op. cit.*

sournois mais ne bénéficiant pas du privilège de tolérance. Du nationalisme à l'antisémitisme, du despotisme au cléricalisme, Ferdinand Buisson a livré bien des batailles, connu bien des succès. Mais il est resté impuissant face au conservatisme orthographique.

La charge du duc d'Aumale

Puisqu'il est impossible d'en réformer l'enseignement, il ne reste qu'à réformer l'orthographe elle-même. Dans les années 1890, la bataille se déplace de l'Instruction publique à l'Académie. Elle est menée par Octave Gréard, un proche de Ferdinand Buisson, comme lui grand pédagogue, créateur des lycées de jeunes filles et membre de l'Académie française. En 1891, une pétition, signée par 7 000 professeurs de l'Université, demande une véritable simplification de notre orthographe. Elle est déposée à l'Académie, qui confie à Gréard une mission en ce sens.

Deux ans plus tard, il présente à la Compagnie son rapport et ses conclusions. Rien de révolutionnaire, on s'en doute. Gréard ne modifie ni l'alphabet ni les règles grammaticales, mais, se fondant sur l'étude linguistique autant que sur l'observation pédagogique, propose un grand toilettage de notre écriture. La commission qu'il dirige a identifié sept directions pour simplifier l'orthographe sans tout bouleverser. Cela va des doubles consonnes et lettres grecques aux mots composés et à l'accentuation. Ce programme de modernisation raisonnable qui, à lui seul, faciliterait considérablement

177

l'apprentissage et l'utilisation de notre langue écrite. En ce mois de juillet, beaucoup de fauteuils sous la Coupole sont vides, et – miracle ! – la majorité des présents se prononce en faveur de ces aménagements.

La réaction ne se fait pas attendre. Le duc d'Aumale, suivi par le « parti des Ducs », mène la contre-offensive. Il ne s'embarrasse pas de considérations linguistiques et brandit l'épouvantail phonétique. Chargeant sabre au clair la réforme comme autrefois la smala d'Abd el-Kader, il écrit dans *Le Figaro* : « *Son altès (le duc d'Aumale) vient de protesté par letr contr ce vot, estiman kune décision de cette importance noré pa du étr prise par un ossi petit nombr de mambr...* » Effet garanti.

La campagne de presse se déchaîne. Les bons bourgeois, dont pas un n'a étudié les propositions de Gréard, s'indignent de cet attentat perpétré contre la langue nationale. Le succès est tel que l'argument, en dépit de sa totale absurdité, deviendra l'arme favorite des conservateurs face à toute rectification, si modeste soit-elle. Au moindre trait d'union en plus ou en moins, on verra fleurir dans la presse des textes de ce genre. L'un d'entre eux fut même écrit par Verlaine !

Les réformistes, qui croyaient avoir gagné la partie, doivent faire face à la coalition de l'aristocratie réactionnaire, de la bourgeoisie conservatrice, de la presse en mal de scandale, des « hussards de la République », et cela sans recevoir le soutien du monde littéraire. C'en est trop. À l'automne, l'Académie annule son vote de l'été et déclare qu'elle se réserve de statuer sur ces mesures « comme elle le jugera convenable au fur et à mesure que l'occasion s'en présentera ». Enterrement sous la Coupole.

Pendant un siècle, l'Académie fera barrage à toute velléité réformatrice. Les académiciens ne sortiront la nouvelle édition du dictionnaire qu'en 1935, une redite des précédentes, pimentée de quelques retours en arrière. En fait de remaniement, elle supprime le *manî-ment* admis dans la précédente livraison pour s'en tenir à *maniement* et rétablit un certain nombre de graphies savantes qu'elle avait simplifiées. Elle commet même cette superbe bourde en introduisant *nénuphar* contre *nénufar*, en contradiction totale avec l'étymologie.

Le participe menacé

Les réformateurs abandonnent le recours académique et se retournent vers le politique. Au ministère de l'Instruction publique, les successeurs de Jules Ferry déplorent plus que jamais les excès du zèle orthographique. En 1900, le ministre Georges Leygues reprend l'idée de son prédécesseur et énonce de nouvelles tolérances envers ceux qui feraient des entorses aux « règles subtiles, parfois fausses, qui encombrent l'enseignement élémentaire et qui ne servent à rien ». Il enjoint donc de ne plus compter de fautes pour les erreurs portant sur de telles graphies. Suit un inventaire à la Prévert de difficultés orthographiques : le pluriel des nombres, *quatre cents hommes* mais *quatre cent vingt hommes*, le féminin de *demi, une demi-heure* mais *une heure et demie* ; le pluriel des noms propres et, surtout, « pour le participe passé construit avec l'auxiliaire avoir, on tolérera qu'il reste invariable dans tous les cas où l'on prescrit aujourd'hui de le faire accorder avec le complément ». Les élèves pouvaient donc écrire *les étoiles que j'ai vu* ou *que j'ai vues.*

Toucher à l'accord du participe passé ! Georges Leygues a franchi la ligne rouge. Les enseignants sont courroucés, les puristes, scandalisés, l'Académie s'indigne que « le gouvernement s'occupe de régenter la langue française ». Le ministre doit battre en retraite. L'année suivante, il prend un nouvel arrêté qui, tenant compte des remarques académiques, réduit considérablement la portée du précédent. La licence ne concerne plus que les participes passés suivis soit d'un infinitif, soit d'un participe présent. Les candidats pourront écrire indifféremment : *Les musiciens que j'ai entendus (entendu) jouer* ou *Les airs que j'ai entendu (entendus) jouer.* Qu'importe l'approbation académique ! Les enseignants, tout comme les correcteurs, tiennent toute rectification orthographique pour nulle et non avenue dans leur enseignement comme dans leurs corrections. Seul résultat tangible de cet épisode, il y a maintenant deux maîtres de l'orthographe : l'Académie et l'État.

Les réformateurs ne désarment pas, et c'est désormais le linguiste Ferdinand Brunot, auteur d'une monumentale histoire de la langue française, qui mène la charge contre notre orthographe : « Tout y est illogique, contradictoire, à peu près seule la mémoire visuelle s'y exerce. Elle oblitère la faculté de raisonnement, pour tout dire, elle abêtit. » La question commence à agiter la presse, à intéresser l'opinion. Un industriel fortuné, J. S. Barès, prend fait et cause pour le français simplifié et crée un journal gratuit intitulé, cela va de soi, *Le Réformiste*. Les instituteurs s'interrogent à leur tour. On verra même en 1906 le congrès de la Fédération internationale des instituteurs adopter une motion en faveur de la réforme orthographique !

Pour ou contre la réforme ?

Quand les pouvoirs publics ne savent comment traiter une question, ils créent des commissions. En 1903, le directeur de l'École des chartes, Paul Meyer, est donc chargé de rédiger un rapport sur la simplification de l'orthographe. Le travail sera, pour l'essentiel, accompli par Ferdinand Brunot. Mais la querelle dépasse le seul cadre du ministère. Les attaques se développent dans la presse. Une pétition hostile à la commission reçoit le soutien de centaines d'universitaires et d'hommes de lettres. On y retrouve les noms d'écrivains connus pour leurs opinions conservatrices, comme Jules Lemaître, Victorien Sardou, François Coppée ou Paul Déroulède, mais aussi Henri Bernstein ou André Gide, le chimiste Marcellin Berthelot, le radical Joseph Caillaux, l'homme de théâtre Antoine.

Les écrivains, qui ne se sont guère manifestés tout au long du siècle, rejoignent le camp des conservateurs dans ce débat qui n'est plus le leur. Les réformistes — Anatole France, Émile Zola ou Rémy de Gourmont… — sont désormais minoritaires. Pour le monde littéraire comme pour le reste de la société, l'orthographe va de soi. Toute réforme serait au minimum un dérangement inutile, au pire un stupide sacrilège. La presse suit le mouvement ou, plutôt, le refus de mouvement. Quant aux institutions et académies, Française ou autres, elles cèdent à leur nature conservatrice et défendent l'écriture dès lors qu'elle est reconnue en son état.

Le rapport de Ferdinand Brunot remis en 1904 allait bien au-delà des habituelles simplifications et proposait une véritable réforme d'inspiration phonétique. Elle se livrait à un grand massacre de consonnes et changeait la graphie de mots très usuels : *ni* (nid), *neu* (nœud), *doit* (doigt), *pois* (poids), *cors* (corps), *balon* (ballon), je *manje* (mange), *gèpe* (guêpe), il *gérit* (guérit), *démocracie* (démocratie), *parcial* (partial), *nacion* (nation), *accion* (action), *chaize* (chaise), *blouze* (blouse). Le monde littéraire fut horrifié par une telle valse des étiquettes.

L'Académie se déclara, faut-il s'en étonner ?, hostile à la plupart de ces mesures et chargea l'un de ses membres, Émile Faguet, de lui faire rapport. Passant de Brunot à Faguet, la réforme perdit en route l'essentiel de sa cargaison. Ainsi réduite au plus petit dénominateur commun de ces messieurs, le rapport Faguet fut adopté par les immortels en 1906. Inutile de préciser qu'il resta lettre morte. On n'en trouve à peu près aucune trace dans l'édition de 1935. Et le ministre de l'Instruction publique, Aristide Briand, s'empressa de l'enterrer.

La réforme à contre-courant

Sur le front de l'orthographe, l'armistice va durer un demi-siècle, le temps de deux guerres mondiales. Une halte de cinquante années, c'est assez pour tirer la leçon de cette interminable saga.

Le français est donc né à l'oral comme langue populaire et à l'écrit comme langue de scribe. Son destin est tracé : il lui faut évoluer pour que l'écriture savante devienne celle de tous. Mais, à mesure qu'elle s'affirmait comme la graphie d'un grand pays, notre orthographe se figeait inexorablement. L'histoire a mal synchronisé ces évolutions. La simplification aurait dû précéder la généralisation, or elle n'était pas terminée lorsque l'orthographe fut officialisée. Il fallait donc terminer le travail linguistique à contre-courant de l'évolution socioculturelle, changer un outil dans le temps même où tout le monde apprenait à s'en servir. Un exercice particulièrement difficile.

Depuis la Renaissance, le camp des réformateurs est aussi celui de la modernité, et le camp des adversaires, celui des conservateurs. En dépit de nombreuses exceptions, la défense de l'ordre orthographique va de pair avec celle de l'ordre établi, et réciproquement. Les hommes qui, sous la IIIe République, s'efforcent vainement de simplifier notre écriture sont clairement situés à gauche. Leurs motivations ne sont pas grammaticales ou littéraires, mais sociales. Ils font de l'instruction publique la clé de l'émancipation populaire, le berceau de la démocratie. Leur attitude participe d'une vision globale de la République sociale, égalitaire, laïque.

Nina Catach a recoupé les positions des académiciens et celles des gens de lettres sur la question orthographique et sur les grandes querelles politiques. Aux inévitables exceptions près, les opposants qui vont faire échouer toutes les tentatives prennent aussi position contre les lois laïques, contre les lois sociales, contre Dreyfus. La défense de l'ordre orthographique est assurée, pour l'essentiel, par les tenants de l'ordre moral.

Entre les deux, le monde enseignant, politiquement situé à gauche mais prisonnier du culte orthographique, rejoint les positions réactionnaires. Et le monde des lettres bascule du camp des novateurs dans celui des puristes. La France va devoir faire cohabiter écriture savante et langue populaire.

VIII

LE BAROUD DES INSTITS

À la fin du XIXe siècle, des réformateurs, en dépit de leurs efforts répétés, n'avaient pu déplacer le moindre accent circonflexe. Au début de la IVe République, d'autres novateurs reprennent le flambeau – aussi isolés dans la classe dirigeante que leurs prédécesseurs, toujours aussi ignorés de l'opinion – et s'opposent au monde médiatico-littéraire qui soulève un tollé à la moindre proposition. Ces réactions courroucées parviennent à tuer dans l'œuf les tentatives bien timides des années 1950. La France s'accroche à son immobilisme linguistique, indifférente aux experts de la francophonie, réunis en 1953 sous l'égide de l'Unesco, qui réclament une simplification de notre orthographe.

De rapports en reports

Un homme sera le héros malheureux de cette première campagne, c'est Aristide Beslais. À l'image de son devancier Ferdinand Buisson, cet agrégé de grammaire est d'abord un grand républicain. Il s'investit dans des œuvres humanitaires et devient président des Pupilles de la Nation ou de la Jeunesse en plein air. En 1950, il est nommé directeur général de l'Enseignement primaire et plaide pour une modernisation orthographique. À son initiative, une commission se lance dans l'entreprise. En l'espace de dix-huit mois, elle met sur pied une réforme assez ambitieuse dont la seule présentation soulève des vagues de protestations. L'Académie française, qui supporte mal de se voir dessaisie, fait savoir qu'elle est hostile à ces propositions. Il en va de même pour la presse, qui hésite entre la plus extrême réserve et la plus ferme condamnation. Parmi les écrivains, des célébrités comme Paul Claudel ou Colette condamnent ; la majorité reste silencieuse. Personne n'approuve. En définitive, l'accueil est plus que glacial, et la réforme, mise sous le boisseau.

Pourtant, Beslais repart à la bataille en 1960, mandaté par le ministre de l'Éducation nationale, Lucien Paye. Entre-temps, la réforme a reçu des soutiens de poids : celui de l'Académie des sciences, qui, déplorant que « la complication de notre orthographe freine l'expansion du français à l'étranger », émet le vœu « qu'une telle réforme soit réalisée par les autorités compétentes » ; et celui, plus discret mais décisif, du général de Gaulle. Car, c'est peu connu, le chef de l'État, maître incontesté de la langue française, souhaitait la rectification de son orthographe. La nouvelle commission Beslais choisit de prendre son temps et travaille de 1960 à 1965. Elle ne se contente pas de discussions entre spécialistes, elle mène des enquêtes sur le terrain, dans les écoles, car elle entend « faire quelque chose de pratique ». Son rapport, plus prudent que le précédent, mais long de 140 pages tout de même, reprend les anomalies désormais bien repérées : mots composés, lettres grecques, doubles consonnes, accents, traits d'union, terminaisons, etc. Il retient au total vingt-deux propositions sous différentes rubriques, des mots composés aux pluriels en *x* ; il envisage de modifier la graphie de 8 840 mots.

La réforme est d'importance, elle soulève la bronca que l'on imagine. La presse s'indigne. *Le Figaro* est rejoint par l'organe communiste *Les Lettres françaises*, dirigé par Aragon, dans lequel Théophraste proteste : « Quel intérêt y aurait-il à simplifier l'orthographe sous prétexte que de jeunes crétins sont rebelles à cet enseignement ? » La Société des gens de lettres se prononce contre. Des éditorialistes dénoncent « un gang aux agissements duquel il importe de mettre fin », tandis qu'un député parle « des théories subversives des partisans de l'orthographe phonétique ou de l'orthographe libre ». Beslais, sans doute imprudent dans son ardeur réformatrice, se heurte surtout à un immobiliste résolu : le Premier ministre Georges Pompidou. Le nouveau ministre de l'Éducation nationale, Christian Fouchet, ne donne aucune suite au rapport. Encore un coup d'épée dans l'eau.

C'est alors un enseignant, René Thimonnier, qui se lance dans l'aventure. Il s'est longuement interrogé sur les difficultés pédagogiques liées à notre orthographe, et propose une nouvelle approche débouchant sur un simple « émondage ». Pour le ministre de l'Éducation nationale, qui garde sous le coude le rapport Beslais, cette nouvelle méthode présente le double avantage de réduire les ambitions de la réforme et d'en retarder la discussion. Il commande donc à Thimonnier une étude sur « Les principes d'une réforme rationnelle de l'ortho-graphe ». Celui-ci, instruit par les déboires d'Aristide Beslais, veut s'entourer de toutes les garanties. Il limite ses rectifications à 228 mots et entend les faire caution-ner par toutes les autorités en un interminable passage de relais. Il soumet son projet à la commission du Conseil international de la langue française, qui ne met que trois années pour rendre un avis favorable transmis au nouveau ministre… qui transmet à l'Académie fran-çaise. Miracle ! En 1975, la Compagnie retient du rap-port Thimonnier une petite liste de rectifications… transmise en 1976 au ministre… pour transmission aux enseignants – laquelle n'aura jamais lieu.

Toutefois, l'Académie se risque à intégrer certaines de ces rectifications dans l'édition du dictionnaire de 1986. Un an plus tard, les académiciens, qui inclinent à confondre le temps de la mode et celui de l'écriture, considèrent qu'ils n'ont pas été suivis par l'usage et renoncent à ces simplifications.

En 1974, René Haby arrive rue de Grenelle. Il a grimpé tous les échelons de la méritocratie enseignante. Successivement instituteur, professeur de lycée, provi-seur, professeur de l'Université, haut fonctionnaire au ministère, recteur et enfin ministre, il connaît parfaite-ment les inconvénients du culte orthographique dans notre système éducatif. Plutôt que de miser sur une impossible réforme, il revient à l'idée de Georges Leygues : la tolérance. Il prend donc en 1976 un arrêté prescrivant que « dans les examens ou concours dépendant du ministère de l'Éducation nationale et sanctionnant les étapes de la scolarité élémentaire et de la scolarité secondaire, qu'il s'agisse ou non d'épreuves spéciales d'orthographe, il ne sera pas compté de fautes aux candidats dans les cas visés ci-dessous ». Suit une liste assez proche de celle établie trois quarts de siècle plus tôt, dans laquelle figurent toujours en bonne place nos encombrantes consonnes, nos envahissants circonflexes, nos intempestifs traits d'union, etc. Autant de bizarreries qui restent de règle, mais qui cessent d'être sanctionnées lors des examens. Est-il nécessaire de préciser que le corps enseignant ne tient aucun compte de ce texte ? Tout candidat éliminé sur de telles fautes d'orthographe aurait pu former un recours devant les tribunaux administratifs et aurait sans doute obtenu réparation, mais les élèves pouvaient difficilement s'appuyer sur un texte que les professeurs avaient décidé d'ignorer.

La France a rejoué entre 1955 et 1985 le même scénario qu'entre 1880 et 1905. La Sainte-Alliance orthographique a repoussé tous les assauts. La place est imprenable, la partie, perdue d'avance.

De nouvelles croisades se préparent pourtant en cette fin des années 1980 : la première rassemble les instituteurs ; la seconde, les linguistes, le Premier ministre et l'Académie. Voici le temps venu des grandes campagnes. Elles commencent par la charge des instituteurs.

Les hussards de la République changent de camp

Pendant un siècle, de 1850 à 1950, les instituteurs ont constitué les gros bataillons de la contre-réforme.

S'étant voués corps et âme à leur mission orthographique, ils ne pouvaient admettre que l'on touchât à cette écriture difficile qui était la fierté de leur métier. Ils avaient dû s'infliger un long apprentissage, puis faire de la dictée le cœur de leur enseignement, mais, grâce à leur sacerdoce, les petits Français écrivaient sans trop de fautes. L'apprentissage de l'écriture était une mécanique bien rodée à laquelle ils n'entendaient rien changer. Ce conservatisme centenaire est bousculé dans les années 1980.

L'instruction publique née de la IIIᵉ République n'était populaire que dans les principes. Dans les faits, un dixième seulement des enfants entreprenaient des études secondaires. Pour cette minorité, il était indispensable de maîtriser l'écriture. Avec la réforme Haby, en 1976, tous les écoliers sont des collégiens en puissance et doivent connaître l'orthographe lorsqu'ils entrent en sixième. Comment faire ? D'autant que les programmes ne cessent de s'enrichir – ou de s'alourdir, comme on voudra. Les instituteurs, qui ont chaudement soutenu la réforme, sont pris au piège. Ils doivent se rendre à l'évidence : notre orthographe peut convenir à un enseignement élitiste, elle n'est pas adaptée à un enseignement réellement populaire et crée un handicap pour les enfants du peuple. Le malaise grandit tout au long des années 1980, le Syndicat national des instituteurs, le SNI-PEGC, ne peut l'ignorer.

En février 1988, le SNI-PEGC publie dans son bulletin hebdomadaire, *L'École libératrice,* le dossier très solidement charpenté d'un instituteur, Jacques Leconte, sur

190

les difficultés orthographiques et les rectifications possibles. La conclusion coule de source : « Offrons à nos
enfants une orthographe plus claire, plus cohérente, plus
facile à apprendre et à retenir. » La lecture de *L'École
libératrice* n'étant pas le passe-temps favori des journalistes, le dossier, en dépit de sa force d'argumentation,
de la multiplicité des exemples présentés, ne provoque
pas la moindre réaction dans la presse et reste ignoré du
public. Mais le syndicat ajoute un questionnaire, une
sorte de sondage auprès de ses lecteurs.

Les résultats, publiés dans le numéro de novembre,
font l'effet d'une bombe : 90 % des réponses sont favorables à une simplification de l'orthographe. Et toutes
les rectifications proposées sont plébiscitées, même et y
compris la généralisation des pluriels en *s*. Sacrilège ! Les
instits abjurent la fameuse litanie du culte orthographique : « Hiboux, choux, genoux, cailloux, bijoux,
joujoux… »

À noter tout de même l'avis d'Henri Smedts qui vient
en conclusion du sondage. Ce professeur de mathématiques a la particularité d'avoir triomphé, en 1987, aux
championnats d'orthographe de la francophonie en catégorie « professionnelle ». Il fut même le seul à réussir une
dictée « sans fautes ». Ce slalomeur des consonnes, ce virtuose des traits d'union, ce jongleur des accents, ne porte
pas un regard apitoyé sur les doléances des concurrents
moins doués que lui. Il « reconnaît que la langue française
doit évoluer » et juge très sagement : « Faut-il simplifier
notre orthographe ? – Oui, mais pas la défigurer. » Quant
à Jacques Leconte, l'auteur de l'étude, il conclut sur le
mode mineur : « Il semble en effet qu'une amélioration

progressive de notre orthographe étalée sur dix ans serait une bonne solution. » Le syndicat des instituteurs reste sur sa ligne réformiste, pas révolutionnaire. Il semble ignorer qu'en matière d'orthographe il n'est pas de réforme qui ne soit révolutionnaire.

Le dossier n'avait intéressé aucun journaliste ; le sondage, lui, est repris par l'AFP et arrive dans les rédactions. Le lendemain, la presse s'enflamme. Réductrice, forcément réductrice, elle annonce : « 90 % des instituteurs veulent réformer l'orthographe. » Fidèle à sa tradition, *Le Figaro* lance l'assaut sur une pleine page. Le dessin humoristique représente Bernard Pivot annonçant dans une bulle : « Les eczéco seron départajé par une épreuve de so en oteur. » La recette a toujours autant de succès, et plusieurs journaux vont faire des titres phonétiques : « La raiforme », écrit l'un ; « Ouvré vos caïé », écrit l'autre. Plus sérieusement, l'article du *Figaro* attaque dès la première ligne : « Les instituteurs déclarent la guerre à l'orthographe. » Suit une étude bien informée sur le sondage et l'article de *L'École libératrice*. Mais l'essentiel se trouve dans les réactions qui occupent la moitié de la page. Pour Philippe de Villiers, la patrie est en danger : « Un peuple qui perd son orthographe perd sa mémoire et son intelligence ! » Sans donner dans ces outrances, Jacqueline de Romilly y est opposée : « A priori, je ne suis pas favorable à une simplification », tout comme Félicien Marceau : « Il me paraît plus facile d'apprendre l'orthographe que de la réformer » ; Jean-Louis Curtis : « Je suis contre la simplification de l'orthographe », ou Pierre Daninos : « Je n'en suis pas partisan ». Voilà qui est clair : l'hostilité des gens de lettres est assurée. À noter toutefois que la plupart des opinions négatives s'accompagnent de remarques sur les bizarreries et complications de notre langue. C'est en quelque sorte un « Non, bien que... »

Ces réactions, somme toute assez prévisibles, ne font que reproduire celles qui ont accueilli depuis un siècle toutes les tentatives réformistes. Elles confirment le conservatisme des gens de lettres. Mais cette initiative, à la différence des précédentes, ne vient pas du sommet, elle monte de la base. Elle n'est pas proposée par **des** recteurs, des directeurs, des ministres, des grammairiens ou des technocrates, mais par les instituteurs. Cela devrait tout changer.

Les instits au pilori

Dans notre société, les corporations sont inattaquables. Seuls les patrons, les hommes politiques ou les journalistes peuvent être vilipendés. S'agissant des professions qui assurent un service public essentiel et dont les agents sont de condition modeste – les infirmières, les cheminots, les pompiers, les facteurs, etc. – la moindre remarque désobligeante provoque des réactions indignées de la corporation et la réprobation unanime de l'opinion. Plus les Français critiquent leur administration et plus ils aiment leurs fonctionnaires. Ce en quoi, d'ailleurs, ils n'ont pas tort. Car l'État fait en général le plus mauvais usage de ses agents et réussit à nous imposer une mauvaise administration avec d'excellents fonctionnaires.

Fortes de cette neutralité bienveillante, les corporations ne revendiquent jamais qu'au nom de l'intérêt général, plus respectable que les intérêts particuliers. Tout syndicat se doit de justifier les augmentations de salaire, la défense des retraites, la réduction du temps de travail, les promotions et les gratifications par le souci d'améliorer la qualité du service public. Les Français ne sont pas dupes, mais ils font semblant de croire que la sécurité des voyageurs serait mise en cause si les cheminots du fret faisaient quelques heures supplémentaires ou si des commandants de bord sexagénaires pilotaient nos avions.

Au tableau d'honneur des corporations, les instituteurs figurent en très bonne place. Juste derrière les infirmières et les pompiers. Les rectifications que proposent les instituteurs peuvent donc être contestées, mais eux-mêmes ne sauraient l'être. L'interdit est d'autant plus fort qu'en la circonstance le souci de l'intérêt général n'est pas une clause de style. Les instituteurs n'ont strictement rien à gagner dans cette affaire. Comme tous les Français, ils seront gênés par les modifications qu'ils demandent. Ils ne bénéficieront pas d'une moindre difficulté dans les épreuves de recrutement qu'ils ont déjà subies. Et cela ne diminuera en rien leur charge de travail. S'ils consacrent moins de temps à l'orthographe, ils devront enseigner d'autres matières à la place. Non, vraiment, ils ne peuvent être suspectés d'arrière-pensées. Cette proposition est présentée dans le seul intérêt des enfants. Intérêt mal compris, diront certains, mais l'intention ne saurait être taxée d'égoïsme corporatiste. Elle impose le respect.

Pour critiques qu'elles soient, les réactions que nous avons rapportées ne dérogent pas à ce code de bonne conduite. Ce n'est pas offenser une corporation que de ne pas approuver les réformes qu'elle propose. Mais il y en eut d'autres qui, sur cet arrière-plan sociologique, sont inconcevables. C'est Jean Dutourd plastronnant : « Si les instituteurs veulent réformer l'orthographe, c'est parce qu'ils ne la connaissent pas » ; Maurice Druon tonnant : « Alors de deux choses l'une, ou peut-être les deux à la fois : ils ne savent pas eux-mêmes l'orthographe ou ils ne savent pas l'enseigner. Ce n'est donc pas l'orthographe qu'il faut réformer, mais la formation des instituteurs » ; Pierre Perret ricanant : « C'est que les instituteurs tirent au flanc et en font le moins possible [1] » ; Philippe de Saint Robert fustigeant : « Un syndicat minoritaire d'instituteurs qui ne parviennent apparemment plus à enseigner ce qu'ils ne savent pas eux-mêmes. » Le président des jeunes giscardiens traite le patron du SNI de « Pol Pot voulant une réforme à la Ceausescu ». Rien que ça !

Ce dénigrement se retrouve dans l'abondant courrier reçu par *Le Figaro*. Que les lecteurs soient en majorité opposés, on pouvait s'y attendre, mais, souligne le journaliste qui présente cet échantillon, « toutes les lettres témoignent du même étonnement, pour ne pas parler d'indignation et de colère ». De si vives réactions dépassent la seule querelle grammaticale ou lexicale et visent directement les instituteurs. Les voilà accusés de

---

1. Par la suite, Pierre Perret, mieux informé sans doute, soutiendra la réforme de 1990 et lui consacrera même une chanson.

vouloir « réduire la langue à un "sabir" utilitaire », de céder à « l'idéologie égalitaire [au] laxisme et [à la] médiocrité ». De manière plus explicite, un lecteur dénonce « un aveu d'incompétence et une démission », tandis qu'un autre invoque les mânes de Jules Ferry pour condamner une simplification de l'orthographe... que le père de l'école publique appelait de ses vœux.

Les professeurs, qui ne sont pas directement confrontés à ces difficultés d'apprentissage, nourrissent traditionnellement une légère condescendance vis-à-vis des sous-officiers du primaire : ils en restent donc au conservatisme traditionnel du corps enseignant. Ils ne peuvent non plus emboucher la trompette de monsieur Dutourd – solidarité enseignante oblige. Qu'à cela ne tienne, Guy Bayet, président de la Société des agrégés et défenseur en titre de l'ordre pédagogique, se charge de remettre à sa place la piétaille enseignante. Il balaie d'un revers de main les raisons sociales évoquées par le SNI : « Quant à affirmer que l'orthographe [...] met en difficulté les élèves issus des classes culturelles défavorisées, ce n'est qu'absurdité et pure démagogie. » Mais quel objectif poursuivent donc nos instituteurs ? « Ce n'est qu'un prétexte. En fait, on cherche à simplifier la tâche des élèves ! » Enseignants et parents comprennent qu'il convient de remplacer « élèves » par « instituteurs ». C'est à nouveau l'accusation d'incompétence et de fainéantise. Je n'ai aucun souvenir de telles attaques lancées contre une autre corporation, et je ne peux en imaginer aucune autre.

J'étais à l'époque fort éloigné de ces questions, mais je m'intéressais depuis une dizaine d'années au phénomène corporatiste. M'étant efforcé d'établir un simple état des lieux dans *Toujours Plus !*, je fus accusé de dresser les Français les uns contre les autres, d'être un ennemi du peuple, pour tout dire. Je n'ai pourtant jamais mis en cause la conscience professionnelle ou la compétence des personnels, je me suis contenté de décrire les conditions professionnelles qui étaient les leurs. J'étais donc particulièrement sensible à la force du tabou qui protège les corporations. Je me souviens encore de ma stupéfaction en découvrant la violence de ces attaques. C'est par ce biais que, de proche en proche, j'en vins à m'intéresser de près à la réforme de l'orthographe.

Comment pouvait-on violer ainsi ce principe médiatique tacite qui autorise les attaques contre les personnes mais jamais contre les collectivités ? J'imaginais les réactions indignées, courroucées, qui, de toutes parts, viendraient réconforter nos instituteurs. Je n'en ai vu aucune. Pour l'orthographe seule, il était possible de briser tous les tabous, de s'affranchir de tout savoir-vivre social. Je découvrais qu'assurément il ne s'agissait pas d'un sujet comme les autres, que nos accents et nos participes devaient avoir une dimension sacrée puisque toute modification était perçue comme un blasphème justifiant les plus extrêmes rétorsions.

Le ministère de l'Éducation nationale fit savoir qu'il n'était pas question d'appliquer cette réforme. Et Jean Dutourd eut une fois de plus le mot de la fin en rappelant aux instituteurs qu'ils ne doivent « qu'obéir aux ordres » et « qu'en matière de langage il n'y a que deux catégories de gens qui ont le droit d'exprimer leur avis, les écrivains et le peuple ». Il avait oublié de nouveaux intervenants : les scientifiques. Il n'était pas le seul.

Les linguistes oubliés

Ce regain d'intérêt pour l'orthographe poussa le magazine *Lire* à organiser un sondage national, confié à IPSOS, afin de connaître l'état de l'opinion. Les résultats furent présentés et commentés dans le numéro de mars 1989. Que révélaient-ils ? Premier point, les Français éprouvent un attachement viscéral à leur orthographe : 86 % estiment qu'elle fait partie de notre culture et de notre patrimoine. Ils sont pourtant 70 % à la considérer comme difficile. Les deux sentiments sont liés, comme l'explique Claude Hagège : « Les Français, en particulier les moins favorisés, investissent assez de peine, assez de temps, assez d'argent dans l'apprentissage de l'orthographe, d'une génération sur l'autre, pour se considérer, en quelque manière, comme possesseurs inaliénables de leur propre écriture. Il s'agit pour eux d'une propriété aussi précieuse, aussi jalousement surveillée que les biens les plus chèrement acquis [1]. » De fait, la réforme de l'orthographe ne recueille que 44 % d'opinions favorables, contre 50 % de défavorables. Une hostilité confirmée quand on pose des questions plus précises sur les pluriels en *x*, les redoublements de consonnes ou les accents circonflexes. Le pourcentage

---

1. Claude Hagège, *Le Français et les siècles*, Paris, Odile Jacob, 1987.

des opposants passe alors la moitié et peut monter jusqu'aux deux tiers.

En plus du sondage anonyme, *Lire* a recueilli l'avis d'une quinzaine de personnalités, allant d'André Fontaine à Françoise Giroud, de Hubert Reeves à Jorge Semprun. Au total, trois se déclarent « très hostiles », trois, « assez hostiles », trois, « très favorables », et six, « assez favorables ». Sans compter le Premier ministre, Michel Rocard, et le ministre de la Francophonie, Alain Decaux, qui sont « assez favorables ». Les réformistes constituent donc une majorité, mais avec une nette domination des « modérés ». Retenons donc que les « inconditionnels » de la réforme sont très minoritaires et que la majorité jugera sur pièces, toujours prête à changer son « Oui, mais… » en un « Non, car… ».

Ce tableau de l'opinion était, somme toute, assez prévisible. La vraie surprise vient d'une question, non d'une réponse. *Lire* et IPSOS demandent : « À qui faudrait-il, selon vous, confier la réforme de l'orthographe ? » Curiosité bien naturelle. Pour la satisfaire, ils proposent une liste fermée. Les sondés doivent choisir entre : le ministère de la Culture, *Le Petit Larousse* et *Le Petit Robert*, les écrivains, le ministère de l'Éducation nationale et l'Académie française. Or de nouveaux intervenants ont fait leur apparition dans le champ orthographique : les linguistes. Trop enfermés dans leur savoir, trop ignorés de la presse, ils ont été purement et simplement oubliés. Faut-il le regretter ? Si les auteurs du sondage les avaient ajoutés à la liste fermée, leur score eût sans doute été marginal. Les Français ne connaissant pas les « chercheurs de la langue », ils ne leur reconnaissent aucune autorité. Ce sont eux pourtant qui mettent en route la première véritable tentative de réforme depuis la Révolution. Leur absence de légitimité reconnue et de visibilité médiatique pèsera lourd dans le devenir de la guerre picrocholine en préparation.

IX

L'ULTIME BATAILLE

Nous arrivons à l'un de ces instants uniques où l'opinion, telle du moins qu'elle se fait entendre à travers le filtre médiatique, parle d'une seule voix. Non, je ne pense pas à la victoire de la France lors de la Coupe du monde de football en 1998. Je reste dans ce roman de l'orthographe que nous suivons depuis quatre siècles. C'est lui qui va nous faire découvrir cet improbable accord des extrêmes, de la droite à la gauche, rejoignant dans une même réprobation les lourds bataillons de l'ordre établi. Voici comment notre classe dirigeante, faute de s'unir sur le bien commun, sait encore se rassembler dans des indignations de circonstances.

Le français des linguistes

Au XIXe siècle, le champ de l'orthographe, que délaissent les écrivains, est investi par des lexicographes, des grammairiens, des philologues, des pédagogues, des universitaires, gens de vaste culture, de fortes convictions, qui poursuivent des démarches individuelles et érudites. Pour Ferdinand Buisson, la question de l'orthographe répond à des soucis pédagogiques ; pour Ferdinand Brunot, elle découle de ses travaux historiques ; la langue en tant que telle ne constitue pas un sujet de recherche. Tout change dans les années 1950 et 1960 avec l'épanouissement de la linguistique. C'est à ce moment-là que le *Cours de linguistique générale* de Ferdinand de Saussure, publié à titre posthume, commence à être véritablement analysé, et que l'on prend en considération la théorie cohérente du langage dégagée par l'éminent linguiste qui décrit une langue comme un système.

Désormais, le français se trouve au centre d'une véritable discipline scientifique. Il n'est plus au service de la littérature, voire de la pédagogie, soumis aux a priori esthétiques, voire moraux, il prend place dans l'étude générale des langues humaines. À l'opposé du puriste qui s'attache à ce que le français devrait être, le linguiste, lui, s'efforce de le comprendre tel qu'il est.

Cet effort de recherche, qui se développe dans des laboratoires et des centres de recherche, culmine avec le projet d'un superdictionnaire : le *Trésor de la langue française*, le TLF, que le CNRS lance à la fin des années 1950. Tout le savoir accumulé sur notre langue, le sens de chaque mot, son histoire, son étymologie – son usage – se trouve rassemblé en un seul ouvrage. Dès 1961, un ordinateur Gamma 60, l'un des plus puissants de l'époque, est affecté à cette tâche qui mobilise une centaine de chercheurs. Le premier tome paraît en 1971, le seizième, en 1994. Le *TLF*, que l'on consulte aujourd'hui sur Internet, regroupe 100 000 mots sur 23 000 pages ; il compte 270 000 définitions, 430 000 exemples, 350 millions de caractères !

Ce projet colossal symbolise mieux qu'une longue énumération cette prise en charge de notre langue par la science. Une linguiste, Nina Catach, décide de centrer sa recherche sur l'écriture du français. Elle crée au sein du CNRS un groupe d'études sur l'histoire et la structure de l'orthographe, qui devient le laboratoire de référence. Elle publie avec son équipe un *Dictionnaire historique de l'orthographe française* qui, pour chaque mot, donne les variations graphiques au cours des siècles. Personnalité charismatique à la compétence indiscutée, elle se trouve au centre de toutes les réflexions, de toutes les initiatives qui conduiront à la « réforme » de 1990. Dans les années 1980, la science a donc accumulé un savoir sans précédent, un savoir partagé par une communauté de chercheurs qui, dépassant les seules considérations théoriques, s'interroge sur nos pratiques sociolinguistiques. Tous ces linguistes arrivent à la même conclusion, à la même évidence : il faut simplifier notre orthographe.

Les chercheurs éprouvent la nécessité de se regrouper autour de cette question spécifique. Encouragés par l'initiative des instituteurs, ils finissent par sauter le pas et créent l'Association pour l'information et la recherche sur l'orthographe et les systèmes d'écriture, ce qui donne l'imprononçable sigle AIROE, sous la présidence de Nina Catach.

Le 7 février 1989 paraît dans *Le Monde* « Le Manifeste des Dix », une tribune titrée « Moderniser l'écriture du français ». Les auteurs, constatant le décalage entre une langue parlée qui évolue et une langue écrite qui reste figée, affirment la nécessité de moderniser notre écriture tant pour en faciliter l'enseignement que pour assurer son expansion dans le monde. « Seule une langue qui vit et se développe, une langue parlée et écrite aisément par tous, peut se défendre et s'épanouir. Il faut donc moderniser la graphie du français. » Ils prennent soin de n'évoquer qu'un « aménagement » et préconisent la constitution d'un comité de sages qui devrait faire des recommandations en ce sens. Le texte est signé par les plus grands linguistes français : Nina Catach, Bernard Cerquiglini, Pierre Encrevé, Claude Hagège, Michel Masson, Bernard Quémada, Jean-Claude Milner, Maurice Gross, Jean-Claude Chevalier, etc. Notez parmi les signataires la présence de Claude Hagège. L'illustre linguiste, qui a mis toute sa flamme et toute son autorité au service du français, sait ce qu'ignorent les dévots : on ne défend pas une langue en la momifiant, mais en la faisant vivre.

Ainsi les linguistes rejoignent-ils les instituteurs dans une même volonté novatrice, pour ne pas dire réformatrice. Le texte ne rencontre qu'un écho limité en dehors des milieux scientifiques. Il faut maintenant traduire en actes ces fermes intentions.

Le cauchemar phonétique

La leçon de l'histoire est claire : il n'est rien de plus facile que de concevoir une réforme, et rien de plus difficile que de la faire appliquer. Ce qu'Alain Rey et Claude Hagège résument en une formule désabusée : « La réforme de l'orthographe française est tout à la fois techniquement indispensable et socialement impensable. » Les croisés de 1989 en sont parfaitement conscients, ils vont s'efforcer de penser l'« impensable ». Pour cela, il leur faut construire à partir de l'aval, en s'appuyant sur la sociologie, disons sur la sociolinguistique et non sur la linguistique lexicale ou grammaticale. Or la connaissance n'a pas moins progressé dans un domaine que dans l'autre. Parallèlement au travail sur la langue française qui a abouti au *TLF*, la recherche s'est appliquée à comprendre les pratiques langagières des Français. C'est ce français vécu et non pas désincarné, observé sur le terrain et pas seulement étudié dans les bibliothèques, qui seul peut définir les voies à suivre. Une conclusion s'impose : plus légères seront les rectifications, plus elles auront de chances d'être acceptées.

Aux difficultés générales que peut rencontrer toute réforme de l'orthographe s'en ajoutent d'autres, propres à notre pays. Elles ne tiennent pas seulement au statut souverain, quasi religieux, de la langue dans la nation française. Elles découlent aussi des caractères spécifiques du français, de cette extrême complexité qui rend la réforme à la fois nécessaire et impossible. La contradiction n'est qu'apparente. Dès la Renaissance, nous l'avons vu, les premiers grammairiens ont dénoncé les absurdités, incohérences et anomalies de notre orthographe. La conclusion se retrouve au fil des siècles : on ne saurait étudier le français sans rêver d'y mettre un peu d'ordre. Mais, en France, la réforme n'est pas seulement dérangeante, elle fait peur. Les Français qui ont hérité d'un monument historique étrange, craignent qu'à trop vouloir le rénover il ne finisse par leur tomber sur la tête.

Quand le dessinateur Konk écrit, à la une du *Figaro*, « *so en oteur* », le lecteur rit jaune, car il devine dans l'instant la logique de cette graphie : « On écrit comme on prononce. » Il pourrait poursuivre l'exercice et réécrire son journal en langage phonétique. Voilà ce qu'ils percevaient face à la bulle de Konk. Le jeu de lettres était une menace.

Notons que l'on pourrait procéder de même avec notre grammaire, dont les notations sont, à l'évidence, redondantes. Il n'est pas indispensable de marquer le pluriel sur l'article, le nom, le pronom, l'adjectif et le verbe. Que j'écrive « *ces roses rouges sont superbes* » ou « *cé roses rouge sont superbe* », le lecteur comprend parfaitement ce que je veux dire. Ces marques grammaticales, généralement muettes, disparaissent à l'oral sans gêner en rien la compréhension. En toute logique utilitaire, il serait donc possible d'économiser des lettres dans les mots et des accords dans la grammaire. Ainsi notre écriture compliquée se double-t-elle d'une écriture virtuelle simplifiée... mortifère pour le français.

Toute volonté de mettre plus d'ordre et de logique pourrait nous entraîner dans une fuite en avant au terme de laquelle les Français devraient réapprendre à écrire une langue qui aurait perdu sa difficulté, mais aussi ses subtilités, sa beauté, son charme. Il devient alors naturel de préférer notre désordre orthographique à cette logique dévastatrice.

Tel est le paradoxe. Une réforme ne doit pas combattre l'illogisme, mais seulement en corriger certaines manifestations. Elle ne se fait pas au nom de raisons grammaticales ou autres, elle ne répond pas à des exigences intrinsèques, elle est justifiée par des commodités d'utilisation, et par elles seules. Revenons un instant au dessin de Konk. Au nom d'une logique phonétique, on devrait effectivement remplacer *hauteur* par *oteur*. Mais tout Français, si mauvais en orthographe soit-il, connaît la graphie *hauteur*. Dans la même démarche, on remplacerait la graphie alambiquée *oiseau* par *wazo*. Mais existe-t-il un seul Français que dérange cet *oiseau*-là ? Probablement pas. La même absurdité logique nous ferait passer de *l'eau gazeuse* à *l'o gazeuse*, ou de *il est sage* à *il é sage*, etc. De telles rectifications, justifiées dans une logique phonétique, créeraient une énorme perturbation sans réduire le moins du monde les difficultés pour les scripteurs incertains qui ne butent pas sur les mots les plus courants. Elles n'auraient donc aucun sens.

Les rectifications souhaitées ne visent pas à rendre le français logique, mais d'usage et surtout d'apprentissage plus faciles, c'est pourquoi les linguistes ne partent pas de l'orthographe, mais des fautes. Pour le sociologue Philippe Cibois, qui prépara cette réforme au sein de l'AIROE, « le système orthographique a des dysfonctionnements dont les conséquences sont des fautes d'orthographe chez des gens qui ont bien appris le système [1] ». La faute récurrente signale « les endroits du système orthographique qui fonctionnent mal et nous indique donc des priorités de réforme ». Ces fautes significatives ne sont ni les incongruités calamiteuses qui

---

1. Jacques Leconte et Philippe Cibois, *Que vive l'orthographe !*, Paris, Le Seuil, 1989.

traduisent une méconnaissance totale de la langue, ni les pièges délicieux dans lesquels tombent les candidats aux « Dicos d'or ». Ce sont les bévues de scripteurs qui connaissent l'orthographe et qui ne devraient pas en faire. Mais comment choisir celles qui devraient donner matière à rectifications ?

Les responsables de la réforme au sein de l'AIROE ont utilisé comme terrain de chasse des textes d'un bon niveau orthographique, tels des manuscrits envoyés à des revues scientifiques. Leurs auteurs ont fait des études supérieures, ont soigné la rédaction de leurs articles, connaissent le sujet qu'ils traitent comme le vocabulaire qu'ils utilisent. « On ne peut les accuser d'incompétence ou d'inattention : s'ils se trompent, c'est qu'ils ont été piégés par le système [1]. »

Les fautes les plus fréquentes correspondent aux rectifications les plus utiles. Le compte est vite fait. « Les trois quarts sont des fautes d'accent ou concernent les redoublements. » Suivent les pièges traditionnels : traits d'union, pluriel des mots composés, etc. Le résultat est à peu près le même sur les copies d'examens. Les chantiers à ouvrir sont connus, mais les corrections ne sont pas toujours évidentes. Pour uniformiser une graphie, il faut choisir celle qui sera retenue. Vaut-il mieux préférer pour les verbes en -*eler* ou -*eter* les formes -*elle* et -*ette*, ou -*èle* et -*ète* ? Et, surtout, est-il assuré que la modification envisagée aurait plus d'avantages que d'inconvénients ? Au cas par cas, les experts doivent distinguer les corrections souhaitables et les abstentions préférables. Selon

---

1. *Ibid.*

quels critères ? Le rapport coût/bénéfice, bien connu des économistes.

Le coût s'apprécie à la lecture, et le bénéfice, à l'écriture. Qu'il fasse ou non des fautes, le lecteur reconnaît la graphie qui lui est familière et bute sur celle qui lui est inhabituelle. Il serait déboussolé par une écriture phonétique sur le mode SMS, mais il est également désorienté par des modifications plus discrètes. Découvrant qu'un mot a perdu une consonne, il ne sait plus s'il l'a mal mémorisé, s'il est en présence d'une coquille ou s'il s'agit d'une nouvelle graphie. La répétition de telles incertitudes empoisonne la lecture. Le désagrément ne dure qu'un temps et l'on s'accoutume à la nouvelle écriture comme on s'était accoutumé à l'ancienne. Il n'empêche que le changement est désagréable et que la gêne est particulièrement grande pour celui qui possède une bonne mémoire photographique et relève au passage toutes les anomalies.

Les « bons élèves » payent pour les « mauvais ». Il existe donc un seuil de tolérance au-delà duquel le lecteur refuse le changement. Ce seuil est assez bas, c'est pourquoi il ne peut être question de faire toutes les modifications d'un coup. L'orthographe est allergique à la révolution. « On ne peut faire de réforme qu'a minima », estimait Nina Catach.

Face à ce coût, le bénéfice viendra d'une moindre difficulté d'écriture. Si la rectification est judicieuse, elle réduira les incertitudes et les fautes. Encore faut-il parler au futur, car, en un premier temps, le scripteur incertain risque de se perdre entre l'ancienne et la nouvelle écriture. En fait, la simplification facilite surtout l'apprentissage de l'écriture. Les véritables bénéficiaires sont donc les enfants et les étrangers, qui n'ont pas droit à la parole. Ce n'est pas le fait du hasard si les pionniers des simplifications ont toujours été des hommes passionnés par l'enseignement primaire. Les enfants des milieux populaires sont les premiers destinataires des simplifications orthographiques.

Cette désagréable phase d'adaptation étant inévitable, « les adultes n'ont pas intérêt à court terme à ce que le système soit modifié », conclut Philippe Cibois. Il faut donc prendre le plus grand soin de ne pas charger une barque qui, pour un mot, voire une lettre de trop, risque de couler.

Un travail de bénédictin a été effectué pour établir le rapport coût/avantage sur chaque embûche du français. L'erreur est particulièrement fréquente lorsque la graphie ne répond pas à une règle précise, lorsqu'elle ne peut se déduire d'un calcul logique, mais fait appel à la mémoire photographique. Pour l'éviter, il faut se plier à des règles simples : que le pluriel des mots composés suive une seule loi, que l'accentuation corresponde à une prononciation spécifique ou distingue des homographes, que les familles lexicales aient les mêmes structures consonantiques, que les traits d'union ne tombent pas au hasard, etc.

Le contenu a été soupesé, tout comme le mode d'emploi et la « stratégie de vente ». Au cas par cas, au mot à mot, les avantages et les inconvénients ont été évalués afin d'apporter un maximum de confort pour un minimum d'effort. Les linguistes se sont fait une idée assez précise de la marche à suivre pour faire accepter l'« impensable ». Une idée, hélas, encore trop simple.

Rocard s'engage

Inutile de se lancer dans une telle campagne si l'on ne dispose pas d'un appui politique au plus haut niveau. Par chance, le linguiste Pierre Encrevé est un proche du seul homme politique français qui épouse la cause orthographique, Michel Rocard. « Tout au long de l'histoire, remarque-t-il en souriant, les protestants ont été favorables à la réforme de l'écriture, tandis que les catholiques y étaient généralement hostiles. » En 1988, il entre au cabinet du Premier ministre pour suivre la politique linguistique. Et ce sont des scientifiques qui accèdent aux postes de responsabilité. Le tout nouveau Conseil supérieur de la langue française, qui compte en son sein des linguistes mais aussi des personnalités comme Pierre Perret, Jean Daniel ou Bernard Pivot, a pour vice-président (la présidence étant exercée par le Premier ministre) Bernard Quémada, l'homme du *Trésor de la langue française* ; de son côté, Bernard Cerquiglini devient délégué général à la Langue française. Le français ne dépend plus de l'Académie, de l'Université ou de l'école, il passe sous l'autorité de la science et du politique.

Le 24 octobre 1989, en installant le CSLF, le Conseil supérieur de la langue française, Michel Rocard lui donne pour mission de préparer des « aménagements orthographiques » visant à éliminer un certain nombre « d'anomalies et d'absurdités ». Il désigne les cinq pistes à explorer : le trait d'union, le pluriel des mots composés, l'accent circonflexe, le participe passé des verbes pronominaux et diverses anomalies, comme le redoublement de consonnes. Prudence, prudence ! Les linguistes connaissent mieux que personne le poids des mots. Ils ont donc banni le terme de « réforme » pour échapper au syndrome d'échec qui plane sur ce genre de tentative.

Le Conseil crée un groupe de travail autour de Nina Catach et de Bernard Cerquiglini, rejoints par Maurice Druon, pour préparer lesdits « aménagements ». Outre des linguistes – dont le célèbre structuraliste André Martinet et André Goosse, responsable du fameux *Bon Usage* –, on y trouve des lexicographes, un inspecteur général de l'Éducation nationale, le chef correcteur du journal *Le Monde*, Jean-Pierre Colignon.

Le travail a été si bien préparé que le contenu de la « non-réforme » est prêt six mois plus tard. Les difficultés ne viendront pas de ce côté-là. La suite reste pourtant problématique. Michel Rocard connaît les risques de l'entreprise. Il s'avance en terrain miné et doit éviter toute forme d'autoritarisme qui braquerait le monde littéraire et même l'opinion. Il prend le plus grand soin de préciser sa philosophie : « Soyons clairs. La langue appartient à ses usagers, car elle n'est vivante que s'ils en usent. L'État n'a pas à légiférer sur la langue elle-même. » Il ne fera donc que des propositions soumises au verdict de l'usage. C'est le peuple, et lui seul, qui aura le dernier mot.

Il ne peut être question d'exclure l'Académie, qui, en dépit de son inaction centenaire, est très attachée à ses prérogatives. Toute modification orthographique doit recevoir son aval. Passage périlleux ! L'Académie française traîne cent cinquante années de conservatisme, et son secrétaire perpétuel, Maurice Druon, vient d'administrer une volée de bois vert aux instituteurs coupables de tentations réformistes. C'est lui pourtant qu'il faut convaincre. Michel Rocard paye de sa personne, il effectue lui-même les manœuvres d'approche, puis passe la main aux scientifiques chargés de « vendre » les « aménagements » au secrétaire perpétuel. Druon écoute, prend le temps de lire des ouvrages de Nina Catach, d'étudier les propositions des linguistes. Signe d'une belle honnêteté intellectuelle, il reconnaît le bien-fondé de l'entreprise, accepte de présider le groupe de travail et de présenter le texte devant l'Académie.

La voie législative ou réglementaire étant exclue, il faut encore renoncer à tout le vocabulaire trop connoté. Cela vaut pour « réforme », mais également pour « tolérance », qui rime avec les maisons du même nom. Les Français se verront proposer des « variantes », terme qui évoque la liberté plutôt que l'obéissance. Se trouvent écartés tout vocable, toute procédure qui, de près ou de loin, pourraient évoquer un changement par décret.

Le plan de bataille prévoit de résister au centre et de gagner par les ailes. Le centre, c'est l'opinion. Il importe que ses premières réactions ne dépassent pas la vive autant que brève polémique de rigueur. Mais ce n'est pas là que se fait la décision car les Français ne vont pas modifier leur graphie du jour au lendemain. Pierre Encrevé sait que « la langue écrite est tenue en amont par les enseignants et en aval par les correcteurs ». Pour peu que les professeurs enseignent l'orthographe simplifiée, que les dictionnaires en adoptent les graphies et que les correcteurs fassent de même dans la presse et l'édition, la partie sera gagnée. Les Français changeront leurs habitudes au fil des ans, sans même s'en rendre compte dès lors que les rectifications restent mineures et sont proposées et non pas imposées. Diplomatie, concertation et consensus : il appartiendra à l'Éducation nationale, comme aux lexicographes et aux correcteurs, de se déterminer. Pour les croisés de l'orthographe, la « réforme » se fera en douceur ou ne se fera pas.

Les experts remettent leur copie au printemps. Le CSLF y apporte quelques corrections, puis la transmet au Quai Conti. En mai 1990, la Compagnie se saisit du dossier et, sous la houlette de Maurice Druon, réserve un accueil favorable aux promoteurs. Des membres à la solide réputation de purisme, comme Michel Debré ou Jacqueline de Romilly, sont intéressés par la démarche et le projet. Après quelques allers-retours, quelques modifications, l'Académie approuve. Une approbation certifiée « à l'unanimité » ! Même le président de la République, François Mitterrand, a été très discrètement consulté. Il a donné son approbation à toutes les rectifications sauf une... que l'on s'est empressé de supprimer. Il n'apporte pas un soutien enthousiaste, mais quand il dit : « Si le Premier ministre juge indispensable cette réforme à laquelle il s'est tant appliqué, pourquoi pas ? », les observateurs, habitués à toutes les vacheries du président à l'encontre de son Premier ministre cordialement détesté, y voient une quasi-approbation.

Au mois de juin, le texte est remis au Premier ministre et largement diffusé dans la presse. L'accueil est favorable, les journalistes soulignent que les rectifications sont légères et qu'elles ne sont pas imposées mais seulement proposées. Il y a bien Delfeil de Ton qui, dans *Le Nouvel Observateur,* brandit l'épouvantail phonétique, mais, à quelques pages de là, Jean Daniel et Jacques Julliard apportent leur soutien. En dépit de ce couac très parisien, l'accueil de la presse laisse bien augurer de la suite. Le temps de procéder aux dernières finitions et le document pourra être publié. Avant la fin de l'année, a demandé Michel Rocard.

Le Premier ministre soutient, l'Académie française approuve, les instituteurs applaudissent, la presse apprécie et la procédure choisie gomme jusqu'aux moindres aspérités. Il a été décidé que la publication ne se ferait pas dans le *Journal officiel des lois et règlements,* mais dans le *Journal officiel administratif,* réservé à des textes sans valeur juridique. Nulle confusion possible : il s'agit d'une proposition, pas d'une décision.

Dans la nuit du 5 décembre 1990, Bernard Cerquiglini ne quitte pas l'Imprimerie nationale, lisant et relisant un texte qu'il connaît par cœur, dans la seule obsession de ne pas laisser passer l'impardonnable faute d'orthographe. À l'aube, il rentre chez lui, épuisé mais satisfait. « Voilà une affaire terminée, dit-il. On va pouvoir passer à autre chose. » Le 6 décembre 1990, le *Journal officiel* publie dans ses documents administratifs : « Les Rectifications de l'orthographe ».

Au secours de l'orthographe

« Chacun s'accorde à dire que notre orthographe est aberrante, que son apprentissage impose à toute la population scolaire une perte de temps dramatique ; que sa pratique difficile paralyse des millions de parlant-français, leur interdit de s'exprimer à leur gré ; que c'est un instrument de sélection sociale néfaste et injuste... Dix ou douze fois par siècle émerge des abîmes grammaticaux un monstre légendaire : la réforme de l'orthographe. Des linguistes, des enseignants et, plus souvent qu'on ne le croit, des académiciens livrent bataille pour celle du moment... puis le serpent des mers regagne bientôt ses abîmes dans l'indifférence générale [1]. » Voici, excellemment décrite par Jacques Cellard, qui tint pendant des années la « Chronique du langage » dans *Le Monde*, la malédiction que Nina Catach et son équipe savante entendent conjurer. Pour ce faire, les linguistes ont cherché le consensus et l'ont obtenu mieux qu'ils ne le pensent... mais contre eux.

Les premiers articles qui paraissent dans les journaux sont essentiellement informatifs. Ils exposent la philosophie de la réforme – car la presse appelle les choses par leur nom, et, quelles qu'en soient les modalités et les procédures, une réforme est une réforme –, ils en détaillent les différents points : la soudure de mots composés en remplacement du trait d'union, *portemonnaie* au lieu de *porte-monnaie*, *pingpong* au lieu de *ping-pong*, *sagefemme* au lieu de *sage-femme*, mais aussi *cent-cinq* au lieu de *cent cinq* ; le pluriel des mots composés, *un cure-dent/des cure-dents* au lieu d'*un cure-dents/des cure-dents*, mais *prie-Dieu* fait problème – comment mettre un *x* à *Dieu* ? ; la correction des

_____

1. Jacques Cellard, *Histoire des mots, op. cit.*

216

accents, *évènement* au lieu de *événement* ; le participe passé invariable de *laissé, elle s'est laissé aller* au lieu de *elle s'est laissée aller* ; la normalisation des mots d'origine étrangère, *des scénarios* au lieu de *des scenarii* ; la correction de redoublements de consonnes aberrants, tels *chariot* au lieu de *charriot, imbécilité* au lieu d'*imbécillité,* ou d'anomalies (comme *ognon* au lieu de *oignon, nénufar* au lieu de *nénuphar*) ; enfin et surtout, la suppression de l'accent circonflexe sur les *u* et les *i,* sauf pour les conjugaisons et les homographes (on pourrait donc écrire *abime* comme *cime, buche* comme *huche, chaine* comme *haine, croute* et *voute* comme *route*) [1]. En dépit de cette audace, les rectifications sont bien sages, certains parleront de « réformette » et n'auront pas tort. Dans la pure philosophie minimaliste de Nina Catach, ces aménagements ne cassent pas trois pattes à un canard.

Même *Le Figaro* reste étonnamment discret, se contentant d'opposer les arguments pour et contre le passage de *referendum* à *référendum* et de *nénuphar* à *nénufar.* Quarante-huit heures après le début de l'opération, ses promoteurs peuvent croire qu'ils ont partie gagnée. Ce n'est évidemment que le calme annonciateur de la tempête.

Le 11 décembre, l'attaque commence. Dans *Le Figaro,* comme il se doit, puisque, depuis un siècle, le quotidien à l'enseigne de Beaumarchais met à combattre toute réforme de l'orthographe la même pugnacité que *L'Humanité* à combattre toute réglementation du droit

---

1. Claude Hagège, *Dictionnaire amoureux des langues,* Paris, Plon/ Odile Jacob, 2009.

de grève. Ce n'est plus le duc d'Aumale, mais François Bayrou qui mène la charge.

« Je reproche, écrit-il, à cette réforme d'être à la fois arbitraire et péremptoire. Songez que 4 000 mots vont se trouver changer sans qu'il y ait eu de véritable débat sur le sujet. La langue française n'appartient à personne, seul l'usage peut la faire évoluer. » Bayrou annonce la création d'un mouvement, Le français libre – au grand scandale de l'association des Français libres (ceux de Londres en 1940) – qui « rassemblera tous ceux, écrivains, universitaires, simples amoureux de la langue, qui ne veulent pas que l'État se mêle de la réformer ». Les jours suivants, il rassemble sous sa bannière une imposante brochette d'écrivains : Michel Tournier, François Cavanna, Bernard-Henri Lévy, Alphonse Boudard, Alain Finkielkraut, Robert Sabatier, François Nourissier, Jean-François Revel, Philippe Sollers, Françoise Sagan, Yves Berger, mais aussi des éditeurs et des lexicographes qui refusent d'appliquer les rectifications proposées. En quelques jours, le petit monde des lettres s'enflamme comme la pinède à la première cigarette jetée un jour de mistral. Il n'est pas le seul.

Philippe de Saint Robert, à la tête de son association pour la Sauvegarde de la langue française, monte sur ses grands chevaux, embarquant sur son char cinq Prix Nobel : Claude Simon, Maurice Allais, François Jacob, Louis Néel, André Lwoff. Le 18 décembre, les deux associations se rejoignent pour lancer une « pétition nationale contre les rectifications ». « Au lieu de changer la norme, il convient de mieux en enseigner les rudiments », proclame l'appel au peuple. Et voilà que se forme, à l'extrême gauche, un comité Robespierre qui regroupe d'autres graphorigides, comme le professeur Léon Schwartzenberg, Jacques Vergès, Georges Wolinski.

La fronde des écrivains

En l'espace d'une semaine, la cause est entendue : les écrivains sont contre la réforme. Ils en avaient été les artisans sous l'Ancien Régime, ils s'en étaient désintéressés au XIXe siècle, on les retrouve en opposants farouches au XXe. Leur attitude n'est pas délibérée, elle est tout à la fois spontanée et immédiate.

Bien qu'ils l'aient délaissée depuis deux siècles, ils n'en portent pas moins sur l'orthographe le regard possessif du chien du jardinier sur la pâtée dont il ne veut pas. Ils ressentent comme une offense cette réforme dans laquelle ils n'ont joué aucun rôle. Comment a-t-on pu toucher à l'orthographe sans leur autorisation ? Dès lors qu'ils n'ont pas été les acteurs de la réforme, ils se doivent d'en être les adversaires. Cette motivation un peu mesquine est masquée par la dénonciation de l'autoritarisme et l'appel à l'usage ; elle est suffisamment forte pour transformer en quelques jours une communauté dispersée en un chœur protestataire.

Combattre la réforme, c'est aussi se laver de toutes ses fautes. Avant l'apparition des correcteurs automatiques, de nombreux manuscrits, y compris ceux de grands auteurs, en étaient truffés. Tous les éditeurs vous le diront. Qu'importe ! puisque le livre, lui, en était exempt. Tout écrivain se doit d'afficher une infaillibilité orthographique réelle ou imaginaire. L'occasion en était offerte à peu de frais. À l'inverse, tout soutien aurait semblé trahir d'inavouables faiblesses.

Le rejet des rectifications devint presque instantanément un réflexe identitaire. À l'issue d'un débat radiophonique, un linguiste, refaisant l'émission avec l'auteur célèbre qui avait ferraillé contre lui, l'entendit reconnaître benoîtement que la réforme était excellente, mais qu'il se devait de la condamner « en tant qu'écrivain ». Tout était dit. Dès lors que le monde des lettres ne prenait pas en charge la réforme, il ne lui restait plus qu'à la condamner.

Mais cette opposition élitiste n'était que la partie émergée d'un iceberg dont la base était essentiellement populaire. *France Soir*, qui a tout de suite manifesté son hostilité, invite ses lecteurs à s'exprimer dans le journal pour ou contre l'application de ces nouvelles règles. Le résultat est claironné le 19 décembre : « 98 % de nos lecteurs disent non à la réforme de l'orthographe. » Il ne s'agit certes pas d'un échantillon représentatif, car les opposants prennent volontiers la plume, tandis que, pour les partisans, « qui n'écrit mot consent ». Mais les réponses sont significatives en raison de leur nombre : plus de 3 000, dont le quotidien donne un échantillon. Cela va des invectives contre les auteurs de la réforme à la nostalgie des cinq fautes éliminatoires en passant par les inévitables missives en français phonétique, les remarques judicieuses sur les verbes en *éter*, et de touchantes marques d'attachement aux graphies canoniques : « Supprimer le *i* de *oignon*, c'est envoyer les bulldozers contre une église gothique ! »

Inutile de se voiler la face, le sondage de *Lire* est confirmé : la réforme n'est pas populaire. Elle ne « répond pas à une demande sociale », fulmine François Bayrou. Remarque parfaitement exacte. Il ne faut donc pas compter sur le soutien de l'opinion. Et pas davantage sur celui des instituteurs, qui, refroidis par la brutale rebuffade qu'ils viennent d'essuyer, restent étrangement muets.

En revanche, le front du refus a reçu dès le premier jour le renfort de la Société des agrégés et du syndicat CGT des correcteurs, lequel rejette 85 % des rectifications. Les deux voies de diffusion – l'enseignement et l'imprimerie – risquent de se fermer.

L'Union sacrée

Au mois d'août 1990, lorsqu'on avait évoqué pour la première fois la réforme, *L'Événement du jeudi* avait mené l'enquête auprès des hommes politiques. Les journalistes avaient été éberlués par les réactions qu'ils avaient enregistrées. « Pour une fois nos hommes politiques sont d'accord : la réforme, ils n'en veulent pas. Un consensus sans précédent. Plus fort que l'Union nationale ou la Chambre bleu horizon ! Du PC au Front national en passant par les Verts, la vingtaine de parlementaires joints reprend en chœur la formule de Jean d'Ormesson : "On ne change pas une langue par décret" »... et pas davantage par rectifications ou variantes proposées à l'usage, pourrait-on ajouter.

Chacun y va de sa formule. Qu'on en juge. Au Front national, Bruno Mégret estime que « réformer serait démissionner ! » Même réaction de la droite conservatrice. Le RPR Claude Labbé craint tout changement : « On sait toujours où ça commence, mais jamais comment ça finit. » Patrick Devedjian ne veut pas que l'on touche à l'orthographe : « C'est notre mémoire collective. » Les centristes ne sont pas en reste. Pour Thierry de Beaucé, pourtant secrétaire d'État aux Relations culturelles internationales, « c'est notre passé que nous contemplons quand on écrit ». Même son de cloche au Parti socialiste pour André Labarrère : « Les mots ont une image, une beauté, une personnalité. » Pour Louis Mermaz, il ne faut pas toucher « au patrimoine », et pour Louis Mexandeau, « simplifier les règles créera plus de problèmes que cela n'en résoudra ». Et l'on peut continuer ainsi à balayer le spectre politique avec des communistes, des anarchistes et des gauchistes. *L'Humanité* voit dans la réforme « l'implantation en France d'une société à deux vitesses ». Quant aux anarchistes et gauchistes, ils ne font pas dans la nuance. François Cavanna réclame « la guillotine morale du mépris contre les technocrates sans âme et sans pensée qui ont osé profaner notre langue ». Hommage soit rendu au socialiste Alain Vivien, seul député joint par les journalistes de *L'Événement du jeudi* à se dégager de l'unanimisme ambiant et à se prononcer sans ambages pour la réforme : « Il faut bousculer cette police, cette maréchaussée de l'écriture que sont l'Académie française et le corps enseignant. »

Michel Rocard refusait, pour des questions de principe, d'utiliser la voie législative. Bien lui en a pris. On aurait sans doute compté sur les doigts de la main les parlementaires qui l'auraient soutenu dans ses innovations linguistiques. La classe politique n'est pas moins unanime que le monde littéraire.

Retournements d'habits verts

En cette fin décembre 1990, les maladroits qui avaient cru être progressistes en jouant les réformistes font précipitamment demi-tour. Jean-Pierre Colignon, chef du service de correction au *Monde* et membre du groupe de travail qui a préparé les rectifications, observe, sarcastique, « des retournements de veste drolatiques, mais surtout pitoyables, de quelques personnalités officielles et/ou médiatisées, censées avoir un avis autorisé sur le sujet ». Les vestes se retournent et, plus encore, les habits verts.

Nos académiciens ne savent plus où ils en sont. Quai Conti, la réforme de l'orthographe est un marronnier qui refleurit périodiquement sans jamais donner de fruits. Elle fait figure d'exercice académique, un parmi d'autres, donnant lieu à des débats passionnés sur l'accent circonflexe d'*abîme* ou sur les participes passés des verbes pronominaux avec l'auxiliaire avoir. Si le secrétaire perpétuel paraît si fortement attaché à la dernière en date des réformes, pourquoi ne pas le suivre ? Une unanimité fondée sur ces amabilités manque singulièrement de consistance.

Chaque académicien découvre que, sans y prendre garde, il s'est mis en position d'aventurisme réformiste et se trouve réprimandé par tous ses amis écrivains. Homme du monde s'il en est, Maurice Rheims, qui suit l'air du temps au doigt mouillé, est le premier à tourner casaque. En novembre 1988, il avait été l'un des rares académiciens à ne pas accabler les instituteurs. « C'est une bonne idée. D'autant plus que vous vous adressez à quelqu'un qui n'a pas une orthographe parfaite... On ne doit surtout pas rejeter cette proposition qui vient de la base scolastique du pays... Je suis pour une orthographe plus simple. » Le 19 décembre, il découvre qu'il n'était pas là lors du vote « à l'unanimité » du printemps. « Si j'avais été là, j'aurais voté contre », décide-t-il rétroactivement avant d'annoncer qu'il rejoint le mouvement lancé par François Bayrou. Jean Dutourd joue les malentendants : « Si j'ai voté pour, c'est que j'ai dû écouter d'une oreille distraite. Je le regrette et je retire mon vote. » Alain Peyrefitte fait savoir qu'il « désapprouve la réforme ». Félicien Marceau explique que, absent de la réunion décisive, il avait envoyé un mot pour signifier son opposition. Jacques Laurent, qui ne se souvient pas d'avoir voté pour ce texte, signe « l'Appel pour le français libre ». Eugène Ionesco refuse que ses livres soient corrigés avec les amendements proposés. Parmi les rares à persister dans leur soutien, on peut noter Jean Guitton ou Bertrand Poirot-Delpech et, bien sûr, l'inébranlable Maurice Druon, qui, attaqué de toutes part, suspecté de manœuvres, trouve une nouvelle jeunesse dans cette résistance-là.

Le récital de Jean d'O.

Pour les médias, Jean d'Ormesson pèse plus à lui seul que les trente-neuf autres membres de la Compagnie réunis. Virevoltant d'une antenne à l'autre, d'un journal au suivant, il passe aux yeux du public pour le porte-parole de la Compagnie. En homme d'esprit, il évoque cette curieuse unanimité du printemps qui se rétrécit comme peau de chagrin, l'hiver venu : « Beaucoup d'académiciens semblaient avoir été absents lors du fameux vote unanime sur la réforme, et d'autres, sans doute présents, mais frappés d'amnésie, ne se souviennent plus de grand-chose. » Lui-même avait été miraculeusement « empêché » au moment du vote. Ses « petites phrases » deviennent autant d'apophtegmes de la contre-réforme. « C'est la prime aux cancres ! » « Si on accepte la réforme, le français se désagrégera à grande vitesse. » « Qui réforme une langue ? Ce n'est ni le gouvernement, ni les syndicats, ni un comité, ni même l'Académie. C'est le peuple. » « Si on applique cette réforme, Corneille et Victor Hugo seront illisibles dans le texte. » « Traiter la langue comme un objet d'intervention étatique est absurde. » « La réforme a fait preuve de rapidité, de légèreté, d'inconscience. » « La réforme a ajouté de nouvelles complications aux complications »…

Des arguments faciles à réfuter mais qui, assenés par l'écrivain-académicien le plus célèbre de France, font grande impression sur le public non averti. Car les linguistes, qui connaissent fort bien nos pratiques langagières, ignorent tout des pratiques médiatiques. Ils n'ont pas eu la possibilité de mener une politique de relations publiques, et, en dépit de tous leurs efforts, n'ont jamais disposé d'un service de presse actif pour atteindre l'opinion. Chercheurs et universitaires, ils vivent dans un monde où la raison se suffit à elle-même. Un scientifique n'a pas besoin d'un « plan médias » pour faire connaître ses travaux. Il publie, un débat s'instaure, et la communauté accepte ou rejette selon que le jugement des pairs est favorable ou non. C'est ainsi qu'ils ont procédé, assurés d'avoir tous les arguments nécessaires pour répondre à leurs contradicteurs. Une démarche parfaitement rationnelle, c'est-à-dire complètement inadaptée aux médias.

La presse est pressée, c'est son état naturel. Elle n'a pas le temps de rappeler les précédents et les antécédents, pas le temps de faire les présentations, pas le temps de développer les considérants, les thèses et les antithèses, pas le temps de se perdre dans les détails.

Pour les médias, l'orthographe est un sujet « vendeur », mais sous forme de polémique, et non d'analyses grammaticales. Les « pour » face aux « contre », quelques échanges si possible vifs, rapides et brillants : c'est ainsi que l'on « traite » ou « maltraite » un sujet. Encore faut-il que les intervenants soient de « bons clients », c'est-à-dire qu'ils s'expriment en langage médiatique et, si possible, qu'ils soient connus du public, ce qui dispense de les présenter et suscite l'intérêt avant même qu'ils n'ouvrent la bouche. Jean d'Ormesson est le meilleur dans cet exercice.

Au soir du 6 décembre 1990, le camp de la réforme est incapable de faire face à une telle épreuve. Aux yeux des Français, qui ignorent tout des linguistes et de leur long travail préparatoire, ces « rectifications » semblent venues de nulle part. Imposées par décret, elles n'ont aucune légitimité. Comment pourraient-elles résister aux arguments d'autorité assenés par les gens de lettres médiatisés ? La polémique n'a rien de contradictoire. Jean d'Ormesson se voit offrir une pleine page dans *Le Figaro* pour développer son réquisitoire, c'est à peine si l'on retrouve ici ou là dans la presse une phrase de Bernard Cerquiglini ou de Nina Catach. Faut-il le regretter ?

Si la télévision avait opposé un écrivain célèbre à un linguiste, la partie aurait été par trop inégale. Le premier aurait lancé l'attaque en quinze secondes : « L'écriture appartient au peuple, l'usage seul peut la faire évoluer, on ne change pas l'orthographe par décret ! » Combien de minutes aurait-il fallu au second pour expliquer que c'est la puissance publique qui, en 1835, a fixé l'orthographe et dépossédé le peuple, qu'une norme imposée à tous et sanctionnée par la faute exclut l'usage, lequel suppose l'autorisation de variantes, que c'est précisément ce que prévoit la réforme en cours puisqu'elle ne fait que des propositions et laisse aux Français la décision finale ? Le malheureux linguiste n'aurait pas fini son premier point qu'il se serait vu couper la parole. Entre la formule assassine et la démonstration rationnelle, c'est le duel des mitrailleuses contre les arbalètes. Or, le peuple philographe croit véritablement que le français est en péril. « Les amoureux de la langue française qui sont aussi des amoureux de son orthographe, pour autant qu'ils la connaissent bien, ne peuvent que trouver mille aliments à une sainte révolte d'idolâtres offensés [1] », constate, sarcastique, Claude Hagège. Une émotion relayée, orchestrée, amplifiée par les grandes orgues médiatiques qui donnent à l'unisson.

Seul contre tous, un journaliste fustige avec panache cette moutonnière protestation, c'est Jacques Julliard : « De Maurice Rheims à Cavanna, du brocanteur de la haute à l'anarchiste en peau de lapin, ce n'est qu'un cri, celui qui a retenti aux six coins de l'Hexagone chaque fois que ce pays s'est senti chatouillé dans sa routine, ébranlé dans son immobilisme hercynien, menacé dans son conservatisme révolutionnaire [...]. J'ai écrit moi-même l'année dernière que l'on aime sa langue comme une maîtresse, avec emportement, pour ses défauts autant que pour ses perfections. De là à en faire une momie... Je ne vois pas que l'on aime quelqu'un sans parfois le bousculer, ni que l'on fasse l'amour à une femme sans déranger un peu sa toilette [2]. » Un coup de gueule salutaire dans cette hystérie d'AG, mais qui ne peut à lui seul rompre l'unanime condamnation de la classe dirigeante.

Pivot quitte le navire

Bernard Pivot ne saurait rester à l'écart d'une telle entreprise. Il peut être de bon conseil et, surtout, apporter une précieuse caution. S'il vient défendre la réforme

---

1. Claude Hagège, *Dictionnaire amoureux des langues*, *op. cit.*
2. Cité par Bernadette Wynants, *L'Orthographe, une norme sociale*, Paris, Mardaga, 1997.

derrière les micros et devant les caméras, de très nombreux Français se laisseront convaincre d'accepter ce qu'ils se préparent à condamner. Or le chef d'orchestre des « Dicos d'or » n'est pas un puriste intransigeant. Lorsque le syndicat des instituteurs a proposé sa réforme, il n'a pas pris la mouche : « Je ne suis pas d'accord sur l'ensemble... En revanche, j'estime que dépoussiérer, mettre un peu d'ordre et de logique dans les traits d'union, les redoublements de consonnes ou les pluriels ne serait probablement pas inutile. » Quelques rectifications, oui, mais pas un chamboulement, c'est exactement ce que veulent les linguistes. Pivot pourrait apporter un précieux concours.

Il a donc été nommé au Conseil supérieur de la langue française et a participé au processus d'aménagement souhaité par Michel Rocard. Il a suivi les travaux des experts et discuté le texte final au sein du CSLF. Il s'est opposé à la modification de l'accent circonflexe et a annoncé qu'elle provoquerait une levée de boucliers. Mais il n'a pu convaincre le Conseil.

De fait, la réforme achoppe d'abord sur l'accent circonflexe, conformément aux prévisions de Bernard Pivot. Les écrivains contestataires ne supportent pas que l'on impose au français d'aller tête nue et de ne porter le chapeau qu'en de rares occasions. C'est, disent-ils, défigurer et compliquer notre écriture. En une quinzaine de jours, les voilà vent debout contre la réforme et pour le circonflexe. Le producteur d'« Apostrophes » se trouve pris au piège d'une réforme qui n'est pas la sienne et dont il découvre a posteriori qu'elle fait l'unanimité contre elle. Une situation intenable.

Il propose une prudente marche arrière pour apaiser l'opinion : que l'on maintienne les autres rectifications, mais que l'on ne touche pas à l'accent circonflexe. Il se heurte à un Maurice Druon intraitable. Le vieux lion qui s'est engagé avec la foi des convertis, qui a jeté toute son autorité dans la balance, entend tenir le cap en dépit de toutes les girouettes qui tournent avec le vent. « Moi, reculer sur l'accent circonflexe, jamais ! » À chacun de choisir son camp.

Dans *Le Journal du dimanche* du 23 décembre 1990, Pivot se désolidarise du CSLF, mais, surtout, met en cause Maurice Druon, accusé de manipulation. Lorsque Pivot exprimait ses réserves à propos de l'accent cir- conflexe, le secrétaire perpétuel l'avait retoqué d'un argument sans appel : « J'ai obtenu l'accord de l'Acadé- mie française à l'unanimité ! » Ce qui ne changeait rien à l'opinion du contestataire, mais relativisait son opposi- tion. Si tous les académiciens et, sans doute, beaucoup d'écrivains sont d'accord, tant pis pour l'accent cir- conflexe ! Or il apparaît que l'unanimité invoquée par Maurice Druon était, au mieux, une majorité. Si beau- coup d'académiciens ne sont pas d'accord, si les écrivains les plus célèbres sont contre, alors l'assentiment ne vaut plus. Le producteur d'« Apostrophes » affirme : « Il y a eu tromperie. » Il demande que l'ensemble des rectifications soient remises en délibération.

Le secrétaire perpétuel s'indigne, menace Pivot de poursuites judiciaires. Tempête dans un jus de grena- dine. Il n'en subsistera qu'une brouille de plus dans le Paris littéraire. Mais le mal est fait. Le camp de la réforme enregistre la défection de trop.

Guerre du Golfe et accent circonflexe

L'équipe des linguistes, qui pensait avoir déminé le terrain, essuie un tir de barrage. Elle n'a aucune prise sur les médias et donc sur l'opinion. Ce n'est hélas pas le savoir mais la notoriété qui confère l'autorité. Le soutien d'un Premier ministre populaire ne saurait suffire quand le gouvernement ne suit pas. Alain Decaux, ministre-académicien chargé de la Francophonie, est, certes, favorable à la réforme, mais les deux ministres clés, Jack Lang et Lionel Jospin, sont totalement défaillants. Le premier, si bien introduit dans les milieux culturels, reste coi ; quant à Lionel Jospin, il manifeste son allergie aux réformes en traînant les pieds avec des semelles de scaphandrier. À plusieurs reprises, Michel Rocard lui demande d'adresser aux enseignants les directives pour intégrer les rectifications dans l'enseignement. Sans le moindre résultat.

On aborde l'année 1991 en pleine confusion. L'Académie est au centre de toutes les polémiques et de toutes les interrogations. Oui ou non, approuve-t-elle les rectifications ? Pour sortir de ces palinodies, une grande séance est fixée au 17 janvier. À Bagdad, ce jour-là, la guerre du Golfe commence ; à Paris, sous la Coupole, la querelle de l'orthographe connaît son dénouement. Les immortels semblent placés devant un impossible dilemme : braver le monde littéraire en confirmant leur vote du mois de mai ou braver le ridicule en brûlant ce qu'ils ont adoré. Fort heureusement, tout repose sur un malentendu. Le conflit porte moins sur le contenu, mis à part notre circonflexe national, que sur la procédure. Les opposants ont concentré leurs attaques sur le caractère autoritaire de la réforme, martelant de journal en radio que le gouvernement n'a pas à régir l'orthographe et qu'il appartient à l'usage, et à lui seul, de la faire évoluer. La plupart des écrivains, des journalistes et, à plus forte raison, des Français, qui n'ont pas pris la peine de se reporter au document publié le 6 décembre, ne doutent pas qu'ils doivent se mobiliser contre une décision tombée d'en haut sans la moindre concertation.

Pour sortir de la crise, il faut d'abord renoncer à la fausse réforme et revenir à la vraie. C'est le sens de l'avis que rend l'Académie au soir de cette séance homérique. Elle rappelle que la « réforme » ne contient « aucune disposition de caractère obligatoire », et qu'en conséquence « l'orthographe actuelle reste d'usage », mais que les « recommandations » ne constituent pas « des incorrections » et ne sauraient être « jugées comme des fautes ». Bref, on ne bascule pas d'une orthographe dans l'autre, on peut utiliser l'une ou l'autre. Ce qui correspond exactement à la démarche suivie par Michel Rocard. La suite manque pour le moins d'enthousiasme : « Elle estime qu'il y a avantage à ce que lesdites recommandations ne soient pas mises en application par voie impérative et notamment par circulaire ministérielle [...], elle souhaite que ces simplifications ou unifications soient soumises à l'épreuve du temps, et elle se propose de juger, après une période d'observation, des graphies et emplois que l'usage aura retenus. Elle se réserve de confirmer ou infirmer alors les recommandations proposées. »

Les opposants peuvent crier victoire, puisqu'ils ont eu la peau d'une réforme autoritaire purement fantasmée. Les partisans font valoir que les « variantes » n'ont jamais été que proposées aux Français et que leur régularité est confirmée. Chacun peut s'estimer satisfait. Il n'empêche que la stricte neutralité de la Compagnie, l'absence de tout jugement sur les rectifications, de tout souhait de les voir adoptées, a de quoi décevoir. Pourquoi diable proposer des changements s'ils ne sont pas souhaitables, et pourquoi ne pas le dire si on le pense ?

L'Académie ne montre aucun empressement à faire connaître son travail. À lire entre les lignes, on comprend que nombre d'académiciens verraient beaucoup mieux la nouvelle orthographe au placard que dans les écoles et dans les dictionnaires. Pourtant, sous l'autorité de Maurice Druon, la Compagnie ne pourra faire moins que les introduire dans les nouvelles éditions de son dictionnaire, qui, comme l'on sait, n'est pas le plus lu de la place.

La décision académique eut au moins le mérite de faire retomber le soufflé orthographique. Des rectifications réduites à l'état de virtualités, au destin incertain, n'intéressaient plus personne.

Un usage problématique

Inutile de se voiler la face : la réforme est en panne. C'est particulièrement vrai pour l'Éducation nationale. Il avait été envisagé que les rectifications soient enseignées dès la rentrée 1991, ce qui avait jeté encore un peu d'huile sur le feu. Il n'en est plus question. Aussi longtemps que Lionel Jospin occupera la rue de Grenelle, le français enseigné à l'école ne variera pas d'un accent. À plus forte raison le statu quo orthographique sera maintenu par François Bayrou, ministre de l'Éducation nationale de 1993 à 1997. Puis de 1997 à 2002, sous le gouvernement Jospin. Une décennie perdue et la suivante guère mieux engagée, avec des ministres qui ont d'autres chats à fouetter. Au total, les rectifications « mises à la disposition de l'Éducation nationale » resteront « indispensables » près d'une vingtaine d'années.

Les correcteurs de presse comme d'édition ne veulent pas en entendre parler, et les lexicographes ne les introduisent que comme des curiosités anecdotiques. Pendant une décennie, la réforme a bel et bien été enterrée. Mais les réformistes qui enregistrent une telle rebuffade en France sont beaucoup mieux accueillis dans les pays francophones, qui attendaient ces simplifications depuis des décennies et qui furent étroitement associés aux travaux préparatoires.

« En France, la résistance organisée a été surtout parisienne, constate André Goosse, secrétaire perpétuel de l'Académie royale de langue et de littérature française de Belgique et l'un des artisans de la réforme. En Belgique, les médias sont plus placides et nous ne jouissons pas d'une intelligentsia tranchant sur toutes les questions d'actualité... Notre Conseil supérieur de la langue a donné un avis favorable, comme d'ailleurs celui du Québec et aussi le Conseil international de la langue française... » Bref, la France est contre, et la francophonie, pour.

234

En Belgique, les rectifications ont été adoptées dès le début des années 1990 dans les universités, les jurys d'examens les ont appliquées, une association s'est créée, l'Aparo, pour les faire connaître du public, et même les championnats d'orthographe les ont intégrées dans leur règlement. Seuls les correcteurs de presse restent réticents. Quant à l'institution scolaire belge, elle s'est ouverte en quelques années dans l'enseignement libre, mais a attendu 1998 dans l'enseignement public. Pour sa part, André Goosse, qui édite *Le Français correct*, c'est-à-dire le *Grevisse*, introduit sans plus tarder les nouvelles règles dans l'ouvrage de référence de tous les puristes.

En Suisse, la réforme du français intervient alors même que l'on planche sur celle de l'allemand. L'une et l'autre langue sont également aidées dans leurs transformations. Mais les Suisses savent prendre leur temps. Ils informent le corps enseignant, puis organisent une consultation à tous les niveaux, dans tous les cantons. Les réponses étant toutes favorables, les documents présentant la nouvelle orthographe sont distribués en 1996 dans les écoles. Là encore, on fait l'économie des psychodrames parisiens.

Pour les Québécois, le français est une bataille de tous les jours. Ils vivent dans un véritable bouillonnement linguistique, et la réforme de l'orthographe est tout sauf un sujet académique. Elle est au centre de vives polémiques, fait l'objet d'expérimentations, et certains voudraient aller beaucoup plus loin dans la réécriture de notre langue. L'Office québécois de la langue française se déclare favorable aux rectifications dès 1991. Toutefois, il est retenu par les polémiques parisiennes et craint de se doter d'une écriture qui ne serait plus celle de l'Hexagone. L'Office n'en décide pas moins d'introduire progressivement les nouvelles graphies. Bref, les rectifications gagnent la francophonie sans jamais susciter les crises de nerfs que nous avons connues.

La réforme a-t-elle définitivement échoué ? Non, et ce n'est pas le moindre paradoxe. À mesure que le grand tintamarre s'apaise, jusqu'à se faire oublier, les rectifications commencent à pénétrer — on devrait presque dire à s'infiltrer — dans notre écriture.

Ce sont tout d'abord les dictionnaires qui, édition après édition, les introduisent, au titre de variantes admises. Aujourd'hui, le *Dictionnaire Hachette* les a intégrées à 100 %, *Le Petit Robert* également, et *Le Petit Larousse* à 39 %. À terme, il ne fait guère de doute que les joueurs de Scrabble se verront proposer — car il s'agit, ne l'oublions pas, de simples propositions — les graphies revues et corrigées de 1990.

Plus important, les correcteurs automatiques associés aux traitements de textes ont totalement intégré les nouvelles règles. Ils ne corrigent donc pas les graphies canoniques, mais peuvent rectifier les erreurs en proposant les nouvelles versions. En revanche, la presse et l'édition sont toujours réfractaires au changement.

Il ne faut pourtant désespérer de rien, pas même de l'Éducation nationale. En 2008, les modernistes qui avaient vainement mené le siège des différents ministres pour faire passer la nouvelle orthographe dans les instructions officielles sont parvenus à leurs fins. Très discrètement, il est vrai. Rien qu'une note en bas de page dans la circulaire de programmes : « Pour l'enseignement de la langue française, le professeur tient compte des rectifications orthographiques proposées par le rapport du Conseil supérieur de la langue française et approuvées par l'Académie française. » Est-ce le ministre qui a pris la décision, l'a-t-il découverte en même temps que les professeurs ? Qu'importe ! Fait notable, dans ce monde en protestation permanente où la moindre décision, le moindre rapport, provoquent une éruption, les rectifications orthographiques n'ont pas réveillé les guerres de religion. C'est à peine si elles ont été remarquées. Reste à connaître le rythme auquel elles seront appliquées.

Voici ce que fut la bataille. Quel en était l'enjeu ? Non pas les théories grammaticales, mais la pratique du français. Ces rectifications apportent-elles des perturbations telles qu'elles justifient ce grotesque psychodrame[1] ? Pour en juger, je vous propose une expérience fort simple. Ce livre a été écrit jusqu'à cette page en orthographe « traditionnelle ». Les chapitres qui vont suivre vous seront présentés en orthographe rectifiée. Vous jugerez par vous-même si, d'un chapitre au suivant, votre lecture a été perturbée, notre langue, défigurée… Bref, s'il n'est d'autre vérité que : « Hors l'orthographe louis-philipparde, point de salut ! »

---

1. On ne s'étonnera pas que le meilleur ouvrage sur les rectifications de 1990 soit dû à deux linguistes francophones, la Québécoise Chantal Contant et le Suisse Romain Muller. Leur livre, intitulé *Connaitre et maitriser la nouvelle orthographe. Guide pratique et exercices*, a été publié par l'éditeur ISBEN en 2005.

X

CROISIÈRE EN ORTHOGRAPHE ÉTRANGÈRE [1]

Les peuples et leurs langues sont à l'image de ces très vieux couples qui mêlent dans leurs liens les défauts qu'ils se reprochent et les qualités qu'ils se reconnaissent. Tous les pays butent sur ces contradictions, et chacun les vit à sa façon. Car la réforme de l'orthographe est la chose du monde la plus répandue. Le Portugal, le Brésil, le Danemark, l'URSS, l'Allemagne, l'Espagne, la Roumanie, les Pays-Bas, la Grèce et bien d'autres s'y sont essayés avec des bonheurs très divers. La question orthographique étant partout posée, les voyages en terres étrangères permettent de faire le tri entre les invariances qui sont le lot commun et les singularités qui nous sont propres.

Anglais : le changement sans réforme

L'anglais a la réputation de rivaliser avec le français pour la difficulté de son orthographe. Les mots les plus

---

1. À partir de ce chapitre et jusqu'à la fin du livre, le texte a été établi en orthographe rectifiée grâce à la société Synapse. Qu'elle en soit ici vivement remerciée.

courants s'encombrent de consonnes muettes, des *k*, des *w*, des *h* qui s'imposent sans la moindre nécessité. Pourquoi *knowledge, straight, school, write, taught, draught* et pas *noledge, strait, scoul, rite, taut, draft* ? 25 % des graphies sont irrégulières, et 10 %, aberrantes. En outre, le décalage est bien souvent total entre les lettres et les sons. Susan Baddeley [1] cite un quiz orthographique en forme de poème qui aligne huit mots en *oug* (*tough, bought, cough, dough, hiccough, thorough, slough, through*) aux prononciations toutes différentes, et, à l'inverse, qui fait rimer des mots aux graphies disparates, comme *heard* et *bird*, *dead* et *bed*, *meat* et *suite*, etc. Et la linguiste de constater : « Les inconséquences graphiques de ce type [...] font le désespoir des enfants et des adultes qui apprennent à écrire la langue anglaise. »

Pour le français comme pour l'anglais, les innombrables aberrations ont les mêmes causes et les mêmes effets. L'écriture anglaise a marié des idiomes fort différents avec les seules ressources de l'alphabet latin, puis l'orthographe s'est figée alors que la prononciation se transformait. Des scribes normands ont, en outre, ajouté des références étymologiques à ces acrobaties phonétiques, et l'anglais, à la différence du français, n'a pas subi le moindre régime amaigrissant pour perdre sa mauvaise graisse consonantique. L'anglais compterait 560 graphèmes pour une quarantaine de phonèmes. Le son *u* correspond à 28 formes écrites différentes ! Autant de fantaisies qui appellent d'évidentes rectifications, et

---

1. Susan Baddeley, « Sur le front de l'anglais, tout est calme... », in Renée Honvault (dir.), *L'Ortografe ? C'est pas ma faute !, op. cit.*

pourtant la réforme de l'orthographe n'a jamais fait recette outre-Manche.

La nécessité s'en est fait sentir dès l'origine. L'Angleterre a toujours connu – ou ignoré, comme on voudra – un courant réformiste proposant des simplifications aussi évidentes à énoncer qu'impossibles à appliquer. L'une des plus intéressantes tentatives remonte à la fin du XVIIIe siècle et fut proposée par Benjamin Franklin qui n'a pas seulement inventé le paratonnerre. Son orthographe réformée fut reprise en 1828 par Noah Webster, qui proposa un dictionnaire de la langue anglaise avec des graphies simplifiées, plus phonétiques et moins consonantiques. Cette réforme de bon sens avait le tort, rédhibitoire, d'être américaine. L'ancienne colonie réécrivant la langue de l'Empire britannique… *Shocking* ! Certaines rectifications de Webster sont passées dans l'usage courant en Amérique : la forme britannique *theatre* est devenue *theater*, de même pour *colour* et *color*, *sceptical* et *skeptical*, *tire* et *tyre*, etc. De quoi justifier la boutade de George Bernard Shaw : « La Grande-Bretagne et les États-Unis sont deux grands pays séparés par une même langue. »

Tout au long du XXe siècle, une British Simplified Spelling Society a milité pour une orthographe simplifiée dont elle présente régulièrement de nouvelles versions… dans une indifférence assez générale. Plus récemment fut proposé le *cut spelling*, sorte d'émondage généralisé visant à faire tomber toutes les lettres superflues, ou le *regularized spelling*, de moindre ampleur. Autant de rectifications virtuelles. La réforme de l'orthographe anglaise n'a jamais dépassé l'exercice de style stimulant sur le plan intellectuel, mais coupé de toute réalité. Pourtant, ces mêmes Britanniques, chez qui les concours d'orthographe sont un jeu de société apprécié, ont toujours considéré avec un étonnement ironique notre propre culte de l'orthographe. Comment expliquer qu'à partir de difficultés qui semblent assez comparables l'écriture puisse être une pomme de discorde en France et une tradition parmi d'autres au Royaume-Uni ?

La différence tient d'abord à la langue. En dépit des apparences, les deux écritures ne présentent pas les mêmes difficultés. Pour le français, les fautes naissent autant des mots que de la syntaxe. Notre langue multiplie les règles complexes avec des marques grammaticales le plus souvent muettes. Entre les redoublements de consonnes, les accents dans tous les sens et les règles d'accord tarabiscotées, il n'est de phrase qui n'offre son croc-en-jambe. En anglais, au contraire, le scripteur n'est guère menacé par la grammaire. Les règles d'accord sont relativement simples, limitées, et, surtout, elles s'entendent. Les chaussetrappes se trouvent dans l'orthographe d'usage et se concentrent sur quelques centaines de mots qui se trouvent les plus usités. Les élèves britanniques sont moins astreints à des dictées qu'à des exercices de vocabulaire. Pour apprendre l'orthographe, il faut s'entrainer sur des mots en Angleterre, sur des mots et sur des phrases en France. Et nous savons d'expérience que les graphies biscornues se domestiquent fort bien pourvu qu'on les fréquente régulièrement. Ainsi l'orthographe anglaise est-elle, en dépit des apparences, beaucoup moins difficile que l'orthographe française.

En vérité, ce n'est pas l'orthographe mais son statut qui différencie radicalement les rives de la Manche et du *Channel*. Le monde britannique place la distinction linguistique dans la prononciation et pas dans la graphie ; celle-ci indique l'origine et le rang social à la façon de faire entendre un son et non d'écrire une lettre. Dans son *Pygmalion*, satire des mœurs linguistiques anglaises, George Bernard Shaw ne prend pas comme héros un grammairien mais un phonéticien, le professeur Henry Higgins. Pour transformer Eliza Doolittle, une simple fille des rues, en femme du monde, ce dernier doit changer sa façon de parler et pas d'écrire. S'ils l'entendent accentuer comme eux, les aristocrates la prendront pour une des leurs. L'écriture étant seconde dans le jugement social, l'incorrection orthographique n'est jamais qu'une lacune parmi d'autres.

Les Américains, qui n'ont pas la même vénération que les Anglais pour leur langue maternelle, utilisent le plus naturellement du monde des simplifications, des abréviations qui leur rendent l'écriture plus facile. Ils écrivent sans gêne *nite* pour *night*, *thru* pour *through*, *sevral* pour *several*, etc. Ces changements, que Nina Catach qualifiait de réformes « sauvages », se répandent plus ou moins selon les commodités que les utilisateurs y trouvent. Ainsi se crée, dans le monde anglophone plus qu'en Grande-Bretagne, une tolérance paisible qui redonne ses chances à l'usage. De nouvelles graphies apparaissent tous les jours, qui pour les unes s'imposent, pour les autres disparaissent sans provoquer l'émoi dont nous sommes coutumiers. Ajoutons le poids de l'« écriture Internet » et la multiplicité des usagers de par le monde : il ne fait aucun doute que l'orthographe anglaise se simplifiera dans les années à venir. Sans que rien n'ait jamais été décidé. Ces réformes se constateront a posteriori dans les dictionnaires.

Allemagne : la guerre de cinquante ans

Dans le monde germanophone, la question orthographique est liée à celle de l'unité politique. L'écriture normalisée fait partie des attributs dont le nouvel empire doit se doter. Le travail commence dans les années 1870 et débouche en 1901 sur un code orthographique qui prend force de loi. Au passage, une instance s'est imposée comme la référence, c'est le dictionnaire de Konrad Duden. Désormais, le *Duden* sera garant de l'orthodoxie, non pas en imposant de nouvelles normes, mais en constatant celles qui tendent à se généraliser. Les hardis prescripteurs ont soigneusement évité quelques « sujets qui fâchent » – notamment la majuscule initiale des noms communs, qui, par les réactions qu'elle provoque dans l'opinion, est à l'orthographe germanique ce que l'accent circonflexe peut être à l'orthographe française. Mieux vaut réserver de telles épines pour des réformes ultérieures.

La question refait surface au lendemain de la Seconde Guerre mondiale, dans une Allemagne divisée qui craint de voir sa langue diverger de part et d'autre du rideau de fer. En Allemagne de l'Ouest se crée le KMK, organisme réunissant les ministres de la Culture des Länder, qui prennent en charge la politique scolaire et linguistique.

Au début des années 1950, le KMK lance un programme de réforme orthographique. Les premières fuites sur les travaux en cours provoquent, comme en France, la colère des écrivains – Thomas Mann et Hermann Hesse en tête. Éditeurs et imprimeurs rechignent. La polémique est fortement marquée par le contexte politique de l'époque. L'éventuel abandon des majuscules initiales est considéré par certains experts de la RDA comme une manœuvre anticommuniste pour rendre plus difficile la lecture des œuvres de Karl Marx ! Les travaux se poursuivent cahin-caha durant toute la décennie, entrecoupés de laborieuses négociations avec la Suisse alémanique et l'Autriche. Tout cela aboutit au début des années 1970 à des rectifications ectoplasmiques autant que contestées.

En dépit de cet échec, le pouvoir politique reste attaché à une simplification de l'orthographe qui dégagerait un temps précieux dans les programmes scolaires. Sont particulièrement visées ces majuscules initiales qui, à elles seules, provoquent le tiers des fautes, ainsi que la ponctuation et la formation des mots composés. En 1994, les ministres de l'Intérieur et de la Culture d'Allemagne, d'Autriche et de Suisse se mettent d'accord sur un programme de réforme. Deux ans plus tard, l'Allemagne, l'Autriche et les représentants des pays à minorités germanophones en adoptent les modalités et s'engagent à les faire enseigner dans leurs écoles. La graphie de 185 mots se trouve changée, les règles orthographiques passent de 212 à 112, et celles concernant le placement des virgules, de 57 à 9. Fruit de nombreux compromis plus que d'une démarche linguistique cohérente, la réforme manque de clarté. Ainsi les trop fameuses majuscules initiales sont-elles tantôt supprimées, tantôt rétablies, sans que le public y comprenne grand-chose.

Dix Länder précipitent l'introduction de la nouvelle orthographe dans l'enseignement. Les lexicographes se livrent une course effrénée. Bertelsmann sort son dictionnaire rectifié le lendemain même de la promulgation. Le *Duden* est publié le mois suivant. Rédigés à la hâte, les deux ouvrages et les nouveaux manuels scolaires comportent leur lot d'erreurs. À l'évidence, les promoteurs de la réforme veulent créer une situation irréversible, car ils n'ignorent pas que l'opinion est largement hostile. Un sondage effectué à l'automne enregistre 75 % d'opinions défavorables. À la foire du livre de Francfort, les hommes de lettres et de l'édition germaniques affirment leur attachement à l'écriture traditionnelle. L'affaire est mal engagée. D'autant que la classe politique est loin d'être unanime. Dès 1997, le Parlement manifeste son hostilité.

Devant la multiplication des ratés, les ministres doivent créer une « Commission interétatique », chargée de surveiller l'application de la réforme, voire de la corriger. Lorsque, en 1998, les Sages présentent une série d'amendements à introduire dans le schéma initial, les ministres décident de passer outre et, malgré un vote hostile du Parlement, poursuivent la mise en place de la réforme dans le système éducatif.

La contestation gagne de l'ampleur : en 1999, le Schleswig-Holstein décide de revenir à l'orthographe ancienne. Puis, en 2000, c'est un prestigieux journal, la *Frankfurter Allgemeine Zeitung*, qui opère le même revirement. Dans les années suivantes, elle est imitée par le *Spiegel* et les organes de presse du groupe Springer.

Pourtant, les ministres tiennent bon. Ils confirment l'entrée en vigueur de la réforme dans 14 des 16 Länder allemands à la date du 1er août 2005, et, dans la foulée, suppriment la trop conciliante Commission interéta-tique. Mais, pour apaiser la grogne qui monte de toutes parts, les ministres doivent créer en remplacement un « Conseil pour l'orthographe allemande »… qui pro-pose, à son tour, des corrections. Le pouvoir juge plus sage de les accepter. Ce sera une réforme a minima, au destin fort incertain.

En Allemagne, la guerre de l'orthographe a duré cin-quante ans. Pour quel résultat ? La démarche d'inspira-tion politique, prisonnière de tous les arbitrages nationaux et internationaux, a buté sur la complexité même du sujet. Difficile de proposer une réforme cohé-rente en tenant compte de points de vue si dissem-blables. De nombreuses rectifications étaient discutables et furent discutées. Mais le pouvoir voulait surtout pas-sert un cap : le point de non-retour.

Si, en dépit de ce volontarisme, la réforme ne pouvait s'imposer, ou, plus généralement, si les résultats n'étaient pas à la hauteur des espérances, l'Allemagne aurait dépensé beaucoup de temps et d'argent pour créer une situation d'instabilité orthographique que le président du Bundestag n'hésite pas à qualifier d'« apocalyptique ».

De cet épisode, on retiendra que la réforme de l'orthographe est, dans tous les cas, impopulaire. La complication de la langue ne change rien à l'affaire : les gens, c'est un fait, n'aiment pas modifier leur façon d'écrire, et les inconvénients immédiats de la réforme paraissent toujours supérieurs aux avantages escomptés. D'autre part, les Français ne sont pas les seuls à manifester cet attachement patrimonial, identitaire et quasi fétichiste aux caractères orthographiques. Certains philographes allemands voulaient voir dans la remise en cause de la capitalisation – entendez la majuscule initiale des substantifs – ou de l'écriture spécifiquement germanique du double *s* (β) un complot contre l'esthétique de l'écriture allemande ! Les orfraies surveillent toutes les graphies et font entendre leurs cris sitôt que s'approche la main sacrilège des novateurs.

Italie : la pax ortografica

Heureux Italiens qui ne connaissent ni les fautes ni les querelles orthographiques ! Ils sont pourtant nos proches cousins sur le plan linguistique. D'où vient que leur écriture semble couler de source en une rivière chantante, tandis que la nôtre jaillit des profondeurs en un fleuve indompté aux tourbillons perfides ?

La raison est bien connue : l'Italie, à la différence de la France et du Royaume-Uni, jouit d'une orthographe simple et cohérente. Une linguiste de l'université de Neuchâtel, Myrta Giovanoli, s'est efforcée de percer les secrets de cette étrange *pax ortografica* [1].

---

1. Myrta Giovanoli, *Les Réformes de l'orthographe française. Une approche historique, contrastive et prospective*, mémoire de licence, université de Neuchâtel.

L'italien, plus proche du latin que le français, a trouvé dans l'alphabet latin un outil beaucoup mieux adapté à l'écriture de sa langue. Dans la Péninsule comme dans l'Hexagone, le latin classique s'est « babélisé » après la fin de l'Empire romain en une série de dialectes plus ou moins décalés du latin originel. C'est, en définitive, celui de Toscane, berceau de l'écriture latine, qui s'impose comme la langue de référence grâce au prestige des grands écrivains du XIVe siècle : Dante, Boccace et Pétrarque. L'écriture italienne restera fortement marquée par les choix très raisonnables que firent ces auteurs en des temps où l'orthographe n'était pas encore fixée.

Sous l'influence de nombreux érudits, imprimeurs, correcteurs, grammairiens, l'italien se trouve par la suite tiraillé entre des écoles différentes. Il connait les tentatives étymologiques et phonétiques, les tentations doctrinales et les approches pragmatiques. Au XVIe siècle, les traditionnalistes à l'écriture compliquée s'opposent aux modernistes à l'écriture simplifiée. Par chance, ce n'est pas un organe officiel lié au pouvoir qui prend en charge la langue. L'Accademia della Crusca, fondée en 1585, regroupe des lettrés, ardents défenseurs de la langue italienne, et publie son dictionnaire en 1612. Cette première référence de l'orthographe italienne, à la différence du dictionnaire de l'Académie française publié quatre-vingts ans plus tard, fait le choix de l'orthographe moderne, la plus phonétique, la plus simple. Ce choix résistera aux pressions des érudits, soucieux d'encastrer leurs lettres étymologiques.

Seules quelques modifications mineures s'imposeront sans psychodrames au XIXe et au XXe siècle. Le spectre de la grande réforme n'a jamais plané sur la langue de Dante, dont les œuvres peuvent encore se lire dans le texte originel au prix de quelques corrections, mais sans véritable traduction. Telle est la bénédiction de l'italien, qui a, dès son enfance, pris la bonne direction. Le processus constant de rectifications n'a jamais porté que sur des points de détail, l'essentiel des problèmes ayant été reconnus et résolus dès le XVIᵉ siècle. « En outre, ajoute Myrta Giovanoli, la langue écrite n'avait pas le même poids en Italie qu'ailleurs, tout d'abord parce que le taux d'analphabètes est resté longtemps plus élevé que dans les autres pays, deuxièmement parce que l'unification politique de l'Italie s'est faite seulement au milieu du XIXᵉ siècle, troisièmement parce que la langue parlée dans les différentes régions de l'Italie était, jusqu'à la scolarisation obligatoire de 1877, le dialecte. » L'orthographe n'était pas un enjeu politique, pas un identifiant social ou national, elle n'intéressait que des individus isolés et pas le pouvoir, c'est ainsi qu'elle est devenue adulte sans multiplier ces crises d'une interminable adolescence que connait le français.

L'orthographe de García Márquez et de Pessoa

L'histoire de l'espagnol est assez comparable à celle de l'italien et prouve que les problèmes orthographiques ne débouchent pas à tout coup sur les affrontements outranciers que nous avons connus. Là encore, la proximité du latin a facilité les choses, et la direction prise de très bonne heure a évité ces corrections de trajectoire qui, en linguistique comme en balistique, sont d'autant plus pénalisantes qu'elles sont plus tardives. Le principe phonétique – « en espagnol, tout ce qui s'écrit se prononce » – a été posé dès le XVe siècle ; l'écriture espagnole se fait avec les oreilles, pas avec les yeux. Par la suite, les érudits ont voulu, comme il se doit, enrichir l'écriture d'ajouts épistémologiques, mais leurs interventions n'ont rien eu de comparable à celles de nos scribes.

À partir du XVIIIe siècle, l'Académie espagnole a simplifié les graphies en les débarrassant des consonnes superflues sans jamais remettre en cause l'architecture du langage. Elle a procédé de façon continue par retouches limitées en laissant aux nouvelles graphies le temps de s'imposer. Une modernisation jamais terminée, mais suffisamment avancée pour que les scripteurs ignorent la malédiction de « la faute ». L'adéquation entre ce qui se prononce et ce qui s'écrit est de l'ordre de 95 % pour l'espagnol comme pour l'italien, alors qu'elle ne dépasse guère les 50 % pour le français.

Mais la langue des Espagnols est devenue celle de 400 millions de locuteurs répartis sur deux continents. Difficile de maintenir une unité linguistique dans un ensemble aussi vaste. Le principe phonétique suppose une prononciation uniforme et stable. Or les accents ne sont pas les mêmes aux îles Canaries, au Venezuela, au Mexique, en Argentine ou au Chili. Autant de décalages qui compliquent l'apprentissage de la langue. Pour être infiniment plus facile que celle du français, l'orthographe espagnole pose encore problème.

Le courant réformiste qui s'est développé en Amérique du Sud répondait à une exigence sociale et non linguistique. Pour les promoteurs de l'alphabétisation, c'était perdre du temps et de l'argent que de s'attarder sur l'apprentissage des *h* superfétatoires et autres complications résiduelles. Dans le climat antihispanique qui suit les guerres d'indépendance, on frôle la rupture. Le Chili finira même par se doter pendant quelques années de sa propre orthographe ! Pourtant, l'unité linguistique a pu être préservée, et l'Académie espagnole travaille en étroite collaboration avec ses homologues américaines. L'essentiel du travail étant accompli, les rectifications ne suivent qu'avec la plus extrême prudence. Une lenteur dénoncée par Gabriel García Márquez devant le premier Congrès international de la langue espagnole, réuni au Mexique en 1977. Le Prix Nobel lança devant un parterre éberlué : « Mon orthographe, je la fais corriger par des correcteurs. Si on me faisait passer un examen de grammaire, je me ferais étendre. » Un aveu qui lui permet de conclure : « Mettons l'orthographe à la retraite ! Enterrons les *h* rupestres, signons un traité sur les limites entre *j* et *g*[1]... » Une provocation calculée pour secouer les conservatismes, mais qui n'empêche pas les académies de ne dépoussiérer qu'au plumeau l'orthographe de 1815. L'écriture espagnole est suffisamment accommodante pour que l'unité linguistique l'emporte sur toutes les outrances réformistes.

L'espagnol a réussi son unification de part et d'autre de l'Atlantique, l'orthographe portugaise, en revanche, a toujours été une pomme de discorde entre le Portugal

---

1. Cité par Elena Llamas Pombo, « *La lettra con sangre...* », in Renée Honvault (dir.), *L'Ortografe ? C'est pas ma faute !*, *op. cit.*

et le Brésil. Lors de l'indépendance brésilienne, en 1822, elle n'existe tout simplement pas. De multiples graphies, phonétiques ou étymologisantes, sont utilisées en dehors de toute normalisation dans une anarchographie générale. La première réforme qui fixe l'écriture portugaise n'intervient qu'en 1911. Elle a été concoctée par les seuls Portugais, sans concertation avec les Brésiliens. Or la langue a considérablement divergé dans les deux pays : ce qui convient à l'un ne convient pas à l'autre. Plus que tout, l'ancienne colonie n'entend pas se laisser dicter son orthographe, et le Portugal n'imagine pas de se plier aux normes brésiliennes.

Commence alors une histoire de cent ans, ponctuée de multiples tentatives toujours dénoncées d'un côté ou de l'autre de l'Atlantique. Il suffit qu'un pays adopte une réforme pour que l'autre la refuse. Dernière tentative en date : le premier accord orthographique de la lusophonie, signé en 1990 par sept pays qui pratiquent le portugais. Lisbonne adopte la norme commune en 1991... mais le Brésil ne ratifie pas.

Cette désunion orthographique pénalise le monde lusophone à l'heure de la mondialisation et d'Internet, et le gêne dans son ambition suprême : rejoindre les six langues officielles de l'ONU[1]. La réforme unificatrice aura donc lieu. Mais le rapport des forces a changé. Les exigences des 190 millions de Brésiliens l'emportent sur la légitimité historique des 10 millions de Portugais : ce sont leurs accentuations qui prédomineront dans les

---

1. Les six langues officielles de l'ONU sont l'anglais, le chinois (mandarin), l'espagnol, le français, le russe et, depuis 1973, l'arabe.

rectifications attendues. Après un siècle de querelles, le portugais aura donc sa réforme simplificatrice et unitaire... que les élites lusitaniennes n'appliqueront qu'avec les plus grandes réticences.

L'exception française

Dans cette trop rapide croisière en Orthographie, j'ai omis des épisodes et des écritures qui valent assurément escale. La Turquie, par exemple, qui a vécu en 1928 le passage autoritaire de l'alphabet arabe à l'alphabet latin ; la Russie, qui connut, à partir de 1917, la réforme dans la Révolution. En effet, le Gouvernement provisoire, né de la chute du tsarisme, n'eut rien de plus pressé que de promulguer une réforme de l'orthographe supprimant le signe le plus respecté de l'écriture traditionnelle : le *jat'*. Cette réforme sera ensuite appliquée par le pouvoir bolchevique et deviendra l'orthographe officielle de l'URSS. Et que dire des bouleversements orthographiques du monde asiatique ou des tentatives africaines pour transcrire des parlers locaux ? Oui, notre saga orthographique n'est jamais qu'une parmi beaucoup d'autres, qui, à travers leurs différences, dégagent pourtant bien des traits communs.

Première évidence : la réforme n'est jamais facile, jamais « naturelle ». Quelle que soit la complexité d'une orthographe, les peuples ne souhaitent pas en changer, chacun veut continuer à écrire ainsi qu'il l'a appris dans son enfance. Le linguiste Jean-Pierre Jaffré a étudié ce

« conservatisme intrinsèque [1] » de l'orthographe. Il n'est propre ni à la France, ni à telle ou telle époque, ni à telle ou telle catégorie sociale, il appartient à la nature même de l'expression écrite. Celle-ci est toujours seconde. À l'échelle historique, tout d'abord, la langue orale précède l'écriture ; à l'échelle individuelle, ensuite, chacun apprend à parler avant d'apprendre à écrire.

La parole et l'écriture sont les deux pôles du langage, complémentaires et différents. La première est instantanée, fugace, spontanée. Chacun l'utilise pour s'exprimer avec une certaine marge de liberté. À l'inverse, l'écrit fige le verbe. La stabilité est en quelque sorte sa façon d'être.

Comment s'effectue le passage d'une langue orale à une langue écrite ? « Dans tous les cas, explique Jean-Pierre Jaffré, après une période plus ou moins longue de tâtonnements et de mises au point, l'écriture se standardise et se dote de formes graphiques aussi stables que possible. Au terme de ce processus, les écritures deviennent des orthographes. » Des orthographes dont nous avons vu, avec l'exemple du français, qu'elles ont vocation à se figer dans le moule étatique.

Il existe donc une période intermédiaire entre l'invention de l'écriture et la normalisation orthographique, période pendant laquelle les règles sont en concurrence au sein d'une petite élite, sans être un grand enjeu de société. C'est alors que se joue le devenir d'une langue. Les Italiens et les Espagnols ont mis à profit ces années

---

1. Jean-Pierre Jaffré, « Le conservatisme orthographique », in Renée Honvault (dir.), *L'Ortografe ? C'est pas ma faute !*, *op. cit.*

255

pour poser les bases d'une orthographe rationnelle ; les Anglais, les Français, les Allemands, sont restés empêtrés dans des logiques diverses et des graphies compliquées.

Passé ce stade – disons, pour la France, passé l'Ancien Régime –, l'orthographe se trouve liée au système politique, elle manifeste son conservatisme et n'autorise plus que de petites retouches. « En l'absence de toute transformation radicale de cet environnement, une réforme de l'orthographe est impossible », constate Jean-Pierre Jaffré. Ce n'est pas un hasard si les grandes transformations ont accompagné des bouleversements politiques – la révolution kémaliste en Turquie, la révolution bolchevique en Russie – ou ont été imposées par des régimes autoritaires.

L'écrit n'a pas la spontanéité de la parole, la seule langue maternelle. Il suppose des « calculs mentaux », alors que l'oral repose sur des routines. L'idéal serait d'acquérir les mêmes routines dans un cas comme dans l'autre. « Or ce sont précisément ces calculs d'origine grammaticale qui font obstacle à la bonne marche de la routine orthographique », explique Jaffré. J'ajouterai pour ma part que les graphies qui ne correspondent à aucune règle grammaticale ne sont pas moins perturbantes.

Connaitre l'orthographe, c'est l'utiliser avec le plus de routine et le moins de calcul possible. En suivant ce raisonnement, on peut ajouter que la difficulté d'y parvenir en fait tout le prix. Chacun s'y attache en proportion des efforts qu'il a consentis. Bref, plus une orthographe est compliquée, plus elle est règlementée, et plus elle oppose de résistance au changement. Mais on peut suivre l'autre versant du raisonnement et poser que plus une orthographe est difficile, plus elle aurait besoin d'être simplifiée.

La France se singularise par l'extrême difficulté de son orthographe. C'est elle, sans doute, qui requiert le plus de temps pour son apprentissage, qui compte le plus de dysorthographiques dans sa population. Comment sortir d'une telle situation ?

La méthode germanique, fondée sur le pouvoir politique, a montré ses limites. En France même, elle serait totalement impraticable, et il n'y a pas lieu de le regretter. Les gouvernements n'ont pas le quart de l'autorité nécessaire pour imposer un quelconque changement de notre orthographe. En ce domaine, ils ne se sont jamais avancés que sur la pointe des pieds et ont reculé précipitamment aux premières manifestations de mécontentement. Sommes-nous donc, une fois de plus, la patrie du statu quo ? Sans doute, mais pas plus que la Grande-Bretagne, qui n'a jamais rien changé à ses graphies tarabiscotées. La vraie spécificité française tient à la relation que nous entretenons avec notre écriture, au statut que nous avons donné à l'orthographe.

On ne retrouve pas dans les autres pays cette survalorisation qui fait de l'erreur une faute, qui transforme un manque de savoir en manque de savoir-vivre. C'est bien à ce niveau que se situe l'exception française. Changer notre orthographe, c'est tout autant la désacraliser que la réécrire, et l'un n'est pas moins ardu que l'autre. Sur ce point comme sur beaucoup d'autres, la France était bien une « société bloquée », selon le diagnostic à succès de Michel Crozier. Ces blocages ont résisté à la volonté des réformateurs, ils sont en passe de céder aux bouleversements sociaux et techniques de notre temps.

XI

FRANCE, TON ORTHOGRAPHE FOUT LE CAMP !

Depuis le temps que les professeurs « Tant pis » nous l'annonçaient, il fallait bien que cela finisse par arriver. Voilà, c'est fait : les Français perdent leur orthographe. Le seuil de non-retour a été franchi, le futur est annoncé : les prochaines générations se soucieront comme d'une guigne de nos subtilités grammaticales et de nos entourloupes lexicales. La faute aura disparu, le « zéro faute » aussi. L'écriture française aborde le grand tournant de son histoire... dans une totale impréparation.

Depuis l'origine, la religion de l'orthographe s'est accompagnée d'une hantise : la baisse du niveau. Dès 1862, un président de jury au baccalauréat déplore « l'ignorance presque générale de l'orthographe ». André Chervel montre que, dans les années 1880, les tentatives de Ferdinand Buisson pour réformer notre enseignement se heurtent à l'affirmation cent fois répétée que les élèves écrivent de plus en plus mal, que l'école est trop laxiste et qu'il faut augmenter la sévérité lors des examens. En 1889, *La Tribune des instituteurs* rapporte que « les commissions d'examen pour le brevet de capacité sont unanimes pour constater la faiblesse des candidats dans l'épreuve d'orthographe » ; en 1890, le directeur de l'école normale de la Seine déclare que « la faiblesse de tous nos élèves en orthographe – enfants de l'école primaire et élèves-maitres de l'école normale – s'est considérablement accrue [1] »… Jérémiades et fulminations se poursuivent tout au long du XXe siècle. « Les jeunes ne connaissent plus l'orthographe » c'est l'archétype de l'idée reçue, celle qui n'a de preuve que sa répétition. Mais cette « orthographe qui fout le camp » se vérifie désormais dans les faits. Des expériences convergentes ne laissent place à aucun doute.

Les lycéens comme les écoliers

Le dernier résultat en date a été annoncé en janvier 2009 par l'association Sauvez les lettres. Tous les quatre ans, depuis l'an 2000, ce collectif de professeurs de français soumet un bon millier d'élèves de seconde, qui ont donc terminé leur apprentissage de l'orthographe, à une dictée du brevet. L'épreuve est notée selon les barèmes en vigueur jusqu'en 1976 pour cette épreuve. Les résultats de 2008 sont assez catastrophiques : 58 % des élèves se voient infliger zéro, et 14 % seulement atteignent la moyenne. Dans cette dictée, qui ne comportait aucun piège particulier, un élève sur deux a fait plus de quinze fautes, 29 % ont dépassé la vingtaine et 8,5 % la trentaine. Ce résultat confirme celui de 2004 – 56 % de zéros pointés –, mais il marque une forte dégradation par rapport à 2000. Le nombre des

---

1. André Chervel, *L'Orthographe en crise à l'école, op. cit.*

lycéens atteignant la moyenne a diminué de moitié, passant de 30 % en 2000 à 14 % en 2008 ; à l'autre extrême, les « nuls », qui représentaient 28 % de l'échantillon, atteignent maintenant 58 %.

L'expérience, si elle ne répond pas à toutes les exigences d'une recherche scientifique, n'en est pas moins significative en raison du nombre des participants (1 348 élèves), de sa répétitivité et, surtout, de sa convergence avec d'autres, qui elles, ont bénéficié des méthodes les plus rigoureuses.

C'est tout d'abord l'enquête « Lire, écrire, compter », conduite par la Direction de l'évaluation, de la prospective et de la performance du ministère de l'Éducation nationale. Après l'officieux, voici l'officiel ; après l'évaluation des lycéens, voici celle des écoliers. En 1987, la DEPP a tiré au sort 150 écoles pour effectuer des tests de compétence au niveau du CM2. Des milliers de très jeunes élèves furent donc soumis à des exercices calibrés, normalisés, de lecture, de calcul et d'orthographe. Retenons cette dernière épreuve : une dictée de dix lignes. Cette évaluation ayant été faite en 1987, la DEPP entreprit de la recommencer vingt ans plus tard, en apportant le plus grand soin à éviter tout biais risquant de fausser la comparaison.

Le résultat de 2007 est assez consternant : le nombre moyen de fautes (que, désormais, les textes officiels qualifient d'erreurs) est passé de 10,7 en 1987 à 14,7, mais surtout le pourcentage des écoliers dépassant les quinze « erreurs » a bondi de 26 à 46 %. Le ministère a tenu compte de l'origine sociale des enfants, et le résultat est malheureusement prévisible. La dégradation est fonction du milieu : plus forte lorsqu'il est défavorisé, plus faible lorsqu'il est favorisé. La discrimination est encore plus nette pour la lecture.

À un siècle de distance

S'agit-il d'un phénomène conjoncturel appelé à se corriger dans l'avenir, ou d'un phénomène structurel voué à s'aggraver ? Ces études ne permettent pas de le savoir. La réponse suppose une observation sur la longue durée. Dans les années 1980, André Chervel, qui poursuivait ses recherches sur l'enseignement du français, tomba sur un trésor en fouinant aux Archives nationales : des milliers de dictées collationnées dans les années 1873-1877 par l'inspecteur général Beauvain. L'éminent fonctionnaire effectuait des sondages destinés à évaluer l'enseignement de l'orthographe. Il y avait en particulier 3 000 copies portant sur le même texte, une dizaine de lignes de Fénelon :

> *Les arbres s'enfoncent dans la terre par leurs racines comme leurs branches s'élèvent vers le ciel. Leurs racines les défendent contre les vents et vont chercher, comme par de petits tuyaux souterrains, tous les sucs destinés à la nourriture de leur tige. La tige elle-même se revêt d'une dure écorce qui met le bois tendre à l'abri des injures de l'air. Les branches distribuent en divers canaux la sève que les racines avaient réunie dans le tronc.*

Pas de quoi passionner un élève en cette fin de XXᵉ siècle, mais assurément de quoi vérifier ses compétences orthographiques.

Il suffisait de reprendre cette dictée avec des élèves d'aujourd'hui pour établir la comparaison à un siècle de distance. L'expérience fut conduite en 1987 par André Chervel et Danièle Manesse. Les linguistes attachèrent le plus grand soin à reconstituer le contexte historique pour se placer dans des conditions équivalentes. L'échantillon fut reproduit au plus près de l'expérience passée. Les élèves, âgés de dix à quinze ans, étaient directement confrontés au texte comme l'avaient été leurs devanciers.

L'idée d'une baisse du niveau était à ce point ancrée que chacun attendait un nombre de fautes en forte augmentation. On se préparait donc à relativiser le mauvais résultat… Or celui-ci fut excellent ! Les corrections firent apparaitre une forte amélioration des compétences orthographiques. Qui plus est, la nature même des fautes avait changé… dans le bon sens. Aux erreurs calamiteuses sur le sens des mots et des phrases se substituaient des erreurs grammaticales ou lexicales moins alarmantes. À l'encontre des idées reçues, l'orthographe des Français était en constante amélioration et ce progrès avait toutes les raisons de se poursuivre dans l'avenir.

Ce constat rassurant fut remis en cause par une autre expérience du même type effectuée à partir d'un lot de 9 000 copies du certificat d'études découvert par Brigitte Dancel. Seule différence, celles-ci ne remontaient pas au XIXᵉ siècle, mais à 1923-1925. Les élèves de cinquième d'aujourd'hui furent donc soumis au « certif' » d'hier. Stupéfaction ! Les jeunes élèves âgés de douze à quatorze ans faisaient deux fois et demie plus de fautes que leurs devanciers des années 1920. Seul sujet de satisfaction : leurs rédactions étaient nettement meilleures. Rappelons-nous, pour nous consoler, que les instituteurs ne présentaient qu'un élève sur deux, les meilleurs, au certificat d'études. D'où venait que le niveau orthographique soit aussi nettement supérieur à celui du XIXe siècle et inférieur à celui du début du XXe ?

Le décrochage

Pour le comprendre, Danièle Manesse, associée à Danièle Cogis, a entrepris de refaire l'expérience de 1987 en 2005. L'hypothèse d'une amélioration continue allait-elle se confirmer sur le long terme ? Le résultat de ce « remake » fut longuement et scrupuleusement analysé par les auteurs dans leur ouvrage *Orthographe, à qui la faute ?* – postfacé par André Chervel –, qui marque le véritable tournant dans l'histoire des Français et de leur écriture [1].

Voyons tout d'abord la comparaison entre les élèves de 1987 et ceux de 2005. La moyenne est passée de 8 fautes « lourdes » à 13, et cette chute se retrouve tout au long de la scolarité. « L'écart entre les résultats des élèves de 1987 et ceux de 2005 est en moyenne de deux niveaux scolaires. Les élèves de cinquième de 2005 font le même nombre de fautes que les élèves de CM2 il y a

___

1. Danièle Manesse et Danièle Cogis, *Orthographe, à qui la faute ?*, Paris, ESF éditeur, 2007.

vingt ans, les élèves de troisième de 2005, le même nombre d'erreurs que les élèves de cinquième en 1987… » On a perdu deux années en vingt ans ! C'est toute l'acquisition du savoir qui est freinée. « Entre le CM2 et la troisième, les élèves de 1987 divisaient par trois leur nombre d'erreurs, ils ne le divisent plus que par deux en 2005. » On part de plus bas pour monter plus lentement. Et c'est plus que jamais la grammaire qui fait problème. Les correcteurs lui imputent 52 % des erreurs, contre 40 % en 1987. Résultat : « Les élèves de troisième font aujourd'hui, dans le registre grammatical, 4,15 fautes au lieu de 1,49 en 1987, soit pas loin de trois fois plus ! »

À partir de ces trois enquêtes, André Chervel s'est efforcé de reconstituer l'évolution depuis un siècle. Première constatation : l'enquête de 1987 semblait traduire une ascension alors que l'on était déjà en phase descendante. En réalité, on peut discerner « une très forte augmentation du niveau au cours des trois dernières décennies du XIXe siècle et des premières du XXe, puis un palier, puis un recul ». La France a sans doute atteint le zénith de l'excellence orthographique dans l'entre-deux-guerres. Elle a dû rester un certain temps à ce niveau. Christian Baudelot et Roger Establet ont montré que le niveau des conscrits, évalué selon des tests constants depuis 1950, est resté à peu près stable jusque dans les années 1980 [1]. La baisse serait donc intervenue aux alentours des années 1970 ou 1980. Ce décrochage

---

1. Christian Baudelot et Roger Establet, *Le Niveau monte*, Paris, Le Seuil, 1989.

resta longtemps insaisissable. Il était, certes, dénoncé par les parents d'élèves, mais comme il l'était depuis toujours...

Aujourd'hui, au contraire, c'est dans les milieux professionnels que l'on observe une forte dégradation des compétences orthographiques. Passons donc de l'école à l'entreprise, de l'amont à l'aval.

La faute dans l'entreprise

Le constat est général autant qu'accablant. « On ne reçoit plus un mail sans fautes d'orthographe, ça choque tout le monde, c'est un vrai problème dans l'entreprise », s'inquiète Gaétan de Saint Marie, patron de PME à l'unisson de tous ses confrères [1]. Ces incongruités se retrouvent dans les documents, les notes, les descriptifs, les devis et, pis que tout, sur le papier à entête de la société. Et lire des fautes dans le courrier que l'on reçoit ne signifie en rien que celles que l'on fait passeront inaperçues. Pour une entreprise française, la faute représente une marque de « je-m'en-foutisme », c'est un désaveu par rapport à l'image qu'elle veut donner d'elle-même.

Le curriculum vitae mal orthographié risque fort de finir à la corbeille. « Une faute dévalue d'au moins 50 % la force d'une candidature. Elle fait planer le doute sur la culture générale et le sérieux de son auteur », estime Noël Goutard, l'ancien patron de Valeo. Malheureusement, le

1. Catherine Lagrange, « Et maintenant on apprend l'orthographe à l'université », *Le Parisien,* 8 octobre 2008.

filtrage absolu n'est plus possible, car une sélection impitoyable éliminerait un trop grand nombre de candidats. Même de grandes banques reconnaissent que, si elles n'admettaient que des postulants à l'orthographe impeccable, elles ne pourraient satisfaire leurs besoins de recrutement. « Je reçois parfois des lettres de motivation de diplômés de HEC qui contiennent une faute par ligne », se lamente un chasseur de têtes. Les grandes écoles n'offrent plus cette garantie qu'elles assuraient depuis toujours. Le directeur d'un cabinet de recrutement enregistre « une baisse flagrante du niveau des candidats, qui sont pourtant diplômés de bac + 2 à bac + 5. Et pas seulement des candidats en quête d'un premier emploi, mais aussi des gens de trente à quarante ans. » On ne peut tout de même pas imposer une dictée pour recruter un directeur financier !

Irrésistible, la poussée de l'hétérographie fait pénétrer les contrevenants dans la citadelle. Or, constate Jean-Baptiste Duval, « jamais on n'a tant écrit dans les entreprises. Là où, il y a encore quinze ans, on réglait un problème en un coup de fil, il faut aujourd'hui écrire un mail à trois personnes et en mettre au moins autant en copie. Le dictionnaire ? Pas facile à consulter quand on doit en urgence tapoter sur son BlackBerry une réponse à un boss impatient... Reste le piège le plus redoutable : la présentation en public. Pas question de parler plus de cinq minutes sans l'assistance de Power-Point. Or une faute sur une *slide*, ça se voit comme le nez au milieu du visage[1] ».

---

1. Jean-Baptiste Duval, « Les fautes d'orthographe, ça se soigne ! », *Capital*, février 2008.

L'enseignement supérieur est touché à son tour par cette épidémie. Dans les grandes écoles et les facultés, les professeurs découvrent avec effarement des copies à ce point constellées de fautes qu'en d'autres temps elles eussent valu le zéro pointé au certif. Certaines ont pris le taureau par les cornes, et introduit dictée et stages de remise à niveau dans leur enseignement.

Bref, tous les Français, sont touchés. Les jeunes plus que les anciens, car le virus dysorthographique attaque de façon privilégiée les moins de quarante ans.

Le rabâchage orthographique

Les moins surpris par les résultats de ces recherches furent assurément les professeurs de français. L'irrépressible montée de la dysorthographie, c'est leur lot quotidien. « Si j'étais stricte avec l'orthographe, je mettrais des zéros partout », avoue Fanny Capel, professeur de français et membre de Sauvez les lettres. Mais elle doit reconnaitre qu'elle se résigne à fermer les yeux [1]. Comme la plupart de ses collègues qui, au fil des blogs et forums de discussion sur Internet, ne cessent d'exprimer leur désarroi et leur colère face à cette Berezina. Sentiment insupportable de n'être plus en état de remplir leur mission. De son côté, l'Éducation nationale a dû revoir à la baisse tous les anciens barèmes qui enverraient au tapis un nombre inacceptable de candidats.

---

1. Nathalie Funès, « Quand les profs ferment les yeux », *Le Nouvel Observateur*, 6 septembre 2007.

Les enseignants imputent cet échec à l'Éducation nationale. Leur réquisitoire se fonde sur trois arguments : les horaires, la pédagogie et l'accumulation des réformes.

Entre l'administration et les professeurs, on discute à perte de vue sur le décompte des heures consacrées à l'orthographe et à la grammaire. Peu importe, le fait lui-même n'est pas discutable : la place qu'occupent ces disciplines a considérablement diminué. Une réduction rendue inévitable par l'extension, voire l'apparition, de nouvelles disciplines. Dans un emploi du temps qui ne cesse de se resserrer, l'orthographe a dû faire de la place aux nouveaux arrivants. Mais le malaise tient tout autant aux réformes pédagogiques.

Pour enseigner à tout un peuple une écriture élitiste, l'école a dû non seulement donner à cette matière une place centrale – disproportionnée, disait déjà les pères fondateurs de l'école publique à la fin du XIXe siècle –, mais, surtout, recourir à des méthodes fondées sur la répétition, la mémorisation et l'acquisition d'automatismes. Le français est découpé en problèmes donnant lieu à des exercices destinés à faire retenir les solutions.

Passe encore pour l'orthographe grammaticale, sorte de mathématique du langage qui fait appel au raisonnement, qui permet de centrer l'enseignement sur la compréhension plutôt que sur la mémorisation. Mais, pour l'orthographe lexicale et ses innombrables exceptions, bizarreries et anomalies, il n'était de recette que répéter, rabâcher, ressasser jusqu'à créer ce fameux dictionnaire mental que chaque élève doit acquérir.

Autant de leçons et de répétitions débouchant sur l'entrainement traditionnel : la dictée. Un exercice purement passif, totalement artificiel – dans la vie, on écrit ses propres textes, pas ceux que l'on vous dicte –, ne présentant pas le moindre intérêt pédagogique et qui s'évalue au nombre de fautes et pas de réussites. N'instruisons pas le procès de l'« odieuse dictée », selon l'expression de Ferdinand Brunot, il n'est plus à faire.

L'apprentissage traditionnel de l'orthographe relève donc d'une vieille pédagogie, autoritaire, passive, rebutante. Mais, avec tous ces défauts, ce système a fait ses preuves. C'est lui qui a permis d'enseigner à tout un peuple une orthographe impossible. « Le système orthographique du français, très complexe, pour être transmis dans l'école [...] a exigé beaucoup de temps, d'exercices répétés, de règles ressassées, de dictées agressives, d'ingéniosité mnémotechniques. L'école a pu le faire parce qu'elle s'appuyait sur une valeur qui fait consensus : la langue écrite et ses normes[1] », conclut Danièle Manesse.

Point essentiel : l'institution orthographique forme un tout. Seule la sacralisation permet à une écriture savante de s'imposer comme écriture populaire. Si la ferveur se relâche, si le savoir n'est plus valorisé et si la déviance n'est plus stigmatisée, un tel apprentissage devient impossible.

---

1. Danièle Manesse et Danièle Cogis, *Orthographe, à qui la faute ?*, *op. cit.*

L'orthographe pédagogique

Au XIXe siècle, ces méthodes n'avaient rien que de naturel. L'instruction publique s'est développée sur ces bases autoritaires, presque militaires. Elle n'avait pas à éveiller la curiosité, stimuler l'imagination, soutenir l'intérêt. La discipline suffisait à imposer l'effort et l'obéissance. Cet ordre ancien a fait son temps. On ne pouvait maintenir au XXIe siècle cette forteresse du XIXe. L'école privilégie désormais l'échange, la participation, la créativité, l'interactivité, elle mise sur la réflexion, s'efforce de donner du sens, d'engager l'élève dans une acquisition du savoir active et non passive. L'apprentissage proposé aux élèves est infiniment plus séducteur. Condition indispensable à l'époque de l'« enfant-roi » où l'élève se comporte bien souvent en « consommateur » exigeant plus que soumis.

Tout naturellement, l'enseignement de l'orthographe a été pris dans cette dynamique. Il n'est plus possible de faire ressasser les conjugaisons, rabâcher les règles, psalmodier les exceptions.

Dans le même souci, l'Éducation nationale renonce à concentrer cet enseignement sur le primaire. Il devra se poursuivre au collège et même au lycée, évitant le « tout orthographe » qui étouffait le premier degré. Ainsi, l'apprentissage de l'orthographe ne se fera plus dans des camps d'entrainement, mais chemin faisant, en s'ouvrant l'esprit sur les paysages variés du langage, voire de la littérature. Notons qu'au passage le maitre s'efforce de tirer les enseignements de l'erreur, plutôt que de stigmatiser « la faute ». « Le projet est d'aider les élèves à construire l'orthographe de leur langue de façon plus cohérente, plus systématique, en leur montrant les logiques internes », résume le pédagogue Jacques David [1].

Ces bonnes intentions ne pavent-elles pas un enfer orthographique ? Pouvons-nous retirer à cet enseignement son caractère de discipline majeure, astreignante, dominante, et n'en faire qu'une spécialité parmi d'autres au sein des enseignements littéraires ? C'est toute la question.

Elle ne se poserait pas dans des pays qui utilisent des écritures simples à dominante phonétique. Mais nous, Français, n'en sommes pas là. Nous n'avons rien voulu changer à notre orthographe « bête et méchante » ; pouvons-nous aujourd'hui la domestiquer de façon « douce et intelligente » ?

L'apprentissage de l'orthographe se trouve donc battu en brèche par la pédagogie moderne. En dépit de tous leurs efforts, les professeurs ne peuvent enseigner notre vieille orthographe dans ce nouveau cadre. Ce que constate André Chervel : « C'est ce nouvel enseignement du français qui est le premier responsable de la baisse du niveau en orthographe et en grammaire [2]. »

---

1. Jacques David, « Une histoire récente et paradoxale », *Cahiers pédagogiques « Orthographe »*, n° 440, février 2006.

2. André Chervel, *L'Orthographe en crise à l'école, op. cit.*

Apprendre à apprendre l'orthographe

Il ne suffit pas d'appliquer dans ses grandes lignes une pédagogie rénovée pour résoudre les problèmes très particuliers que pose l'apprentissage de notre orthographe. La correction de la dictée de Fénelon révèle que les élèves ont une connaissance générale des règles grammaticales, mais qu'ils ne savent pas en faire une application correcte. Notons qu'il en va de même pour les fautes que commettent des personnes possédant un niveau d'instruction supérieur. Danièle Cogis fait observer que l'élève est constamment pris à contrepied par rapport à des règles simples [1]. Il découvre « *le bois tendre* » dans le texte de Fénelon. Or, remarque Danièle Cogis, cela peut suffire à le dérouter. S'il a retenu que le *s* marque le pluriel, ce qu'il n'a pas manqué d'appliquer dans les nombreux groupes nominaux pluriels de la dictée, il trébuche sur *le bois*. Pourquoi, au singulier, ce *s* muet terminal ? De même applique-t-il le *e* du féminin à *dure écorce*, mais *bois* est du masculin. Pourquoi *tendre* prend-il un *e* terminal ?

Et que dire de l'orthographe lexicale ? Dans le texte de la dictée apparait le mot *sève*, que les 2 767 élèves ont écrit de 63 manières différentes ! Parmi ces graphies fautives, beaucoup sont aberrantes, mais pas toutes, loin de là. Ainsi, pour le mot *abri*, 42 % des élèves ont écrit *abrie, abrit, abris*, des formes possibles au terme d'un

---

1. Danièle Manesse et Danièle Cogis, *Orthographe, à qui la faute ?*, *op. cit.*

calcul logique. C'est notamment le cas pour *abrit* que semble appeler le verbe *abriter,* tout comme le *t* de *bruit* est appelé par *bruitage.* Et comment inventer, si on ne l'a pas mémorisé, le *c* de *tronc* ou le *s* de *bois* ? Lorsque l'orthographe est acquise, le scripteur n'hésite générale-ment qu'entre deux graphies, faut-il ou pas redoubler la consonne ? Mais l'ignorance débouche sur le vertige de l'hyperchoix. De fait, la « créativité » hétérographique est en forte augmentation. Entre 1987 et 2005, les 31 façons d'écrire *tronc* sont devenues 53, et les 39 manières d'écrire *abri* sont devenues 70. Le repère phonétique ne donne donc qu'une indication très vague sur l'écriture.

On le sait aujourd'hui, il ne suffit pas que les élèves « se mettent dans le crâne » quelques règles élémentaires à partir d'exemples aussi simples qu'artificiels. Il faut vérifier à tout moment ce que l'enfant a effectivement compris, et ne pas se contenter d'assener des dogmes sans savoir ce que l'élève en retient. Bref, cet apprentis-sage relève d'une didactique plus élaborée que le bour-rage de crânes en vigueur au XIXᵉ siècle.

Celle-ci existe, mais elle entre bien rarement dans la formation des maitres. Le corps enseignant se trouve donc démuni face à des programmes qui n'ont ni les méthodes ni les horaires de leurs ambitions. Car l'objec-tif n'a jamais été aussi élevé. Ce n'est plus un élève sur deux, comme au XIXᵉ siècle, c'est la totalité des petits Français qui doit apprendre à écrire sans fautes.

Nous avons renoncé à l'ancienne pédagogie de notre orthographe sans avoir modernisé ni la pédagogie ni l'orthographe. D'où le désarroi d'enseignants confrontés à une mission impossible. La barque a été trop chargée, elle coule.

L'orthographe à deux vitesses

Face à ce désastre, les professeurs de français sont nombreux à demander que l'Éducation nationale fasse machine arrière. Qu'elle rende aux lettres leurs « heures de noblesse », qu'elle redonne sa place et ses méthodes à l'enseignement de la grammaire et de l'orthographe. Attitude réactionnaire, disent les novateurs ! Et pourquoi pas ? Il peut être raisonnable de revenir sur une politique inspirée par les meilleures intentions qui aurait buté sur des difficultés imprévues. Mais est-il encore temps pour l'école de satisfaire aux exigences traditionnelles de l'orthographe ?

Comment dégager les heures nécessaires – et il en faudrait beaucoup – pour freiner la dégringolade ? En augmentant les horaires scolaires ? Il ne faut pas y penser, l'exigence sociale va en sens contraire. Ce seraient donc les autres matières qui feraient les frais de ce sursaut orthographique. Lesquelles ? On imagine déjà les hurlements des professeurs d'histoire, de langues, de sport, de sciences, etc. ! Mais est-il judicieux, dans le monde moderne, de surinvestir le champ de l'orthographe au détriment d'autres savoirs ? Bref, le budget temps de l'Éducation nationale n'a pas plus de marge de manœuvre que le budget de l'État.

Quant à la restauration pédagogique, elle ne saurait être que limitée pour des raisons sociales et culturelles.

Attaquer dès le CP l'apprentissage de la grammaire et de l'orthographe n'est pas anodin. Pour être profitable, ces enseignements supposent une certaine maitrise du langage. C'est le point essentiel. L'enfant qui commence à parler veut essentiellement communiquer. Il désigne les choses et les personnes, pose des questions, apporte des réponses. Il utilise le langage pour faire comprendre ses désirs, ses besoins, ses refus, ses émotions. En un second temps, les parents vont stimuler en lui un autre usage de la parole, celui du récit ; et de l'argumentation. Sans cesse, ils lui demandent de « raconter » ce qu'il a vu, ce qui s'est passé, bref, de construire un récit ; d'autre part, ils l'obligent à expliquer ses réactions, ses sentiments. C'est alors que la parole ne sert plus seulement à communiquer, mais à penser. L'enfant commence à réfléchir avec les mots. À cette découverte s'ajoute celle de la langue écrite lorsque les parents lisent des livres qui accoutument les petits à cette autre version de leur langue : le français écrit.

Lorsque l'enfant a bénéficié de ce travail préalable, il est prêt pour l'apprentissage de la lecture et de l'écriture. Si, au contraire, il n'a pas dépassé le premier stade de l'expression orale, cet enseignement a peu de chances de lui être profitable.

Entre un quart et un tiers des enfants ne bénéficient pas de cette propédeutique familiale... Si l'école ne complète pas leur appropriation du langage avant d'aborder les apprentissages de l'écrit, alors ils seront les « mal partis ». Si, au contraire, l'école primaire poursuit ce travail préalable pour tous les écoliers, certains parents auront le sentiment que leurs enfants « perdent leur temps ». Dilemme originel du collège unique.

Les choix pédagogiques des dernières années visaient à ne pas laisser à quai les enfants des milieux défavorisés en faisant partir trop vite le train de l'orthographe, Or l'enquête de Danièle Manesse et Danièle Cogis fait apparaitre un net retard des élèves de ZEP sur ceux des autres établissements. À l'évidence, les petits Français ne sont pas tous égaux devant l'orthographe, et les méthodes qui conviendraient aux uns ne conviendraient pas aux autres. Peut-on, sans une impossible augmentation des horaires, trouver une méthode unique adaptée aux plus forts et aux plus faibles ? Doit-on sacrifier les enfants les moins bien préparés pour assurer le succès des autres ?

Notre impossible orthographe pose à la société française des questions auxquelles elle ne sait pas répondre. Des questions qu'elle élude. Mais nous arrivons là au bout de notre roman du français. On devait découvrir tôt ou tard qu'on ne peut pas faire d'une écriture élitaire l'écriture de tout un peuple.

Pour André Chervel, la France part en dérive vers un enseignement de l'orthographe à deux vitesses. L'école laisserait couler les plus faibles, ceux qui quitteront le navire avant le bac, et elle s'efforcerait de remettre à niveau les autres. Une pratique, hélas, assez naturelle pour notre système de sélection par l'échec. « Prenons notre parti de l'échec de l'enseignement généralisé de l'orthographe, entend-on dire parfois. Les Français étant ce qu'ils sont, le trou de l'orthographe est aussi impossible à combler que le "trou de la Sécu". »

Refusant cette démission, il préconise la seule solution qui resterait : simplifier notre orthographe. Il demande donc qu'au plus vite on décide de généraliser la marque *s* pour le pluriel, de supprimer les « lettres grecques », les *h*, les *y*, les *ph*, de supprimer toutes les consonnes doubles. Bref, une réforme beaucoup plus radicale que les rectifications de 1990, qui, pourtant, ne sauraient à elles seules résoudre la crise actuelle. Mais le temps des réformes n'est-il pas révolu ? Une véritable simplification n'était possible qu'étalée sur deux siècles et à travers une dizaine d'étapes successives. La France l'a refusée, et l'évidence de la crise actuelle, loin d'en faire admettre la nécessité, risque au contraire de crisper les opposants sur les positions les plus conservatrices.

Faut-il donc penser que les Français vont sombrer dans un océan de fautes d'orthographe ? Non, ils vont, au contraire, s'en débarrasser, car le canot de sauvetage arrive, celui qui, faute de mieux, pourrait savoir l'orthographe à notre place.

XII

L'ORTHOGRAPHE DU XXIᵉ SIÈCLE

Réduction des horaires, mauvaises méthodes, hétérogénéité des classes : l'avenir de notre écriture serait donc compromis pour des raisons administratives ou pédagogiques. C'est ainsi que la crise de l'orthographe est analysée dans les milieux officiels ou chez les enseignants. Tout le monde feint de croire que si, d'un coup de baguette magique, nous pouvions retrouver les heures perdues, revenir aux recettes éprouvées et rétablir les sanctions oubliées, alors les jeunes ne feraient pas plus de fautes que leurs aînés. Outre le caractère chimérique d'un tel retour en arrière, cette analyse oublie l'essentiel : les révolutions techniques qui bouleversent les habitudes scripturales.

Demain, l'écriture

Lorsque la télévision apparut, s'ajoutant au cinéma et ouvrant la voie aux jeux vidéo, les augures nous annoncèrent la victoire définitive de l'image sur l'écrit. C'était compter sans la dernière vague du progrès technique : micro-ordinateur, Internet, téléphone portable. Devenue la panoplie fétiche des nouvelles générations, elle ne peut que croitre et embellir au détriment des médias passifs comme la télévision. Or tous les services qu'elle propose – courrier électronique, SMS, blogs, « chats », forums, réseaux sociaux – reposent sur l'écrit. Cette revanche, qui défie toutes les prévisions, s'impose comme une évidence. L'avenir n'a pas besoin d'être annoncé pour devenir notre présent.

Mais l'écriture qui avait traversé les siècles est bien différente de celle qui envahit notre quotidien. Inventée pour figer le verbe, elle imposait une graphie immuable autant qu'inviolable. Chacun peut parler comme il veut, mais doit écrire comme il faut.

L'écriture qui se développe aujourd'hui est d'une tout autre nature et remplit de tout autres fonctions. Les Texto, les discussions, les interventions dans les forums, les échanges de messages électroniques et les courriels n'ont pas vocation à être archivés. L'écriture rejoint la parole comme outil d'une communication immédiate et non plus différée. Ce n'est pas un texte que l'on écrit, c'est une parole que l'on envoie, une conversation qui jaillit du clavier. Qu'elle soit portée par des ondes électro-magnétiques et non plus sonores n'est qu'un détail technique. Le linguiste britannique David Crystal[1] y voit même un « troisième médium » s'intercalant entre l'oral et l'écrit. Peu importe le statut que l'on donne à ce langage ; son originalité, elle, ne fait aucun doute, surtout quand il s'agit du langage SMS.

---

1. David Crystal, *Language and the Internet*, Cambridge, Cambridge University Press, 2001.

Texto, fais-moi peur !

Les parents le découvrent avec effarement quand ils reçoivent un Texto de leurs ados. « *koi 2 9* », « *TpakLR* », « *D100 mnt* », « *A12C4* », « *tummank* », qu'ils épèlent à haute voix pour traduire « *Quoi de neuf ?* », « *T'es pas clair* », « *Descends maintenant* », « *À un de ces quatre* », « *Tu me manques* ». L'alphabet est le nôtre, le vocabulaire aussi, mais entre les lettres et les mots s'intercale une caricature phonétique du français. Est-ce l'écriture des prochaines générations ? Malaise ! C'est pourtant ainsi que la jeunesse communique aujourd'hui.

Cette déstructuration du langage est née des 160 caractères que doit compter un SMS. Les jeunes, adeptes passionnés du message pingpong et contraints par des forfaits onéreux, ont cherché à écrire le plus avec le moins. Il leur fallait un langage plus compact, qu'ils ont bricolé en accumulant toutes les recettes éprouvées. Car le désir de resserrer l'écriture est tout sauf une nouveauté. Il y a quatre mille ans, les scribes mésopotamiens, sur leurs tablettes d'argile, avaient déjà trouvé les recettes de nos ados sur leurs écrans miniatures. Gênés par l'étroitesse de leur support, ils étaient contraints de condenser les messages. Certaines inscriptions cunéiformes proposent des mots tronqués comme ceux de nos modernes Texto...

Les écritures officielles sont toujours trop riches pour la seule communication et suscitent naturellement des versions plus concises. Le télégramme puis les petites annonces ont mis le français au pain sec en abrégeant certains mots, en en supprimant d'autres. Étudiants ou journalistes bousculent les graphies lorsqu'ils prennent des notes. Chacun s'invente un langage d'appoint, plus commode, à son usage personnel.

Pour économiser des caractères, les jeunes utilisent tous les moyens possibles et imaginables : les apocopes, (*prof* pour *professeur*), les aphérèses (*teur* pour *inspecteur*), les réductions consonantiques (*lgtps* pour *longtemps*), la phonétique (*jamé* pour *jamais*), le rébus (*K7* pour *cassette*), la lettre épelée (*G* pour *j'ai*), et même les purs jeux graphiques comme :-* pour *bisous*, etc. Ainsi rédigé, le message, à peu près incompréhensible pour les non-initiés, tend à devenir le code d'une génération.

Là encore, ce n'est pas une nouveauté. Les minorités recherchent toujours une spécificité linguistique : parler vernaculaire d'une région, jargon technique d'une profession, argot d'un milieu, voire du Milieu. Dans tous les cas, le langage démultiplie sa fonction d'identifiant social. Seule originalité du SMS, les jeunes y gagnent en autonomie langagière. Hier, ils n'avaient de mots à dire que ceux des adultes. Aujourd'hui, ils s'inventent les leurs.

Des questions se posent, mais les réponses ne sont sans doute pas si alarmantes qu'il y parait : nous ne sommes pas en présence d'une langue mais d'une notation. Une sténographie, en quelque sorte. La différence est d'importance. La notation ne vise pas à remplacer la langue, elle se contente de la supplanter pour des applications très limitées.

Sur Internet, ce français déstructuré est confiné aux discussions entre jeunes scripteurs ; en revanche, il apparait rarement sur les blogs et forums de discussion. L'internaute qui s'adresse à plusieurs interlocuteurs et entend être pris au sérieux passe en français normal. Le mode d'emploi trace la frontière. Au reste, ce « jeunisme » congénital du langage SMS conduit tout naturellement les utilisateurs à l'abandonner dans leur âge adulte.

Au fil des ans, ce langage spontané tend à se ritualiser, à se fixer. Les formes les plus pratiques, celles qui utilisent notamment les lettres à une seule frappe, en supplantent d'autres moins commodes. Mais sans obligation ! La variante individuelle reste la loi du genre. Ni grammaire ni orthographe, rien qu'une base commune : le français – voire l'anglais –, dans lequel on pioche le vocabulaire et pas la syntaxe. L'invention permanente tient lieu d'usage, et la seule « faute d'orthographe » reconnue est celle qui attente à la compréhension.

Périodiquement, la presse se fait l'écho d'une intrusion de langage SMS dans une copie du bac. En réalité, la délimitation est bien marquée. Dans les milliers de « dictées de Fénelon », les équipes de correcteurs n'ont relevé pratiquement aucune trace d'orthographe SMS, et les professeurs ne voient toujours pas de devoirs rédigés dans cette écriture. À l'évidence, et jusqu'à démonstration du contraire, les jeunes distinguent le langage SMS qu'ils utilisent entre eux et le français qui est de rigueur dans les échanges avec les adultes.

Les deux orthographes

Ce phénomène n'aurait-il aucune incidence sur l'apprentissage de l'orthographe ? Certainement pas. La liberté d'écriture qu'introduit la pratique des Texto conduit inévitablement à relativiser l'orthographe. Comment sacraliser des graphies auxquelles on inflige, en toute innocence, les derniers outrages ? C'est donc le statut de l'orthographe, à l'école et dans la vie, qui se trouve remis en cause. Le langage SMS n'est jamais que la remuante avant-garde d'une production massive et plus classique de cette nouvelle écriture.

Faut-il vraiment s'en lamenter ? Vincent Cespedes salue au contraire ce passage du stylo au clavier. « Grâce à l'écran et à sa dynamique graphogène – créatrice de graphies nouvelles – nos "illettrés" renouent avec l'acte d'écrire, perçu non comme une fin en soi mais comme ce qu'il aurait toujours dû être : d'abord un moyen pour échanger avec autrui. La langue française connaît une incroyable *révolution graphique*[1]. »

Sur les blogs, l'orthographe est parfois approximative, et tout le monde s'en moque, sauf l'inévitable grincheux qui dénonce ces incorrections et se fait rabrouer. Les interscripteurs en prennent à leur aise avec le français. Non qu'ils le défigurent – on n'est pas dans le langage SMS –, mais ils l'accommodent à leurs besoins et à leurs envies. Ils font des abréviations pour aller plus vite, ils font aussi des fautes de frappe, et cela n'a pas grande importance. Cette généralisation d'une écriture vive, comme on parle d'eau vive, et non plus ciselée, entrainera inévitablement une banalisation des « fautes ». Si l'on pouvait douter d'une telle évolution, il suffirait de se reporter à l'histoire.

À l'époque classique, l'orthographe des livres était soigneusement corrigée, mais celle des lettres personnelles

---

1. Vincent Cespedes, *Mot pour mot. Kel ortograf pr 2m1 ?*, *op. cit.*

était plus que libre. Pascal intervertissait infinitif et participe passé ; Voltaire avait ses fantaisies ; quant à madame de Sévigné, qui situait son écriture dans la sphère privée, elle se souciait comme d'une guigne des normes orthographiques. Voici un passage que cite Danièle Manesse :

> *Monsieur vous me permettres de souhaitter la paix car ie trouve auec vostre permission quune heure de Conuersation vaut mieux que cinquante lettres, quand vous seres icy etque iauray lhonneur devous voir ievous feray demeurer dacort quela guerre est vne fort sottechose...*

À chacun de faire le corrigé en distinguant ce qui était l'orthographe du Grand Siècle et ce qui tient à l'humeur de la marquise.

Il existait, en fait, deux orthographes, l'une publique et l'autre privée, qui suivaient deux lois différentes, l'une contraignante et l'autre accommodante. Mais, au XIXᵉ siècle, le culte orthographique imposa brutalement la première à tous les Français et en toutes circonstances. Sitôt qu'ils prennent la plume, ils sont jugés comme des correcteurs d'imprimerie, taxés de faute professionnelle à la moindre erreur de ponctuation.

Le nouvel usage de l'écriture fera tout naturellement baisser cette pression sociale. Nous passerons du délit à la contravention... et encore. Or la réprobation collective a joué un rôle majeur dans le respect des règles orthographiques. Sitôt qu'elle cèdera la place à l'indulgence, voire à l'indifférence, l'attention se relâchera et les erreurs se multiplieront, passant du statut de faute à celui de tolérance, puis de variante. Le diagnostic de

Jean-Pierre Jaffré, observateur scrupuleux des nouvelles pratiques de l'écriture, va dans ce sens : « Nous assistons à l'heure actuelle au retour en force de la variante jusque-là occultée par la toute-puissance d'une orthographe monolithique [1]... »

La dépénalisation des fautes est annoncée, avec ses deux conséquences. D'une part, une moindre pression sur les élèves pour apprendre l'orthographe ; de l'autre, une moindre pression sur les Français pour la pratiquer sans anicroches. Mais l'ordre ancien ne va pas pour autant disparaitre du jour au lendemain. Pendant des années encore, le « zéro faute » restera la règle dans de nombreuses professions, de nombreuses entreprises. Nous vivons donc une période de transition : la graphocratie exige toujours des adultes ce qu'elle n'est plus à même d'enseigner aux élèves.

Les « coachs » d'orthographe

À long terme, la nouvelle écriture imposera la tolérance. Sans doute, mais, à court terme, elle révèle la faute, et, du coup, ébranle notre art de vivre orthographique. Celui-ci repose tout entier sur l'apprentissage scolaire de la langue écrite. Ce bagage permet aux uns d'éviter les fautes, mais n'empêche pas les autres de les multiplier. À charge pour ces derniers de masquer leurs

---

1. Jean-Pierre Jaffré, « L'écriture et les nouvelles technologies : ce que les unes nous apprennent des autres », Actes des quatrièmes rencontres Réseaux humains/Réseaux technologiques, Poitiers, 2002.

coupables faiblesses. Le cache-cache orthographique est donc un sport national au même titre que l'évasion fiscale ou la course aux décorations. Il se pratique particulièrement dans la France de l'encadrement, où la dissimulation de toute dysorthographie est d'ordre public.

Et voilà que l'instantanéité de la nouvelle écriture jointe à une baisse générale des compétences remet le feu à l'écriture. Chacun est rendu à ses insuffisances langagières lorsqu'il faut envoyer un Texto, répondre à un courriel, s'engager dans une discussion via Internet… ou lorsque la providentielle secrétaire fait défaut. Dans les entreprises, les fautes se propagent. L'insécurité orthographique, nouvelle hantise des cadres ! Pour enrayer cette épidémie, les directions des plus grandes sociétés, La Poste, la Société générale, Bouygues, Vinci et autres, offrent (ou imposent) des sessions de rattrapage aux délinquants. C'est la deuxième école de l'orthographe, bien différente de la première, que de nombreux Français devront fréquenter au cours de leur carrière.

En l'espace de quelques années, la « remise à niveau » est devenue un produit d'appel pour les innombrables organismes qui œuvrent dans la formation continue. De la Cegos au professeur particulier, désormais baptisé « coach » d'orthographe, en passant par le Cned et toutes sortes de sociétés spécialisées, c'est à qui proposera la meilleure méthode pour se débarrasser de ses infirmités en quelques jours. Car l'objectif de ce nouvel enseignement est aussi précis que limité : éradiquer les mauvaises graphies. Tous les moyens sont bons pour y parvenir : rappeler les règles grammaticales si nécessaire, utiliser des « trucs » s'ils se révèlent plus efficaces. Les linguistes ont depuis longtemps dénoncé la pédagogie scolaire qui prétendait enseigner le français alors qu'elle avait pour seul but de réussir la dictée du certif ; ici, l'objectif est clairement affiché : le zéro faute.

Pour les cours collectifs, les formateurs se concentrent sur les pièges les plus dangereux, comme les participes passés, ou les plus spécifiques à tel métier ou telle profession. « On se focalise sur les fautes que les correcteurs automatiques ne gèrent pas et celles qui sont les plus "typantes". On peut travailler certains doublements de consonnes pièges ou des mots comme cession-session qui passent à travers les correcteurs. Mais on ne va pas perdre de temps sur le passé simple que l'on n'emploie jamais en entreprise ou les points virgules qui ont disparu avec le règne des phrases courtes », explique Bernard Fripiat[1], le plus fameux « coach » d'orthographe, qui reconnaît le caractère spécifique et utilitaire de ses interventions : « Je viens comme un technicien qui remet à jour des logiciels. »

Pour les formations individuelles, plus efficaces, tout part d'un bilan personnalisé. Chacun a ses faiblesses particulières, il faut les repérer et les traiter en priorité. Un diagnostic qui peut se faire sur ordinateur. À l'université de Lyon I, le directeur de l'IUT A, Christian Coulet, a utilisé un logiciel de la société Woonoz pour lancer son « projet Voltaire » de remise à niveau des étudiants en perdition. La machine dispose d'une série de tests

---

1. Bernard Fripiat, *99 questions à mon coach d'orthographe*, Éditions Demos, 2008.

pour établir le profil orthographique, puis propose des exercices correspondant aux défaillances constatées. Une assistance désormais ouverte à tous.

À partir de ce bilan, les formateurs disposent de multiples recettes pour corriger ces défaillances. Les unes sont générales et de bon sens. Écrire le moins possible, connaitre et éviter les mots et les tournures à risques, etc. Se donner le temps d'une relecture et la rendre plus efficace. Le « coach » Denis Hugot insiste sur ce point. Règle bien connue des instituteurs : l'acquis de la dictée est dans le corrigé. Encore faut-il apprendre à relire. En prenant le texte par la fin et en le lisant comme s'il avait été écrit par un autre, il faut encore savoir que les fautes d'inattention se font plutôt aux fins de pages, etc.

Restent enfin les innombrables recettes qui dispensent de connaitre la règle pour éviter la faute. Certaines astuces mnémotechniques sont traditionnellement utilisées par les instituteurs. Elles deviennent la bouée de sauvetage des adultes en perte d'orthographe. Professeur agrégé d'histoire, Bernard Fripiat s'est constitué un incroyable matériel de prestidigitateur. Exemple : pour distinguer *ou* et *où*, remplacer par *ou bien* ; pour *leur* et *leurs,* remplacer par *lui* ; pour *la* et *là*, remplacer par *le*, etc. Pour les adjectifs de couleur, pas besoin d'apprendre les règles tordues, il suffit d'ajouter un mot pour rendre la forme invariable, des *fleurs rose* ou *roses*, on écrit *des fleurs rose pale* et c'est bon ; mettre au participe présent les verbes en *-ire* ou *-ir* pour savoir s'ils prennent un *e*, etc. Malheureusement, il n'y a pas un truc pour chaque anomalie, et, pis, les recherches de type analogique peuvent être trompeuses. Comment ne pas déraper sur le *verglas* en pensant à *verglacer* ? Heureusement que, dans ce cas, on peut se fier au correcteur automatique.

Ainsi se révèle la vraie nature de nos difficultés orthographiques, qui, pour une bonne part, ne relèvent pas de règles cohérentes mais de graphies *ad hoc* qui se retiennent mieux avec des astuces mnémotechniques qu'à travers une étude approfondie de la langue. Sans compter les fautes de frappe, qui, désormais, peuvent toujours s'ajouter à nos fautes d'orthographe.

Feu le manuscrit

Quand, très jeune, je me suis mis à la machine, mes proches n'ont pas manqué de trouver cela bizarre. Seuls les professionnels s'infligeaient un pareil désagrément. L'idée ne venait pas qu'il pouvait être tout aussi commode de taper sur un clavier que d'écrire à la main sur une page. Voilà pourtant l'outil de la nouvelle écriture.

Aujourd'hui, le mode manuscrit est irrésistiblement repoussé dans la sphère personnelle, aux trois lignes ajoutées au bas d'une missive tapée à la machine ; demain, il sera confiné au domaine privé, après-demain, il relèvera de l'intime. Les Français n'écriront à la main que quelques lignes par an tandis qu'ils en taperont des milliers sur le clavier.

Cette disparition de l'écriture manuscrite connait une exception, et de taille : l'Éducation nationale. Écoliers, élèves, étudiants, écrivent, et surtout concourent, en écriture manuscrite. Seuls les mémoires sont tapés à la machine. Rien ne semble plus naturel, donc éternel. Est-ce bien sûr ?

Demain comme aujourd'hui, les enfants apprendront à écrire en traçant des ronds et des traits sur une feuille de papier et non en tapant sur des touches : cela semble assuré. Nul ne peut imaginer des scripteurs capables d'écrire à la machine et pas à la main. Mais ne verra-t-on pas, dès le secondaire, un retrait de l'écriture manuscrite ?

Celle-ci n'est plus en rien « naturelle » pour des adolescents qui passent tant d'heures les doigts sur le clavier. À l'inverse, l'ordinateur est de plus en plus sollicité, utilisé, banalisé par l'école. Dans les salles de classe, il deviendra l'outil naturel de la pédagogie, l'équivalent des plumes et des encriers au XIXe siècle. Avec l'apparition, hélas, si tardive, des miniordinateurs à bas prix et centrés sur le traitement de texte, on voit enfin la possibilité d'équiper toutes les écoles et tous les écoliers de machines. Les commodités de l'écriture sur écran sont telles – corrections, sauvegarde, archivage, relecture – que les élèves seront toujours tentés de la choisir... jusqu'au jour où les professeurs, à leur tour, les rejoindront.

L'écriture manuscrite est un pensum pour l'enseignant, elle ajoute à la correction l'inconfort du déchiffrage. Le bonheur de corriger un bac sur ordinateur ! Sans doute faudrait-il s'assurer que les élèves ne se font pas envoyer les réponses par un discret courrier électronique, mais cela doit être plus facile à empêcher que le piratage de la musique.

Il suffit de regarder ce qui se passe dans les établissements scolaires et universitaires à l'étranger pour imaginer notre avenir. En Amérique ou au Canada, l'ordinateur s'impose comme l'outil naturel d'écriture ; en Norvège et au Danemark, il est présent lors des examens. Peut-on imaginer qu'il n'en ira pas de même chez nous ? Qu'une fois l'écriture manuscrite maitrisée, les élèves ne l'abandonneront pas pour le clavier ?

L'écriture universitaire, sinon scolaire, basculera-t-elle tout entière sur ordinateur ? Ce n'est encore qu'une hypothèse, pas une certitude. Mais lorsqu'une évolution semble à ce point tracée, il semble sage de s'y préparer. Dans tous les pays modernes, l'apprentissage de l'écriture manuscrite est suivi par celui de la dactylographie. Cela permet aux élèves d'avoir la frappe « naturelle », de taper vite, sans concentrer leur regard et leur attention sur le clavier, tandis que celui qui n'a pas ces automatismes cherche désespérément les touches au lieu de suivre un exposé ou une conversation. Il parait assez logique que l'enseignement de la dactylographie découle de l'utilisation généralisée du clavier. En France, il n'en est rien. Un inspecteur général de l'Éducation nationale qui avait fait cette proposition il y a quelques années s'entendit répondre qu'il ne fallait pas « confondre l'école de la République et le cours Pigier ».

Nos enfants continueront donc à taper le nez sur les touches au lieu de laisser leurs doigts courir sur le clavier sans avoir à y concentrer toute leur attention. C'est d'autant plus stupide que l'élève, revenu chez lui, s'installe devant son ordinateur et part sur le Net. Il écrit au crayon sur feuille de papier lorsqu'il est en classe, et au clavier en rentrant chez lui. L'école et le savoir scolaire paraissent donc académiques, coupés de la réalité. À l'opposé, l'apprentissage de la dactylographie se révèlerait très précieux pour taper les courriels et entamer les discussions sur Internet. L'adolescent tirerait un bénéfice immédiat et pratique de l'enseignement. De ce fait, la coupure entre les deux mondes s'estomperait, et l'intérêt pour l'un rejaillirait sur l'autre. Or ce passage à l'écriture électronique entraine une autre mutation : la généralisation de l'assistance orthographique. Un risque ou une chance, selon l'usage que l'on en fait.

Le français assisté par ordinateur

Un jour, mais je ne sais plus quand, j'ai découvert « ortho » dans mon traitement de texte. Une petite ligne rouge s'offrait à me signaler une faute de frappe, une erreur d'orthographe... ou une fausse alerte de mon ordinateur. J'ai essayé, j'ai adopté. Je n'ai pas été le seul. Aujourd'hui, 500 millions de personnes dans le monde utilisent le correcteur le plus répandu, celui de Microsoft (dont plusieurs dizaines de millions pour la version francophone), et 300 000 font appel à un correcteur spécialisé comme Antidote de Druide Informatique. La fonction est totalement intégrée au traitement de texte, et chacun admet sans plus d'interrogation cette veille orthographique exercée sur notre écriture. Les correcteurs semblent nés pour se faire oublier.

N'est-ce pas étonnant ? Il s'agit tout d'abord de l'interface privilégiée entre le grand public et les techniques ultrasophistiquées de l'« intelligence artificielle ». Qui aurait imaginé, il y a un demi-siècle, qu'une machine pourrait relire nos textes et, tel un professeur, nous signaler des fautes grammaticales ? Cette indifférence est d'autant plus surprenante que cette technique touche à une valeur suprême : l'orthographe.

Une fois de plus, le monde littéraire manifeste sa totale incompréhension du progrès technique ! Les gens de lettres s'étripent sur le *ph* de *nénufar* et remarquent à peine l'invasion des scribes électroniques. Cette révolution est pourtant capitale pour notre langue : riche de promesses, mais aussi de menaces. Ses principes se dévoilent à travers son histoire que l'on peut scander en trois étapes.

Au départ, il y a une trentaine d'années, les premiers correcteurs n'étaient jamais que des dictionnaires électroniques. Pour chaque mot tapé, ils allaient chercher la référence. Une opération des plus simples sur le plan informatique : le logiciel aurait pu s'écrire dans la journée ! Ces correcteurs ne vérifiaient que l'orthographe lexicale. Imbattables sur les doubles consonnes, ils ignoraient les participes passés autant que les peines de cœur. Dans ces conditions, le taux de corrections ne dépassait pas 40 %.

Avec la deuxième génération, les ingénieurs passent du mot isolé à un ensemble verbal. Le correcteur n'est plus seulement un vérificateur comparant la graphie de l'écran à celle conservée en mémoire, mais un répétiteur qui connaît certaines règles élémentaires. Il va donc observer les relations entre les mots de courte proximité et signaler des accords fautifs de l'article au substantif ou du verbe au sujet, etc. Ce n'est pas encore de la grammaire pour agrégés, mais le taux de corrections passe de 40 à 60 %.

La troisième génération, celle des correcteurs actuels, répond au doux nom de « morphosyntaxique ». Ces censeurs informatiques peuvent traiter une phrase entière, assez simple tout de même. Ils vont jusqu'à l'accord du participe passé avec construction pronominale, excusez du peu ! Signe des temps, ces programmes ne sont plus mis au point par les seuls informaticiens, mais par des équipes comprenant en majorité des linguistes. Toutefois, ces prouesses butent vite sur leurs limites. « Si vous prenez une phrase comme : "Les petits garçons, qui sont nos voisins et dont je vous avais parlé la semaine dernière, quand nous nous sommes parlés au téléphone, *mange* une pomme", le correcteur va être perturbé par la longueur de la phrase et va peiner à repérer l'accord erroné. Il est difficile d'établir le lien entre le sujet et le verbe », explique Thierry Fontenelle, gestionnaire de programmes au sein du *Natural language Group* de Microsoft.

Le calcul, qui était si simple avec les premiers correcteurs, devient très compliqué, et les bases de données, gigantesques. Sur une phrase d'une vingtaine de mots, la recherche nécessite l'analyse de plusieurs milliers d'associations possibles avant de déterminer les plus adéquates. Mais, à ce prix, on atteint 80 % de corrections exactes, soit le seuil à partir duquel l'écriture peut être satisfaisante pour un usager moyen.

Le correcteur et son maitre

Tout le monde pourrait-il donc écrire convenablement en utilisant ces correcteurs ? Certainement pas. Jean Véronis, professeur de linguistique et d'informatique, directeur du Centre informatique pour les lettres et sciences humaines, est formel : « Ces correcteurs sont nuls pour ceux qui ne savent pas écrire. » Il y a quelques années, il avait soumis des copies de CE2 à des correcteurs d'orthographe. « Les résultats ont été catastrophiques », constate-t-il. Les logiciels avaient été pris au dépourvu par cette écriture hors norme. Ils étaient programmés pour les fautes « classiques » des personnes qui ont une certaine maitrise du français, et non pour les « énormités » que peuvent commettre des enfants en cours d'apprentissage. En outre, ces surveillants sont tout sauf infaillibles. Ils laissent passer de « vraies fautes », en signalent d'autres qui n'existent pas, et ne font jamais que des propositions. Bref, tant vaut l'utilisateur, tant vaut le correcteur.

Ces programmes sont incapables de redresser un texte écrit en complète anarchie orthographique qui ne respecte pas la coupure des mots, la ponctuation des phrases, qui utilise des graphies aberrantes au point de n'être plus reconnaissables, qui mêle les accords au point d'affoler le surveillant électronique. Condition première : savoir écrire. Écrire mal, passe encore, mais écrire tout de même.

D'autre part, l'ordinateur ne prend pas sur lui d'effectuer les rectifications, il se contente le plus souvent de faire des propositions. Et comment choisir la bonne sans avoir la moindre idée de la graphie correcte ou de la règle grammaticale, comment passer outre en cas de fausse alerte ? L'entreprise ne fonctionne qu'au-delà d'un minimum syndical orthographique, le serviteur peut corriger son maitre, il ne saurait écrire à sa place. N'oublions pas toutefois la remarque de Danièle Manesse sur les fautes grammaticales dans la dictée de Fénelon. Celles-ci traduisent davantage la mauvaise application des règles que leur ignorance totale. C'est dire qu'il suffit le plus souvent d'attirer l'attention pour revenir à la bonne graphie ; il en va de même pour l'orthographe lexicale : la présentation du mot correctement écrit permet de le reconnaitre. Dès à présent, ces « correcticiels », comme disent les Québécois, font passer d'une écriture assez catastrophique – une faute par phrase – à une écriture ordinaire – deux fautes par page. Mais leurs performances sont largement dépendantes de l'utilisateur. Avec une maîtrise convenable du français, celui-ci reconnait immédiatement les fautes signalées, les tournures douteuses, et corrige. Avec un très faible niveau, il fera un piètre usage de cette assistance technique.

À l'inverse, celui qui possède une excellente orthographe risque d'être alerté très souvent sur de fausses erreurs et finira par débrancher son correcteur. De récentes études ont montré que des logiciels actuels envoient encore, en moyenne, une à dix fausses alertes sur une page de *Huis clos* ou de *L'Étranger* ! Quant au lettré qui affectionne les périodes proustiennes, il fera carillonner la machine à tout bout de champ avec ses principales, ses subordonnées et ses incidentes.

Résumons : les correcteurs actuels peuvent améliorer les performances des « mauvais », pas celles des « nuls » ; ils conviennent à la pratique quotidienne de l'écriture, au scripteur moyen utilisant le langage courant, pas à l'usage spécifiquement littéraire qui relèverait de logiciels spécialisés.

Quand la mémoire supplée l'intelligence

En dépit de leurs performances stupéfiantes, les ordinateurs ne comprennent rien à ce qu'ils font. Le correcteur humain, si précieux dans la presse et l'édition, n'atteint une quasi-infaillibilité qu'en ajoutant la sémantique à ses connaissances grammaticales et lexicales. Il sait ce dont on parle, et cette compréhension le met à l'abri des dérapages majeurs. Au contraire, les programmes les plus sophistiqués peuvent conduire à des aberrations.

Il y a quelques années, la société Synapse s'est retrouvée menacée de procès pour avoir proposé, dans l'outil de correction qu'elle intégrait à l'époque au logiciel Word, de remplacer « antistress » par... « antiarabes » ! Pour l'esprit humain, il suffit d'avoir une idée, même très vague, de leur sens pour exclure toute équivalence entre les deux expressions. Mais les correcteurs ne peuvent s'appuyer sur cette approche spécifiquement humaine. « En réalité, explique Patrick Séguéla, chef de projet informatique de Synapse Développement, notre dictionnaire ne connaissait pas le terme "antistress". Faute de solution, notre correcteur cherchait par analogie les mots débutant par anti et les plus fréquemment employés. Or on se servait d'une base d'articles du *Monde diplomatique* pour établir ces fréquences, et, en intégrant ces statistiques et le nombre de consonnes présentes dans le terme analysé, on arrivait à… "anti-arabe". »

L'erreur aurait été évitée si le système avait intégré dans son lexique le mot « antistress » et s'il avait utilisé une base de données beaucoup plus large. Or les capacités de mémoire et la puissance de calcul s'accroissent sans cesse. Les concepteurs de logiciels se sont donc lancés dans une course éperdue au renforcement de leurs dictionnaires, de leur documentation linguistique et de leurs facultés de recherche.

Du côté de Microsoft, une grande partie des investissements en matière de technologies linguistiques concerne l'achat de textes non publiés, et donc non corrigés, qui permettent d'identifier les nouveaux mots et de repérer des types d'erreurs non référencées. La firme passe même des accords avec des milliers d'utilisateurs pour répertorier et analyser les nouveaux termes que ces derniers intègrent eux-mêmes dans leurs dictionnaires personnels. C'est ainsi qu'elle a pu se constituer un patrimoine de plus d'un milliard de mots ! C'est ainsi surtout que l'entreprise peut suivre l'évolution des langues, et que, dès 2004, elle a pris dans les rets de ses lexiques les termes « blog » et « bloggeur ». « Si des dizaines de milliers de personnes ajoutent le mot *"subprime"* à leur dictionnaire personnel parce qu'elles ne souhaitent pas que leur correcteur le considère comme une erreur, cela nous intéresse pour améliorer le contenu de nos propres dictionnaires », explique Thierry Fontenelle.

Qu'il s'agisse de fautes grammaticales ou lexicales, les différents correcteurs ne cessent d'enrichir leurs bases de données pour intégrer toujours plus de mots nouveaux et repérer toujours plus d'erreurs. Le logiciel Antidote de Druide répertorie aujourd'hui 118 000 mots dont 10 000 noms propres et plus d'un million de synonymes, 9 000 verbes conjugués, 160 000 citations... Synapse, avec son logiciel Cordial qui intègre plus de 210 000 mots, passe en permanence au crible le fil d'information continue de l'AFP pour y détecter nouveaux usages et nouvelles typologies de fautes.

L'intelligence du logiciel, c'est sa mémoire. Pour tout corriger, il doit tout retenir, c'est à cette seule condition qu'il peut déjouer les pièges de la langue. Comment pourrait-il savoir que *par*, préposition bien connue, peut devenir un nom masculin, s'il ne connait pas le golf ? Voilà qui est fait pour le logiciel Cordial de Synapse. C'est en permanence qu'il faut créer des arborescences de sens pour éviter les interprétations aberrantes. Ainsi les ingénieurs de Synapse ont-ils intégré huit sens différents pour le substantif *voile*, et quelques-uns de plus pour le verbe ! Mais on n'en finit jamais avec cette langue qui assortit toute règle d'une kyrielle d'exceptions. On ne saurait apprendre à l'ordinateur qu'il doit toujours chercher l'attribut après le verbe *être* , sans lui signaler aussitôt que le « je pense donc je suis » cartésien ne doit pas être dénoncé comme une absurdité ! Jour après jour, les programmes s'enrichissent de mots, d'exemples, de références, d'exceptions.

Ces nouvelles versions approchent toujours davantage, quoique par d'autres voies, des capacités humaines. Elles doivent relever le défi du sens, procéder à de véritables analyses sémantiques des phrases, voire des textes dans leur globalité. « Le système stocke des formulations, des tournures de phrases, des écritures de textes, explique Éric Brunelle, président de Druide informatique, concepteur principal d'Antidote. Il peut ainsi considérer la phrase à partir d'une approche plus globale du texte. On établit aussi des algorithmes de probabilités qui permettent de deviner le sens des mots à partir de leurs contextes et de repérer mieux et davantage de fautes. D'une certaine manière, on rend **la** machine apprenante. »

À mesure qu'il améliorera ses capacités de corrections, l'ordinateur pourra redresser des textes de plus en plus mauvais, passer des fautes d'orthographe aux fautes de français. Bref, réduire le niveau de connaissances nécessaire pour l'utiliser. Telle est la logique du progrès, qui, à force de perfectionner les outils, en fait des robots qui suppléent l'homme. Mais la même logique freine inexorablement son avancement, car plus on progresse et plus la progression devient difficile.

La technique a mis une quinzaine d'années pour élever le taux de corrections à 80 %. Sans doute devrait-elle mettre une trentaine d'années avant d'atteindre 85 %. Un effort gigantesque pour quel résultat ? Nous savons que l'exigence orthographique ira diminuant dans l'avenir. Que les fautes non encore corrigées ne seront plus que des erreurs et non des calamités. Les fabricants de logiciels vont-ils mobiliser des budgets très importants pour un objectif si limité ? Peut-être serait-il raisonnable de s'interroger sur le cout informatique de certaines règles tarabiscotées et de peu d'usage – ne vaudrait-il pas mieux les simplifier que compliquer les logiciels ? Quant au correcteur pour analphabète, qui, à la limite, recueillerait une parole informe pour la transformer en un texte présentable, il représenterait un « programme Apollo » de la linguistique au cout faramineux, au résultat très incertain et à l'utilité bien discutable. Les correcteurs permettront à ceux qui savent écrire de ne plus faire de fautes, ils suppléeront toutes les défaillances en orthographe et même en français, mais ils ne pourront rien pour les véritables analphabètes. C'est à l'école et pas aux fabricants de logiciels qu'il appartient de gagner la bataille contre l'illettrisme.

À chacun son correcteur

Ici comme ailleurs, le meilleur outil est encore celui dont l'utilisateur conserve la maitrise, une maitrise de plus en plus délicate, car on se dirige vers le correcteur spécialisé et personnalisé qui permet d'adapter cette assistance aux besoins et aux envies de l'utilisateur.

Les nouvelles générations de logiciels proposeront des structures de dialogue permettant à chacun de définir sa propre stratégie. Un exemple tout simple : la détection des fautes. Veut-on un scribe qui ne laisse rien passer, c'est-à-dire qui harcèle le scripteur en préférant toujours une fausse alerte à une coupable omission, ou bien un surveillant plus pondéré qui ne fait clignoter que les erreurs avérées au risque d'en laisser passer un certain nombre ? Microsoft, équipant 500 millions d'utilisateurs, joue la sécurité. Pas question de s'aventurer à signaler des tas de corrections dont le logiciel ne serait pas certain. « Les recherches montrent que plus on détecte d'erreurs, plus on court aussi le risque de se tromper : ces fausses alertes irritent alors l'utilisateur, qui est tenté de se passer de cette fonction. Tout l'art est donc d'augmenter la gamme des erreurs tout en restant le plus précis possible », explique Thierry Fontenelle. Selon Microsoft, le pourcentage de messages d'alertes justes qui doit être obtenu se situe autour de 99 % pour les erreurs lexicales, et au-delà de 80 % pour les erreurs grammaticales.

D'autres correcteurs plus experts, comme Antidote, Cordial ou Prolexis, vont pointer des erreurs pour lesquelles le risque de fausse alerte est plus important. Ces outils sont d'ailleurs le plus souvent utilisés en complément d'un correcteur de base. Certains proposent une centaine de paramètres que l'utilisateur peut régler lui-même pour varier la sensibilité du correcteur aux anglicismes, aux homophones, aux problèmes de ponctuation…

Dans ses plus récentes versions, Microsoft met à disposition des options qui portent sur le niveau de langage et signalent les phrases jugées trop longues, des

303

expressions considérées comme archaïques ou trop littéraires, des ponctuations discutables. Antidote (à l'instar
de plusieurs de ses concurrents) intègre désormais un
dictionnaire de co-occurrences (800 000 sont déjà
stockées) qui permet de choisir l'adjectif le plus juste
pour accompagner un mot. Véritable prof de français,
il relève les formes passives, impersonnelles, les phrases
trop longues ou sans verbes, les clichés. Rien que des
observations : à l'utilisateur d'en faire ce qu'il veut.

La machine peut également personnaliser ses interventions en fonction des erreurs les plus fréquemment
commises. On ne fait pas tous les mêmes fautes, mieux
vaut que notre surveillant le sache.

Inutile d'attendre de l'informatique le zéro faute sans
effort. Ce résultat suppose tout à la fois une première
connaissance du français et, surtout, une utilisation
experte des correcteurs. Pour écrire en toute sécurité
orthographique, il faudra nouer un véritable partenariat
avec l'ordinateur. Le correcteur comme l'orthographe
doivent s'apprendre, mais la proposition ne pourrait-elle
s'inverser : le correcteur ne pourrait-il nous aider à
apprendre l'orthographe ?

L'apprentissage aidé par ordinateur

Entre des machines qui connaissent de mieux en
mieux l'orthographe et des jeunes qui l'ignorent de plus
en plus, comment ne pas faire le lien, un lien qui, bien
sûr, s'appelle l'école ? D'autant que ces élèves qui
apprennent l'orthographe en écrivant à la main sur

papier dans la crainte des corrections professorales se retrouvent souvent, sitôt rentrés chez eux, devant un ordinateur qui offre un correcteur intégré au traitement de texte. Or ils savent fort bien que la véritable écriture, celle qu'ils pratiqueront toute leur vie, n'est pas celle de la classe mais celle de la maison. Peut-on ainsi couper la vie scolaire de la vie réelle, « faire comme si » l'environnement technique ne changeait pas ?

La question s'était posée il y a quelques décennies pour l'arithmétique. Quelle position prendre face à la calculette ? L'école devait-elle l'ignorer, voire l'interdire ? Autant ignorer ou interdire la télévision. Quand la technique s'impose, il ne reste plus qu'à la maitriser. Surmontant leurs réticences initiales, les enseignants de mathématiques ont dû intégrer les calculatrices dans leur enseignement. L'omniprésence de ces machines ne dispense nullement d'apprendre l'arithmétique. Les élèves doivent connaitre les opérations, savoir les effectuer par eux-mêmes, connaitre les tables de multiplications – et si possible, par cœur encore qu'ils les oublient vite, faute de s'en servir – et n'utiliser les calculettes qu'à bon escient. Avant de calculer un pourcentage, il faut en comprendre la signification. Avant de jouer avec les nombres fractionnels, il faut en connaitre la nature. Après avoir fait le calcul, il faut s'interroger sur le reste, etc. La petite machine ne peut en aucun cas remplacer le professeur, mais elle modifie la pédagogie. On n'apprend pas les mêmes choses, de la même façon, à l'élève qui fera lui-même les calculs et à celui qui les fera faire par la machine. On sait aujourd'hui qu'une calculette bien utilisée peut être un excellent accessoire pédagogique qui permet une meilleure compréhension en dispensant des rabâchages.

Il en va de même pour l'écriture. L'ordinateur à lui seul ne peut ni apprendre l'orthographe ni dispenser de l'apprendre. Dont acte. Mais peut-on enseigner à des jeunes qui écriront sous assistance orthographique ce qu'on enseignait à leurs pères voués à l'écriture manuscrite ? Ne faut-il pas revoir et les contenus, et la pédagogie ?

Dès 1995, Pierre Encrevé mettait le doigt sur l'importance sociologique d'une telle innovation : « L'évolution collective de l'orthographe risque même de dépendre de moins en moins de l'usage volontaire et conscient des usagers, mais de l'évolution des logiciels de correction [...]. Le progrès technique aura mis fin à la domination symbolique exercée par les détenteurs du capital orthographique légitime [...][1]. » La prévision est devenue réalité sans que nous ayons pris en main ce futur annoncé. Les Français font une utilisation purement passive de ces logiciels et pratiquent le laisser-aller orthographique compensé par la vigilance plus ou moins experte de l'assistance technique. Un linguiste me faisait observer qu'il avait relevé sur le site de l'Élysée des fautes, celles-là mêmes qui échappent au peigne, pas toujours fin, de la relecture automatique ! À quoi bon apprendre ce que les machines savent ?

Trois questions se posent : quelle orthographe enseigner à l'heure de l'écriture assistée, comment apprendre

1. Pierre Encrevé, « Réflexion sur une initiative politique touchant l'orthographe », *Langue française*, n° 108, Paris, Larousse, 1995.

à faire le meilleur usage de cette assistance, enfin comment intégrer les correciciels dans la pédagogie du français ?

Le français à l'heure du correciciel

Les plus modernes logiciels sont quasiment parfaits en matière d'orthographe lexicale. Les enfants savent que l'ordinateur est aussi sûr pour les consonnes muettes ou les accents que la calculette pour la multiplication. Ils auront donc tendance à relâcher leur attention sur ces erreurs qui se redressent aussi facilement que les fautes de frappe. Faut-il s'en désoler ? Ne serait-ce pas plutôt une bénédiction de retrouver du temps libre pour la grammaire, de libérer l'attention pour des questions plus fondamentales ? Telle était la conclusion de Pierre Encrevé : « Il est normal que les enfants du primaire mémorisent l'orthographe de la liste des mots courants mais ils devraient concentrer leurs efforts sur les règles grammaticales plutôt que sur les bizarreries de la graphie française [1]. »

À l'évidence, la pédagogie doit se concentrer sur l'orthographe grammaticale, si gravement défaillante. Mais, arrivé dans le secondaire, peut-on encore ignorer que les plus modernes correciciels se mêlent de la grammaire ? Comment évaluer leurs propositions parfois erronées ? Comment se méfier des formes grammaticales

---

1. Pierre Encrevé, « Servons-nous des logiciels de correction ! », propos recueillis par Anne Vidalie, *L'Express*, 18 avril 2005.

mal appréhendées ? On peut certes faire valoir que l'enseignement traditionnel a réponse à tout... pour autant qu'il soit parfaitement assimilé. Mais, précisément, il a cessé de l'être, et l'assistance technique est de plus en plus nécessaire.

Autant le redressement de l'orthographe lexicale est peu dépendant de l'utilisateur, autant celui de l'orthographe grammaticale fait en permanence appel à ses connaissances et à son jugement. « Le correcteur ne peut pas apporter grand-chose à ceux qui semblent en avoir le plus besoin, c'est-à-dire aux élèves qui éprouvent les pires difficultés à maitriser l'orthographe, parce qu'ils sont incapables de mettre en doute les multiples propositions qui les assaillent du fait de leur manque de connaissances grammaticales, de leurs connaissances fragmentaires en métalangage ou de leur immaturité réflexive face à la grammaire [1] », constate le pédagogue belge Fernand Berten.

Première révolution pédagogique : les programmes doivent intégrer l'apport des correcticiels et être conçus pour en tirer le meilleur parti possible.

Apprendre l'écriture sur ordinateur

Allons plus loin : l'école doit-elle enseigner l'art de l'orthographe assistée ? Bien sûr ! À quoi bon développer des techniques aussi sophistiquées si l'utilisateur ne sait pas s'en servir, et comment le saurait-il sans

---

1. Fernand Berten, « Correcteurs orthographiques et enseignement du français », commission Français et informatique.

l'apprendre ? Comme tous les systèmes informatiques, les logiciels d'écriture accroissent d'une version sur l'autre les services qu'ils offrent et les compétences qu'ils requièrent. L'occasion ou jamais, pour les élèves, de s'approprier, grâce à l'école, les outils du monde moderne et pas seulement le savoir académique. Avec la maitrise de l'orthographe en prime.

Question préjudicielle : est-il raisonnable de laisser les élèves en tête à tête avec un appareil qui rectifie leurs erreurs ? N'est-ce pas créer l'illusion d'une infaillibilité technique qui rend obsolète le savoir humain ? D'en faire une école de passivité ? Sans doute, et c'est pourquoi Patrick Durel, qui conduit des recherches sur les correcticiels grammaticaux à l'université Monash, en Australie, estime que l'élève doit en toute priorité apprendre à « mettre en doute systématiquement toute proposition du correcteur [1] ». Mais qui donc peut inculquer cette vision critique, sinon le professeur de français ? À lui de faire découvrir aux élèves que la machine n'est pas infaillible, qu'elle déclenche de fausses alarmes et oublie de vraies fautes, que l'on doit s'appuyer sur les règles grammaticales pour juger les solutions qu'elle propose.

L'apprentissage des correcticiels doit se poursuivre tout au long du secondaire afin que l'étudiant acquière une véritable maitrise des outils les plus complexes. Mais, à ce stade, une formation spécifique des maitres est indispensable, car les produits deviennent si sophistiqués qu'on ne peut en enseigner l'usage sans l'avoir soi-même appris. Un vœu pieux en France, mais une réalité

---

1. Patrick Durel, « Relis, réfléchis et le correcteur orthographique t'aidera », *Cahiers Pédagogiques* « *Orthographe* », nº 440, *op. cit.*

au Québec, où les pouvoirs publics ont financé la mise au point des correcticiels pour l'enseignement et les ont introduits depuis plusieurs années déjà dans les programmes scolaires. Il en va de même dans les pays anglo-saxons et scandinaves. Seconde révolution, donc : la didactique du traitement de texte.

Au service du professeur

Ces outils n'ont-ils pas pour vocation d'assister les professeurs dans l'enseignement de l'orthographe ? Dans un premier temps, ceux-ci ont pu considérer les correcticiels comme des concurrents, voire des ennemis. Nous n'en sommes plus là. Vingt années de pratique ont amplement démontré que l'ordinateur ne remplace en rien l'enseignant, qu'il n'apprend pas l'orthographe et qu'il implique, au contraire, une bonne connaissance du français. C'est la leçon que deux professeurs, Isabelle Brulland et Christine Moulin, ont tiré de leurs recherches sur l'enseignement de l'orthographe assisté par ordinateur : « Word n'apprend rien à personne, il ne fait que rappeler à l'utilisateur ce qu'il sait déjà[1]. » Faut-il en déduire que cette assistance pédagogique est inutile ? Au contraire : « Word peut être une aide efficace à l'apprentissage de l'orthographe à condition qu'on ne lui demande pas ce qu'il ne sait pas faire, enseigner. » Une aide précieuse dans la situation de crise actuelle.

---

1. Isabelle Brulland et Christine Moulin, « Y faux camp m'aime fer attends scions », *Cahiers pédagogiques « Orthographe »*, n° 440, *op. cit.*

Qu'il s'agisse d'orthographe lexicale ou, plus encore, grammaticale, l'apprentissage ne va pas sans exercices divers et variés pour passer de la règle à l'application, du savoir aux automatismes. C'est à ce stade que le correcticiel peut devenir un excellent répétiteur qui propose des « travaux pratiques » comportant une dimension ludique bienvenue dans une discipline aussi austère. Encore faut-il inventer les logiciels spécifiques et leur utilisation pédagogique. Car on ne fait pas la classe de la même façon avec un tableau noir et avec des machines « intelligentes ».

Partout dans le monde, les expériences se sont multipliées pour mettre au point ces nouvelles didactiques et, surtout, pour les évaluer. Les producteurs de logiciels ne sont pas en reste. La société québécoise Druide Informatique dispose d'une équipe dédiée au secteur scolaire qui, à partir de son programme Antidote, développe des applications et des activités adaptées à chaque niveau scolaire : consolidation des bases linguistiques dans le primaire, suivi statistique des erreurs faites par les élèves dans le secondaire, etc. La société met gracieusement à la disposition du système scolaire un pourcentage des exemplaires vendus. Plus de 3 000 écoles en Belgique ou au Canada ont déjà bénéficié de ces logiciels gratuits.

Synapse développe également des applications pédagogiques. La dernière version de Cordial propose une « mémorisation des fautes les plus courantes » commises par l'utilisateur, permettant d'assurer un suivi personnalisé assorti de QCM pour entrainer l'élève en fonction de ses difficultés. Autant d'initiatives qui aident les enseignants dans leur travail et ne les concurrencent en rien. « On ne va pas faire des logiciels qui apprennent mieux l'orthographe que les professeurs de français, explique Patrick Séguéla. C'est impossible et hors de propos. Mais nos outils peuvent être utiles en soutien, comme supports pédagogiques ou pour établir des diagnostics de fautes d'élèves qui seraient utiles dans le cadre de soutien scolaire. »

Dans toute la francophonie, les correcteurs sont mobilisés pour faciliter l'apprentissage de l'orthographe française. Les techniques sont encore jeunes, les méthodes ont à faire leurs preuves, et les maitres, à se former, mais le mouvement est lancé. Il faut des outils modernes pour enseigner une langue si compliquée, cela ne fait aucun doute. C'est la troisième révolution, celle qui mettra la pédagogie de l'orthographe à l'heure des correcteurs automatiques.

La France rate le correcteur

Résumons : la France est prisonnière d'une orthographe savante qu'elle ne peut ni simplifier ni enseigner. Et voici que le progrès technique offre une solution inespérée pour sortir de cette crise. Les générations montantes pourraient avoir une meilleure connaissance du français tout en écrivant un français corrigé, donc correct. Après deux siècles de graphocratie faite de sacralisation, d'insécurité et de culpabilité, ce pourrait être le temps de la *Pax ortografica*.

Mais la technique ne fait pas de miracles. Elle ne peut à elle seule assurer un tel résultat et risque même d'avoir l'effet inverse. Plutôt qu'inciter les jeunes à mieux apprendre le français, elle pourrait les conduire à se détourner d'une matière prise en charge par les machines. Bref, selon l'usage que l'on en fera, l'assistance orthographique améliorera ou réduira les compétences des Français. Le remède à notre mal orthographique ne peut s'acheter clés en main, il faut en inventer le mode d'emploi, adapté à nos particularités socio-pédagogiques. Des didactiques nouvelles sont à créer, des expérimentations à tenter, des programmes à reconstruire. Dieu merci, nous avons en France les équipes nécessaires pour mener à bien ce travail, et notre Éducation nationale est là pour piloter le renouveau orthographique.

Il n'est que de naviguer sur Internet pour découvrir l'intérêt que suscite ce nouvel apprentissage de l'orthographe. Les pionniers font part de leurs expériences, des enseignements qu'ils en tirent. Curieusement, ces contributions proviennent le plus souvent du Québec, de Belgique et de Suisse, très rarement de France. À l'évidence, la nécessaire connexion entre l'ordinateur et l'école ne s'est toujours pas faite. Ici ou là, des municipalités, des enseignants, se lancent dans l'aventure : initiatives individuelles menées avec les moyens du bord. Signe que le corps enseignant ne demanderait qu'à se mobiliser.

Au reste, tous les enseignants avec lesquels je me suis entretenu se sont montrés ouverts à de telles évolutions dès lors, bien sûr, qu'elles ne remettent pas en cause l'autorité du professeur ni la nécessité d'un apprentissage solide de la grammaire et des principes orthographiques.

L'idée que l'on utilise le correciciel comme un diction-naire dynamique pour l'orthographe lexicale peut encore choquer, mais le rejet de l'outil est rare. Certains reconnaissent même leur gêne de ne pouvoir, lorsque les élèves évoquent le correcteur automatique, leur en démontrer, les doigts sur le clavier, les possibilités, les limites et le bon usage. Bref, le blocage ne vient certaine-ment pas du corps enseignant. Ce sont les pouvoirs publics qui manifestent une fois encore leur superbe inertie.

À l'université de Caen, une équipe de recherche lin-guistique qui conduisait un programme sur l'utilisation des correciciels à des fins pédagogiques s'est récemment vu couper ses crédits. Le CNRS ne voyait pas l'intérêt de ce travail, qui, on l'imagine, ne mobilisait pas des budgets importants. Peut-on le lui reprocher quand l'Institut national de recherche pédagogique ne semble guère plus intéressé par ces recherches ? C'est tout le « Mammouth » – l'administration, non les ensei-gnants – qui se trouve figé dans les glaces de son conser-vatisme et de ses préventions.

« Au niveau de l'Éducation nationale, la réflexion sur le sujet est proche de zéro, confirme Jean Veronis, par ailleurs membre du comité scientifique du Débat natio-nal sur l'avenir de l'école. C'est la même chose sur les moteurs de recherche : tous ces outils apparaissent dans les classes et dans le quotidien des élèves, mais les profes-seurs ne sont pas formés, et l'institution n'en dit rien. Elle semble tout en ignorer, et les enseignants se débrouillent au petit bonheur la chance. C'était la même chose avec la calculette en son temps : il a fallu des années avant que l'Éducation nationale statue sur son emploi lors des examens. Elle a toujours des réactions de méfiance a priori. »

Dans sa dernière édition, le programme des collèges mentionne tout juste – et du bout des lèvres – le sujet : « L'élève apprend par ailleurs à consulter et à utiliser régulièrement et méthodiquement le dictionnaire, le manuel de grammaire, le guide de conjugaison ou encore à se servir, avec discernement et sans y voir un outil qui le dispenserait de la réflexion, d'un logiciel de correction orthographique adapté. » Retenons que le recours aux correcticiels n'est pas interdit ! C'est déjà ça ! Le ministère délivre même aux correcteurs du marché un agrément « d'intérêt pédagogique » sans que les éditeurs et les professeurs sachent vraiment à quoi correspond ce label, ni, surtout, à quoi il peut servir. Rien qui ressemble ni de près ni de loin à une rénovation de la pédagogie.

Ne pouvant imaginer une telle myopie de ceux qui ont en charge l'instruction publique, j'ai voulu savoir ce qu'on pensait rue de Grenelle, au ministère. « Comment l'Éducation nationale envisage-t-elle les relations des correcteurs d'orthographe et de l'enseignement du français pour les années à venir ? » À l'évidence, ma question semblait des plus incongrues. Le conseiller du ministre l'avait écoutée aussi surpris qu'ennuyé et ne put me fournir aucune réponse. Cette conversation n'eut pas lieu en 1989, mais en 2009.

Depuis dix ans déjà, les responsables de l'Éducation nationale connaissent la crise que traverse l'enseignement de l'orthographe et du français en général, et ils ne peuvent ignorer les ressources et les incidences du progrès technique. Peut-on attendre plus longtemps ? Va-t-on laisser les professeurs s'empêtrer dans ce guet-apens pédagogique ?

Face à la crise de l'orthographe et à l'apparition des nouvelles techniques, une grande réflexion doit s'ouvrir entre enseignants, pédagogues, linguistes, écrivains, pouvoirs publics, etc. Ce travail devrait déboucher sur des états généraux du français qui réuniraient toutes les parties prenantes dans la recherche d'un consensus. Sous l'égide, bien sûr, du ministère de la rue de Grenelle. Mais que, de grâce, ces assises ne s'appellent jamais le Grenelle du français !

L'ORTHOGRAPHE DE RAISON

L'orthographe, une passion française : pouvait-il en être autrement ? Pouvait-on s'infliger un tel apprentissage pour la seule nécessité d'écrire ? Autant décréter le calcul infinitésimal obligatoire pour vérifier l'addition et payer le pourboire ! Pour imposer cette écriture savante à un peuple illettré, il fallait lui conférer une valeur supérieure, la sacraliser. Ainsi la norme orthographique l'a-t-elle emporté sur toutes les autres, et d'abord sur le français. La pertinence du propos, la maitrise du style, la connaissance de la syntaxe, la richesse du vocabulaire, devenaient secondes par rapport à cette exigence première : écrire sans fautes. N'importe quoi, n'importe comment, mais sans fautes !

Héritier de son écriture alambiquée, notre pays n'avait le choix qu'entre la simplification et la sanctification. Ou bien il l'abandonnait pour une graphie phonétique de type méditerranéen, ou bien il en faisait une grande cause nationale et républicaine. La réponse ayant été apportée avant que la question ne soit posée, les Français n'ont ménagé ni leurs heures ni leur peine pour célébrer ce culte laïque et obligatoire. Ils en ont savouré les valeurs : la difficulté, en premier lieu. L'initiation longue et rebutante authentifiait le mérite des bons élèves, elle devenait un sport national, voire un jeu de société. Peu importaient le temps consacré, les efforts exigés – quand on aime, on ne compte pas. Et quand on n'aime pas, on s'enferme dans un silence coupable.

Tant que le pays tout entier communiait dans cette passion, que l'orthographe conservait son statut souverain, la question de sa rectification ne devait pas être posée. Le système social trouvait dans son bon fonctionnement sa propre justification. À quoi bon faire simple si l'on s'accommode du compliqué ?

Cet ordre centenaire s'effondre sous nos yeux. Il ne succombe pas à l'absurdité de ses outrances, mais, plus prosaïquement, à sa propre inefficacité. Les Français du XXIe siècle n'ont plus le temps ni le gout de se plier aux exigences du culte orthographique. Ils ont d'autres choses à faire que potasser le mode d'emploi des accents et des traits d'union et ne ressentent plus la honte des consonnes non redoublées et des participes désaccordés. Se seraient-ils donc convertis à la réforme ? Certainement pas. Ils tiennent à cette écriture qu'ils maltraitent, et n'entendent pas en apprendre une autre pour la seule raison qu'ils ne la connaissent plus. Cette religion était donc appelée, comme tant d'autres, à garder ses fidèles et à perdre ses pratiquants, lorsque la seconde révolution de l'écriture est venue changer le problème auquel nous ne trouvions plus de solution.

L'imprimerie avait figé l'orthographe, l'informatique est en passe de la libérer. Elle la désacralise en ramenant l'écrit au niveau de l'oral, elle la simplifie en prenant en charge une part de sa complexité, elle confère à son apprentissage une dimension ludique plus que gendar-mesque. L'intégrisme orthographique se délite, il va perdre cet *imperium* qui écrasait notre langue. C'est l'occasion ou jamais de nous la réapproprier. De gouter en vrais gourmets toutes les saveurs de ce « mélange de grec, de latin et de tudesque avec quelques restes confus de gaulois » que saluait Fénelon. Ce français qui joue de toutes les sonorités, des plus éclatantes voyelles aux plus délicates nuances de l'accentuation, qui accom-mode le sens dans la précision comme dans l'ambigüité, du mot juste au sous-entendu, qui jaillit dans des for-mules saisissantes ou se déploie dans des phrases au long déroulé, et qui, je n'ai garde de l'oublier, nous offre des ressources inépuisables d'inventions lexicales et de calembours. Adossés à une véritable connaissance de la syntaxe comme du vocabulaire, libérés de l'insécurité orthographique, nous pourrons enfin aimer notre langue comme il convient : avec passion pour le fran-çais, avec raison pour l'orthographe. Un nouvel art d'écrire nous est offert. À nous de le saisir.

Table

Composé par Nord Compo Multimédia
7, rue de Fives, 59650 Villeneuve-d'Ascq

Impression réalisée par
CPI BRODARD ET TAUPIN
La Flèche

pour le compte des Éditions MILLE ET UNE NUITS
en août 2009

Imprimé en France
Dépôt légal : septembre 2009
N° d'impression : 54009
49-47-3916-1/01